「革命敘事」與現代性

—— 中國大陸「十七年文學」研究
（1949 — 1966）

郭 冰 茹 著

現代文學研究叢刊

文史哲出版社印行

「革命敘事」與現代性
── 中國大陸「十七年文學」研究
（1949—1966）

目　　錄

導　論

文獻綜述、選題及研究思路

一、文獻綜述

　　"十七年文學（1949～1966）"是一個文學史的概念，而本文所要達到的終極目標也是要探討文學史研究的新視野和新角度。因而相關研究資料綜述首先是對已出版的文學史進行分類和討論。

1.文學史讀本

　　作為高等院校的教材，當代文學史對十七年的研究在歷史上分為兩段，第一段主要是 1960 年以前，主要文獻有：《中國當代文學史》，山東大學中文系編，山東人民出版社，1960 年版；《中國當代文學史稿》，華中師範學院中文系編，科學出版社，1962 年版（寫於 1958 年）；《十年來的新中國文學》，中國科學院文學研究所編，作家出版社，1960 年版；另外還有一些相關論文，如：邵荃麟《文學十年歷程》（文藝報，1959 年 18 期）；茅盾《新中國社會主義文化藝術的輝煌成就》（人民日報 1959 年 10 月 7 日）等。這一階段研究的突出成就是確立了"當代文學"的概念，從意識形態，政治、歷史的角度為"當代文學"確立了主題、性質和文學觀念，同時對作家作品立足於三方面的闡釋：一，對作品的主題,人物形象塑造和語言風格的強調;二,以毛澤東在延安的《講話》作爲衡量作品優劣的首要標準;三,堅持階級論的分析方法,強調作家無產階級立場的重要性。

第二段主要是 1980 年至今。這一階段是當代文學史研究的繁榮階段,據不完全統計,自 1980 年至 2002 年出版的以"中國當代文學"或"中國當代文學史"爲題名的文學史教材和專著,包括分體文學史(小說卷)就有 50 種,這其中還不包括以新的文學史概念"20 世紀中國文學"爲題名的文學史專著(當代部分)。

雖然平均每年都有新的中國當代文學史著作出版,但是這 50 種文學史專著在討論十七年文學時都有很大的相似性:

A,在選取評述對象時,被定義爲重要的作家作品,重要的文學運動,重要的文學現象是基本重合的。相對例外的是特·塞音巴雅爾版的文學史加入了更多的少數民族作家的內容,而陳思和版的文學史沒有討論具體的文學運動。這種研究對象的重合爲我的論文限定了基本的討論對象,因爲進入文學史的作品至少表明這些作品在當時的語境中是重要而且有影響的。

B,對具體的作家作品,以傳統的詩歌、小說、散文、戲劇進行分章論述。章下設節,每一節分別講述一個作家和他的代表作。行文過程基本是先講述作家生平,然後對其作品進行討論。而對作品的分析基本上是從主題思想和人物形象塑造兩個方面展開的。這種展開的過程基本上體現的時代的價值尺度,因而這樣的文學史寫作可以說是缺乏學術個性的。而這也是本文所要論證的"誤讀"產生的原因。(陳思和的《教程》是一個例外,他是將主題相近的作品歸在同一章中)

C,對十七年文學的評價基本上沿用了 60 年代以來學術界達成的共識。即認爲十七年的小說創作(中篇除外)取得了很高的成就，而這些成就主要是體現在展現廣闊的社會生活和豐富了人物形象的塑造兩方面。這其實也依然是從主題、人物形象和語言風格等方面來肯定作品，所不同的只是擯棄了以階級鬥爭為綱的指導思想，不再強調作家和作品的階級屬性。實際上這類的文學史寫作基本上還保存著賞析的性質，而沒有滲入更多的學術思考。

　　當然，在這些數量眾多，內容相近的文學史著作中，有兩種文學史可以說體現出了較高的學術水準和著者的學術個性。

　　洪子誠《中國當代文學史》（北京大學出版社，1999 年版）的特點正如作者在前言中所說："對這些文學現象，包括作家作品、文學運動、理論批評等進行評述時，本書的著重點不是對這些現象的評判，即不是將創作和文學問題從特定的歷史情境中抽取出來，按照編寫者所信奉的價值尺度（政治的、倫理的、審美的）做出臧否，而是努力將問題'放回'到'歷史情境'中去審查。也就是說，一方面，會更注意對某一作品，某一體裁、樣式、某一概念的形態特徵的描述，包括這些特徵的演化和情形；另一方面，則會關注這些類型的文學形態產生、演化的情境和條件，並提供顯現這些情境和條件的材料，以增加我們'靠近''歷史'的可能性"。所以這本文學史更注重史料上的挖掘和分析，對本文寫作給予了史料的引導和支撐。

　　陳思和《中國當代文學史教程》（復旦大學出版社，1999 年版）是唯一一部沒有討論文學運動，文藝論爭而只分析文學作品的文學史。這部文學史的另一重要特點是打破了文學史的一元化視角，不僅分析了表現主流意識形態的經典作品，也討論了被排斥在主流意識形態之外的"潛在寫作"，同時又將"民間文化形態"，"民間隱形結構"納入對具體作品的討論，從而展現出我們已經耳熟能詳的文學史的另一面。陳思和用"民間隱形結構"

來討論十七年小說，開拓了本文的研究視野。

2."重寫"的文學史

八十年代中期以後至今，批評界開始討論"重寫文學史"的工作。劉再復爲《再解讀：大眾文藝與意識形態》所寫的序言基本可以體現"重寫文學史"的主旨。他說"到了 80 年代末，整個社會改變了階級鬥爭的思維結構，拒絕政治意識形態之手繼續操縱文學史寫作，這是很自然的。這種拒絕，包括拒絕以既定的政治意識形態爲構架研究和批評尺度，拒絕把許多活生生的作家變成政治意識形態性敘述的傀儡，拒絕把許多離文學本性很遠的作品描繪成文學的主流而使現代文學史變成現代政治史和翻版與注疏，拒絕以膜拜和暴露代替評述。這種拒絕，可能使新的文學史帶有兩種超越性：一是超越政治功利和世俗批評視角；二是超越政治意識形態性的世俗批評語言。"在重寫的工作中，十七年文學相應地成爲重讀的主要內容，這種重讀擯棄了以往文學史寫作對十七年小說的價值判斷，更多的從小說的生產過程來討論政治對文學的重構。研究成果多是以論文形式出現，有些結集出版。比較重要的有：

唐小兵編的《再解讀：大眾文藝與意識形態》，這是一本論文集，收集了海內外一些青年學者對十七年文學所做的思考，分析了包括《暴風驟雨》，《太陽照在桑乾河上》，《白毛女》，《青春之歌》，《紅旗譜》等在內的十七年經典文本。這個集子收集的論文基本上是基於認識到現當代文學是一種民族國家的文學，它既是民族國家的產物，又是民族國家生產主流意識形態的重要基地這樣一個理論前提，所以研究力求從現當代文學與現代民族國家之間的關係中去尋找新的批評視角和批評語言，從而使文學研究本身的範疇、語言以及立場獲得一次更新。因而這些研究基本上超越了作家、文本及其思想內容的討論，而將作家與文本之外的文學實踐包括文學批評、文學理論以及文學史的建設和運作納入了研究的視野。

黃子平的論文集《“灰闌”中的敍述》的主要部分是重新解讀 50-70 年代被稱爲“革命歷史小說”的“經典文本”。作者在前言中指出，重新解讀意味著不再把這些文本視爲單純信奉的“經典”，而是回到歷史深處去揭示它們的生產機制和意義架構，去暴露現存文本中被遺忘，被遮掩，被塗飾的歷史多元複雜性。

從事這種文學史“重寫”工作的學者還有劉禾、孟悅、戴錦華，李陀，劉再復，林崗等。從他們的研究來看，他們對“十七年文學”的解讀基本上是一種文化研究，或者說是運用文化研究的理論來分析十七年的文本，從而擴充了重寫文學史的理論框架。這些學者所宣導的現代文學參與中國現代民族國家建構的理論前提給本文的論述以很大的啟示。

3.對十七年文學的敍事研究

自二十世紀六十年代結構主義理論盛行以來，敍事學成爲一種被廣泛認同的分析敍事作品的理論資源。在具體的文本分析中，敍事學理論表現出很強的科學性，因爲任何敍事作品在這種理論的指導下都可以像科學對象一樣被分類和分析。許多學者也將敍事理論用在對十七年文本的分析中，如：

陳順馨的《中國當代文學的敍事與性別》分析了十七年文本在敍事人，敍事聲音和敍事眼光等方面的特點，而整個論述過程貫穿的則是一個女性主義的視點，所以她的論著對男女作家在敍事技巧的選擇和運用方面做了大量的對比和分析，她的論述關注的更多的也是女性作家以及文本中的女性角色。但是陳順馨的研究並不是對十七年文學進行整體而系統的研究，所分析的文本也都是爲了論證她的觀點而選取的，不具有普遍性和典範性，而就作者的論述過程來看，她似乎更注重女性主義批評觀點的表達。

王利芬的《變化中的恒定》通過 100 篇作品的定量分析，總結出工農兵文學中（1942～1976）7 種人物角色和 6 種故事類型，並由此論證出經由工農兵文學所創造的文學體系與神話體系的相似之處。從敘事學的角度來看，這是一部充分利用敘事理論分析文本的論著。但是，作者所討論的文本涉及小說、敘事詩、散文、秧歌劇等多種體裁，並沒有對小說這一文類做專門的敘事分析，尤其是對十七年時期極爲繁榮的長篇小說鮮有涉及。

這兩部從敘事角度討論十七年文學的論著爲本文提供了方法上的借鑒。

二、問題的提出

從文獻綜述可以看出，以往對十七年小說的研究存在兩方面的問題：

其一，淡化了十七年小說的創作個性。作爲當代文學史的一個重要組成部分，十七年文學的敘事規律非常簡單明晰，其創作原則遵循的是 1942 年毛澤東延座講話的具體精神；其主題思想反映的是兩個階級、兩個陣營或者同一陣營內部不同路線的鬥爭；其敘事目的是要讓文學作品成爲歌頌"我們"、暴露敵人，團結"我們"、打擊敵人的有力武器。因而十七年的敘事在情節設置上不論經歷怎樣的挫折反複，都必須走向"我們"勝利、敵人失敗的敘事終點；在人物形象塑造上突出"我們"/英雄的高大完美、敵人的卑微醜惡；在敘事眼光上使用主流意識形態的眼光，等等。粗略地看，在既定的政治標準的規範下，十七年文本體現出的基本是公式化的人物和情節。但是，僅僅運用注重主題思想、人物形象以及文本是否遵循延安《講話》精神的批評方法而不進入文本的敍事層面分析其在故事構成中的特質無疑淡化了作品的創作個性，遮蔽了十七年小說文本的豐富性。

其二，產生誤讀。《講話》要求文藝批評的標準應該是政治標準第一，藝術標準第二。在這樣的文藝政策指導下，以往對十七年敍事的批評多是基於政治標準。一部作品受到肯定往往是因爲它很好地迎合了當時的政治形勢，反之作品受到批評的主要原因是它沒有迎合或者迎合得不夠。這也正是十七年時期被譽爲"經典"的作品在文革期間紛紛被打倒的主要原因。顯然，用政治標準來衡量藝術作品不僅不能深刻發掘作品的審美特質，而且導致十七年小說的某種特質至今還被其研究遮蔽著。這種遮蔽造成批評界對十七年小說的誤讀。

具體的閱讀經驗說明，十七年小說在滿足政治標準的同時也在進行藝術上的個性追求，從而形成文本敍事層面的張力。當然政治標準與藝術標準並不是截然對立的，也就是說文學作品追求政治上的功用性並不意味著放棄藝術上的審美特質。在中國的現代化進程中，政治主題的目標是建構現代民族國家，中國文學因爲始終參與著這一過程，所以從來都沒有離開政治主題，而投身於其中的知識份子也都主動地迎合主流意識形態的要求，主動地爲宣傳政策服務；藝術追求最根本的原則是表現出自身的創作個性，在中國現代文學史上，每一個參與到中國現代化進程中的優秀作家都有自己鮮明的藝術個性這也是不容忽視的事實。但是當文學作品從作者的主觀創作到作品的內容形式都必須去迎合既定的政治標準，也就是說文學創作必須遵循既定的、單一的敍事成規時，作爲擁有主體性的文學藝術勢必會受到一定程度的侵害。

事實上，十七年文本在遵循敘事成規的同時也在努力彰顯其藝術主體性和藝術自覺。這種努力正是本文所要討論的敘事張力。敘事張力的存在使十七年文本呈現怎樣的情狀，這些張力形成的原因是什麼將是本文提出和需要解決的問題。

敘事張力是對既定敘事成規與藝術自覺同時作用於文本的一個概括。如果將問題細化便可以這樣描述：文學想像如何被納入主流意識形態的基本框架，並與其構成互動關係，達到文藝為政治服務的最終目的？在既定的主題思想所規範的敘事空間中如何創造出既符合主流意識形態要求，又被藝術審美要求所接受的文本形式？文學的審美規則如何讓政治訓誡獲得審美的表現力？是什麼為十七年卷帙浩繁的同一主題的文學表達提供強烈的創作激情和敘事動力？

三、選題的價值和意義

進入十七年小說的敘事層面，對文本之間以及文本內部存在的敘事張力進行細緻分析，其價值和意義反映在兩個方面：

其一，對十七年小說的敘事分析，使我們瞭解其為政治服務，滿足政治標準的同時也有對藝術個性追求的一面，從而充分展現出十七年文學的豐富性和多樣性。有助於我們全面把握這一文學現象。

其二，敘事學理論一直是備受批評界的關注的批評理論，十七年小說因其數量眾多且結構相似，為敘事研究提供了豐富的文本資料，本文僅僅是從情節、人物、敘事眼光幾個層面切入對文本進行敘事學的分析，而對其的深入探討將有助於國內敘事學理論的完善。

四、本文的研究方法

　　本文主要借鑒的理論方法是敍事學理論和現代性的相關理論。

　　敍事學理論關心是敍事人如何講故事的問題，如果將文本分爲形式和內容兩方面的話，敍事學研究的是形式方面的問題。敍事理論有兩個著眼點：一，將文本看作一個不受外部規律制約的自足的實體，排斥社會歷史以及作者意圖對作品的干預，只有文本自身才是研究對象；二，敍事學並不立足於對個別作品的研究，而是要找出存在於作品中抽象的結構或規律。因而敍事理論細緻地分析了諸如敍事人、人物、情節、視角、敍事眼光、敍事聲音、敍事邏輯等一系列敍事要素。但是只借助敍事理論，研究的局限也是很明顯的：完全忽視文學的外部因素，僅僅將文本本身作爲研究對象，即使總結出了十七年小說的敍事結構，也只是指出了十七年小說在敍事層面存在裂縫而無法解釋裂縫存在的原因，所以還必須借助能夠與形式批評形成互補關係的政治批評。於是，我選擇了現代性的相關理論。

　　粗略的看，在文學批評層面對現代性進行探討屬於政治批評的範疇，這裏所說的政治，借用的是特里·伊格爾頓的理解，即：它僅僅指我們把社會生活整個組織起來的方式，以及這種方式所包含的權力關係，而現代文學理論的歷史是我們這個時代政治和思想意識歷史的一個部分（《當代西方文學理論》，王逢振譯）。它比較關注“作者講故事的年代”，關注社會、文化、歷史語境對一部作品的影響。在這樣的理論視野中，中國的二十世紀一直伴隨著追求現代性以及建構現代民族國家的宏偉夢想，而二十世紀的中國文學也一直都在參與這個過程。由於中國對現代性的追求本身是一個充滿矛盾和張力的過程，這種矛盾和張力也必然在文

學作品中顯現。換句話說，十七年文本中敘事張力形成的原因與
中國現代性追求過程中的矛盾相關。因而，借助現代性相關理論
有助於我們更好地理解十七年文學。

五、本文的研究對象及論述過程

本文的研究對象選取的是不同版本的文學史專著在討論十
七年文學時都進行重點評述的文本。這種選擇一方面是爲了增強
論述的典型性和代表性，另一方面是爲了同以往的研究形成對
照，通過不同的研究角度和研究方法的介入，凸現同一文本被以
往研究所遮蔽的部分

本文將十七年的小說敘事按照主題分爲五個故事類型，即：
奪權故事、改造故事、革命浪漫傳奇、太陽黑子的故事以及大時
代中的小故事。同時，依據不同的故事類型對既定的政治標準和
敘事成規的遵循程度，將其歸入三個敘事類型，即：革命敘事、
準革命敘事和變異的革命敘事。

所謂革命敘事是指完全遵從既定的政治標準和敘事成規，充
分體現主流意識形態宣傳要求的文本。奪權故事和改造故事屬於
革命敘事。本文重點分析其如何在情節設置、人物安排、敘事眼
光等層面完成主流意識形態訓導，同時以經典文本《紅旗譜》和
《上海的早晨》爲例，分析文本內部存在的敘事張力，進而分析
張力形成的原因，說明張力的形成雖然與作品所使用的敘事技巧
相關，但最終體現的是中國文學現代性的複雜特質。

革命浪漫傳奇屬於準革命敘事。所謂準革命敘事是指文本在
遵循革命敘事之成規的同時，也借用了非革命/非現代的藝術表現
形式。革命的敘事成規與非革命的藝術形式之間形成了敘事張
力。本文重點分析這種張力如何在革命的敘事成規與非革命的表

現形式之間取得敘述的平衡，如何使滿足廣大人民喜聞樂見的審美品位的藝術形式反映出代表主流意識形態的政治訓誡。並通過批評家對這一敘事類型的矛盾態度來展現中國文學所參與的現代民族國家理論中的矛盾。

太陽黑子的故事與大時代中的小故事屬於變異的革命敘事。所謂變異的革命敘事是指敘事的精神核心雖然同是履行文學為政治服務的職責，但其在很大程度上偏離了革命敘事的成規。在此敘事類型的文本內部，迎合主流意識形態的精神內核與偏離革命敘事的敘事成規之間形成了敘事張力，本文重點分析這種張力如何在敘事表層實現對既定成規的偏離，同時又在敘事深層體現出迎合革命敘事的精神，進而說明這些文本是十七年小說敘事中對敘事張力平衡較好的一組文本。同時，本文也注意到此敘事類型內部的存在的張力，即干預生活的小說與〝歷史小說〞；〝紅色戀情〞與〝藍色詠懷〞之間的聯繫和差異，通過對這些差異的分析來體現十七年小說的豐富性和其所參與的現代民族國家之宏大敘事的矛盾與張力。

六、本文的創新點

1942 年毛澤東《在延安文藝座談會上的講話》為十七年文學確立了基本的文學範式和敘事成規。本文將十七年小說按照對既定成規的遵從程度分為三個敘事類型：革命敘事、準革命敘事和變異的革命敘事，通過比較不同敘事類型中敘事元素的設置，彰顯出十七年小說敘事的豐富性和複雜性。

以往對十七年文學的批評基本上都是政治批評，注重文學的外部因素，比如作家的主觀態度、具體的社會文化語境、讀者的接受反應等。本文借用敘事學理論，進入文本的敘事層面，從情節、人物、敘事人、敘事眼光等層面分析十七年小說的敘事構成和敘事特點，敘事張力和敘事裂縫，從而彰顯出被以往批評所遮蔽的十七年小說敘事的某種特質。

在歸納出十七年小說的敘事類型和敘事張力（文本內部、類型內部以及類型之間）後，本文還以現代性相關理論作為理論背景來分析敘事張力的成因，把十七年小說放置在二十世紀中國文學的大背景中考察，並以此為切入點來透視中國文學現代性的複雜特質。相對於敘事理論對文本內部因素的關注，現代性相關理論關注的便是文本的外部因素，這種將文學外部因素與內部因素結合起來考察文本的批評方法對文學史的寫作有一定的積極意義。

第一章　革命敘事範式的精煉表達：《暴風驟雨》

早在 1925 年，毛澤東就明確指出：誰是我們的敵人？誰是我們的朋友？這個問題是革命的首要問題[1]。敵我的二元對立不光是革命的首要問題，也是文學的首要問題。當毛澤東把文學納入革命的旗下，將文學當作號召人民起來革命的宣傳工具時，文學自然也會遵從革命的基本原則，分清誰是敵人，誰是我們。

1942 年，配合解放區的整風運動，毛澤東又發表了《在延安文藝座談會上的講話》，《講話》進一步明確了文藝從屬於政治，文藝要為工農兵服務，文藝批評要堅持政治標準第一的原則等原則性問題，同時也細緻地分析了如何處理暴露與歌頌，普及與提高這樣需要具體操作的問題。《講話》將藝術處理的問題上升到政治立場的高度，使得從事文藝創作和文藝批評的人們也必須在從事具體的文藝活動之前仔細考慮如何成為“我們”，如何為“我們”服務。《講話》通過政治權力規範了解放區文學的藝術要求，也確立了解放區文學的敘事模式。

1949 年 7 月，中華全國文學藝術工作者代表大會（第一次文代會）在北平召開，長期被分割在國統區和解放區的文藝工作者“勝利會師”了，如果我們閱讀茅盾和周揚分別對國統區和解放

---

1 毛澤東《中國社會各階級分析》，《毛澤東選集》（第一卷），第 1 頁，人民出版社，1991 年 6 月第 2 版

區文藝工作所作的總結，會清晰地感受到處於兩個不同區域的文藝工作者對自身的不同定位。

茅盾在題爲《在反動派壓迫下鬥爭和發展的革命文藝》[2]中儘管指出了進步的革命的文藝運動在國統區能夠起到配合革命形勢的積極作用，但用更大篇幅討論的是國統區的文藝運動在文學創作和文藝理論方面存在的問題，並在結尾重申："我們深信：曾經在國統區反動派統治下堅持進步的革命的文藝旗幟的朋友們，是一致抱著無限的歡欣鼓舞的熱誠來走向新的中國，也一定是抱著最堅強的決心與勇氣，來爭取進步，改造自己，而參與人民民主的新中國的文化建設事業的。"很顯然，國統區的知識份子是把自己放在需要改造，需要學習的位置上的。

周揚則在題爲《新的人民的文藝》[3]中不光全面總結了解放區專業的文藝工作者在《講話》的政策指導下取得的輝煌成就，也給予工農兵群眾所參與的業餘的文藝活動以很高的評價，並指出解放區文藝運動存在的問題是文藝運動落後於革命形勢的發展和革命任務的需要，落後於軍事戰線所達到的水準。周揚的報告不僅將《講話》作爲文藝批評唯一的標準，其報告本身也是出於印證《講話》精神的。於是，我們從周揚的報告中也看出，什麼將是新中國文學的正統。

這樣，在民主革命勝利的具體背景下，第一次文代會正式確立毛澤東《講話》所規定的中國文藝方向爲全國文藝工作的方向，解放區的 "新的人民的文藝" 是新的共和國文藝的基本模式。中國文學從此貼上了 "當代" 的標籤，站在新的起跑線上。

文學史上所稱的 "十七年文學" 雖然從 1949 年開始算起，

---

2 茅盾《在反動派壓迫下鬥爭和發展的革命文藝》，見《茅盾文集》(第五卷)
3 周揚《新的人民的文藝》，見《周揚文集》(第一卷)

但是革命敘事的基本敘事模式在 40 年代的解放區文學中就已經初步奠定了，而將這種敘事模式最精煉地表達出來的應該是周立波創作於 1947-1948 年間反映東北農村土地改革的長篇小說《暴風驟雨》[4]。這是因為文本不論在創作思想還是在具體的創作過程中都著力於體現《講話》精神。

這一點，作者本人也十分強調。"自從毛主席《在延安文藝座談會上的講話》發表以後，文藝的方向確定了，創作的源泉明確了。我接受了毛主席的英明指示，才開始真正地注意深入工農兵的實際生活和鬥爭"[5]，在具體的寫作的過程中，"我把所有材料都溫習了一遍，在研究和回想的當中，人物逐漸的浮起，故事慢慢的形成。往後我就研究中央和東北局的檔，追憶松江省委召開的縣書聯席會議以及好多次的區村幹部會議。借著這些檔和會議的指示和幫助，重新檢驗了材料和構思，不當的刪削，不夠的添加"[6]，……。在這些具體的政策檔的指導下，同時結合作者深入農村的工作經驗，周立波完成了這部長篇小說，並且獲得 1951 年史達林文學獎金。而《暴風驟雨》與政黨的文藝政策之間的緊密聯繫也在不斷地被文學批評所闡釋，在李華盛、胡光凡編的《周立波研究資料》[7]所收集的不同年代關於《暴風驟雨》的評論中，我們讀到的也幾乎都是強調作者實踐毛澤東文藝思想，展現暴風驟雨般的農村土改過程的文字。

所以，我們將以《暴風驟雨》為例來討論十七年文學中革命

---

4 周立波《暴風驟雨》，人民文學出版社，1952 年 4 月初版，1956 年 8 月二版，1977 年 8 月北京第 19 次印刷。

5 《暴風驟雨的寫作經過》，見《周立波寫作生涯》，劉景清編，百花文藝出版社，1986 年 6 月初版。原載 1952 年 4 月 18 日《中國青年報》。

6 《現在想到的幾點 —— 暴風驟雨下卷的創作情形》，見《周立波寫作生涯》。原載 1949 年 6 月 21 日《生活報》。

7 《周立波研究資料》，李華盛、胡光凡編，湖南人民出版社，1983 年 8 月初版。

敘事是如何印證毛澤東的《講話》；它們的基本敘事模式又是如何建立的。我們可以運用敘事學的理論資源進行文本細讀，從情節、人物、語言、敘事人等層面來考察文本的基本特點，以及它對十七年革命敘事的影響。之所以會選擇這些層面作爲研究對象，是因爲它們在敘事作品中承擔著非常重要的角色，而對它們的細緻研究也有助於把握這一類型作品的基本特徵。

第一節　情節和人物模式的確立

讓我們首先來討論《暴風驟雨》的情節設置。

既然文藝是爲工農兵服務的，那麼文藝作品所描寫的就一定要符合群眾的需要，既然文藝是從屬於政治的，那麼文藝作品所處理的對象就一定要符合實際鬥爭的需要，也就是說要描寫"我們"的鬥爭，要鼓舞"我們"的鬥志，要宣傳"我們"的勝利。於是，要講好奪取政權的故事就必須把故事分成三段來講：我們爲什麼要革命（故事的起因）；我們是怎樣鬥爭的（故事的經過）；我們的革命勝利了（故事的結局）。因爲這些鬥爭的故事都是依據既定的邏輯程式發展的，所以我們可以借用佈雷蒙的研究方法來分析其情節發展，歸納其情節模式。

佈雷蒙在《敘述可能之邏輯》中指出："任何敘事作品相等於一段包含著一個具有人類趣味又有情節統一性的事件序列話語。沒有序列，就沒有敘事；比如只有描寫（如果話語對象是依靠空間鄰近性連接起來的）、演繹（如果話語對象互相包含）、抒情（如果話語對象使用隱喻或換喻）等等。沒有具有整體統一的情節，也沒有敘事，而只有時間順序，只有毫無條理的事情序列的羅列。最後，沒有人類趣味（所敘事件既不由人形施動者所觸發，又不爲人形受動者所經受），也沒有敘事；只是相對人類計畫而言，時間才具有意義，才組織成有結構的時間序列。"[8]他根據成全或是阻礙這一計畫，將敘事作品的事件分爲兩個基本類型：

得到改善

一、要得到的改善——→改善過程——→沒有得到改善

沒有改善過程

產生惡化

二、可以預見的惡化→惡化過程——→惡化得到避免

沒有惡化過程

並且在此基礎上總結了改善與惡化在敘事作品中的三種結合方式：一、首尾接續式。故事按照一個連續的迴圈使改善階段和惡化階段輪換交替。二、中間包含式。一個進行中的改善或者惡化過程的失敗是由一個阻止它發展至終的相反過程的干涉引起的。三、左右並連式。同一個事件序列，一方命運的惡化等於另一方命運的改善。

顯然，佈雷蒙是以敘事邏輯爲出發點來討論情節的發展過程。對佈雷蒙這種研究思路的借鑒有助於我們研究《暴風驟雨》以及依此爲基本類型的系列文本在情節設置方面的共性。

從佈雷蒙對不同敘事類型的歸納來看，在任何一種敘事類型中，故事的發展都有兩種可能性；比如：要得到的改善出現後，故事會有兩種發展的可能，即：有或者沒有改善的過程；在此基礎上故事會有兩種結局，即：得到改善和沒有得到改善。但是，按照政黨的文藝政策，文學要爲政治服務，要鼓舞"我們"的鬥

---

8 佈雷蒙《敘述可能之邏輯》，見《敘述學研究》，張寅德編選，中國社會科學出版社，1989 年 5 月初版。

志，宣傳 "我們" 的勝利。十七年的革命敘事應該也必須將故事的發展過程明確爲一種固定程式：要得到的改善——→改善過程——→得到改善。這一點在《暴風驟雨》的敘事過程中也得到了印證。

《暴風驟雨》中要得到的改善是東北農村元茂屯的農民受盡地主剝削，亟待進行土地改革；接著故事出現了改善的過程，共產黨的土改工作隊來到元茂屯，領導當地農民打土豪，分田地，進行土地改革；故事的結局是得到了改善，元茂屯的土改勝利完成，工作組離開。

從革命敘事必須遵循的固定程式來看，故事的起點和終點是唯一的，而故事的發展過程，即：改善過程則可以通過惡化與改善的多種結合方式來構成。於是，我們在《暴風驟雨》中看到了佈雷蒙所總結的 "首尾接續式"。

《暴風驟雨》要講述的是一個共產黨如何領導元茂屯的農民進行土地改革，並最終取得勝利的故事。整個故事的邏輯起點是以單一事件的不斷重複展開的。小說中的主要人物：趙玉林、郭全海、白玉山等人被地主韓老六剝削壓迫的經歷幾乎是一樣的，他們一年到頭辛勤勞作卻過著衣不遮體，食不裹腹的生活，他們的女兒、父親、兒子分別慘死在地主手中，作者想要說明的是，他們的經歷是整個農民階層受地主欺壓的濃縮提煉，這樣便可以充分回答 "我們爲什麼要進行土地改革" 的問題。故事有了邏輯起點，必然按照既定邏輯向前發展，情況需要改善，舊有的矛盾需要解決，已經建立的地主壓迫農民，農民無力反抗的平衡狀態要被打破。於是小說的初始場景便是一駕四輪馬車把代表政黨意志，代表人民意志，代表 "我們" 意志的土改工作隊帶進了需要進行土地改革的元茂屯。故事的情節因此圍繞著工作隊的工作而展開。因爲小說要努力反映兩個階級,兩條路線的鬥爭,必然要設計敵我雙方的鬥爭過程,於是情節按照佈雷蒙所說的惡化→改善→惡化→改善的"首尾接續式"滾動前進。有意思的是,這種前進也是以單一事件的不斷重複完成的。即:事件的改善是由於黨的正確領導,同盟者的不斷加入。工作隊根據黨的政策和檔制定了正確的工作方法,通過不斷地走訪,不斷地舉行各種形式的會議,讓農民們意識到自己的苦難,意識到什麼是造成自己苦難的根源,知道通過什麼方式才能不再承擔苦難。正是在這種不斷的引導和傾訴的過程中,土改工作的中堅力量不斷壯大。事件的惡化則是由於地主的不斷反撲,反同盟者的不斷破壞。地主利用自己的親信製造謠言,想動搖農民土改的信心,瓦解農民的基層組織。當然革命的一方最終要戰勝反革命的一方,所以隨著事件在改善和惡化的交替滾動中發展,"我們"的力量越來越大,敵人的勢力越來越小,故事以土改勝利完成,四輪馬車把工作隊帶出元茂屯爲小說第一部的結束。由於舊的矛盾已經解決,新的平衡已經建立,故事的結局也成爲敘事邏輯的終點。

《暴風驟雨》的第二部描寫的是土改的深化過程,故事的發展依然沿襲著第一部的邏輯順序展開。故事的起因是經過初步土改的農村因爲幹部被調走,壞人混進農會又出現了新的矛盾,平衡被打破;故事的發展是元茂屯的農民在黨的領導下打擊壞分子,推動土改深化,這也是事件的改善過程;故事的結局是土改勝利完成,農村建立了新的農會,優秀的農村青年參軍入伍。矛盾解決,新的平衡建立。由此可見,《暴風驟雨》是由單一事件的惡化/改善不斷迴圈構成情節完成敘事的。

《暴風驟雨》除了在情節設置上充分體現出革命敘事的基本範式之外,在人物設置上也具有範式的意義。因爲敘事學所秉承的人物觀是功能性的人物觀，是將"人物視爲從屬於情節或行動的'行動者'"[9]。

要講述一個革命的故事，在人物設置方面首先要明確哪些人物是"我們"，哪些人物是敵人，哪些人物是朋友，這樣便首先確立了革命敘事中的人物的類型。而對具體的人物處理，毛澤東在 1942 年的《講話》中也早已詳細地爲作家進行了規劃："對敵人，對日本帝國主義和一切人民的敵人，革命文藝工作者的任務是在暴露他們的殘暴和欺騙，並指出他們必然要失敗的趨勢，鼓勵抗日軍民同心同德，堅決地打倒他們。對於統一戰線中各種不同的同盟者，我們的態度應該是有聯合，有批評，有各種不同的聯合，有各種不同的批評。……至於對人民群眾，對人民的勞動和鬥爭，對人民的軍隊，人民的政黨，我們當然應該讚揚。"當然，人民群眾也有缺點，但"他們在鬥爭中已經改造或正在改造自己，我們的文藝應該描寫他們的這個改造過程。……我們所寫的東西，應該是使他們團結，使他們進步，使他們同心同德，向前奮鬥，去掉落後的東西，發揚革命的東西，而決不是相反。"[10]由此可見，每一類型的人物在文本中的功能以及人物的活動範圍，最後結局都被清晰地做了規定和限制。因爲人物的類型和功能被嚴格限定，所以我們可以借用普羅普的研究方法，對人物在故事中的類型進行分類和考察。

普羅普將人物所完成的對情節發展有意義的行動稱爲功能，他通過考察 100 個俄羅斯民間故事，得出 4 條基本規則：

1. 人物的功能是故事中固定不變的成分，不管這些功能由誰

---

9 申丹《敘述學與小說文體學研究》，北京大學出版社，1998 年 7 月初版。第 56 頁。
10 毛澤東《在延安文藝座談會上的講話》，《毛澤東選集》(第三卷) 第 848 頁。

和怎樣實現；

2.童話中已知功能的數量有限；

3.功能的排列順序及後果常常是一樣的；

4.所有的童話故事都是由 31 種功能組成同一種類型的結構。[11]

在概括出 31 種不變的功能的同時，普羅普歸納出了 7 個人物角色，他們分別是 1 反角，2 施主"供養人"，3 幫手，4 公主"一個被尋求的人"和他的父親，5 派遣人，6 英雄"尋求人或受害人"，7 假英雄[12]。十七年小說中雖然不可能出現俄羅斯民間故事中的這 7 種人物角色，但其人物類型依然是可以概括，並且有規律可循的。

要講述一個革命的故事，鬥爭的故事，必定會出現 2 種類型的人物：1 "我們"，在奪權故事中表現爲舊制度的反對者，或者說革命者，在改造故事中表現爲代表社會主義新道德的"新人"；2 "敵人"，在奪權故事中表現爲舊制度的支持者，或者說反革命者，而在改造故事中表現爲亟待改造的"舊人"；在這 2 種基本類型中還可以細分出一些小的人物類型，我們將在以後的論述中對其進行具體分析。

在十七年革命敘事中，人物類型是以他們所屬的階級，所處的經濟地位作爲劃分依據的。毛澤東在《中國社會各階級的分析》中詳細分析了中國社會的階級構成，並且得出結論 "綜上所述，可知一切勾結帝國主義的軍閥、官僚、買辦階級、大地主階級以及附屬於他們的一部分反動知識界，是我們的敵人。工業無產階

---

11 普羅普《民間故事形態》，轉引自王利芬《變化中的恒定》，廣東人民出版社，1999 年 9 月初版，第 55 頁。

12 普羅普《民間故事形態》，轉引自許子東《爲了忘卻的集體記憶》三聯書店，2000 年 4 月初版，第 4 頁。

級是我們革命的領導力量。一切半無產階級、小資產階級，是我們最接近的朋友。那動搖不定的中產階級，其右翼可能是我們的敵人，其左翼可能是我們的朋友 —— 但我們要時常地防他們，不要讓他們擾亂了我們的陣線。"[13]因此，在革命敘事之奪權故事中屬於 "我們" 類型的具體身份有：黨的各級領導幹部、貧苦農民、工人、進步青年、革命戰士等，他們是同類型文本中描寫得最多也最充分的一類人物；同情革命的人物身份，包括知識份子、軍官、城市手工業者、學生、低級職員等是 "我們" 的朋友，也可以大致歸於 "我們" 一類，從理論上講，由於這些人的經濟地位和政治立場具有相對的彈性，因而也容易被賦予相對複雜的性格，但是在奪權故事中，由於要體現尖銳的階級鬥爭，給這類人物留下的活動空間並不大；屬於 "敵人" 類型的有國民黨的高級官員、地主還有國民黨特務、資本家、反動軍隊等；那些並不直接參與鬥爭，只希望在舊體制下求生存的人，比如一部分知識份子則因為可能是 "我們" 的敵人而被歸入 "敵人" 一類（改造故事的人物類型構成我們將在第三章中詳細討論）。因為《講話》為作家明白無誤地規定了每一種人物類型的刻畫原則，所以人物自身都帶有他從屬的那個類型的共同特徵。

　　《暴風驟雨》是一個情節相對簡單的故事，參與這個故事的離不開 "我們" 和 "敵人" 兩大類型，而在這兩大類型中又可以細分為 4 種亞類型：革命的領導者，革命的參與者，革命的同情者和舊政權裏的既得利益者。顯然，前三種亞類型屬於 "我們"，後一種屬於 "敵人"。蕭祥是土改工作隊的隊長，元茂屯土改運動的直接領導者，是那個特定時間特定空間的黨的代言人，在《暴

---

13 毛澤東《中國社會各階級的分析》，《毛澤東選集》（第一卷），第 9 頁。

風驟雨》中承擔著革命的領導者的角色。毛澤東在《整頓黨的作風》中曾說共產黨是要能領導人民打倒敵人的革命黨，所以共產黨的形象即蕭祥的形象必須是一個英明的領導者應該具有的形象，所以他堅毅、沉穩、果斷、公正、工作得法而且有很強的自我克制能力，從不意氣用事，處處做幹部的表率。我們從十七年文本裏的黨員形象中往往可以辨認出蕭祥的影子。或者說，蕭祥的形象爲十七年文本中的黨員確立了最基本的形象規範。

　　《暴風驟雨》中革命的參與者主要由貧農趙玉林、白玉山、郭全海三人承擔；革命的同情者主要由中農、雇農承擔，比如劉德山，老孫頭、老田頭等；舊政權下的既得利益者主要由地主韓老六、杜善人和唐抓子三人承擔。這些人物的性格相對比較簡單，人物突出的是類型的特徵，而不是個體的特徵。參與者趙玉林等雖然是三個不同的人物，但彼此之間有著內在的相似性：他們性情剛直，疾惡如仇，也樸實厚道、善良誠實，而且工作起來常常是公而忘私。如果剝離他們外在表像的不同，我們會發現這三個人物的內核是同一的。既得利益者韓老六等三人也有著內在的相似性：他們貪婪狡猾，陰險毒辣，爲滿足自己的私欲，視農民的生命如草芥，手上沾滿了農民的鮮血。只有革命的同情者性格相對豐滿，老孫頭的幽默活躍，懂得見風使舵、善於獨善其身；老田頭的老實膽小，厚道淳樸以及劉德山的明哲保身都給讀者留下了很深的印象。

　　《暴風驟雨》中雖然只出現了 4 種亞類型，但人物都突出地顯示出了其所從屬的類型特徵，反映了文藝政策對這些人物類型的基本要求。另外，值得注意的是，除了確定基本的人物類型和性格之外，《暴風驟雨》在人物處理上也對同類型的文本產生了一定的影響。

首先是人物的階級屬性與其道德品質的對應關係。

毛澤東的階級分析是從一個階級的革命性、鬥爭性及其所代表的生產關係來衡量這個階級的落後與先進，反動與進步的，他並沒有將個人的階級屬性，經濟地位與其倫理道德聯繫在一起。但是在《暴風驟雨》以及十七年革命敘事中，我們清楚地看到作家把這兩者對應起來。貧苦的勞動者不光是最徹底的革命者，大公無私的農會幹部，而且是道德完善的人，在他們身上通常找不到缺點。白玉山雖然早期有些懶散，那也是地主逼的，況且還只是土改前的事情，成爲農會幹部後他勤儉幹練又吃苦耐勞。趙玉林窮得被人叫做“光腚”可是分地分財產的時候卻要得最少。郭全海對農會更是兢兢業業，最後還捨下了新婚的妻子帶頭參了軍。“不殺窮人不富”的地主老財不光剝削農民，而且陰險狠毒，惡貫滿盈。他們欺男霸女，害得農民家破人亡，《暴風驟雨》中描寫的那些鮮血淋淋，令人觸目驚心的場面大多都是地主在殘害農民。相應地，貧農的妻子與地主家的女人也因爲姻親關係帶有不同階級的道德操守。貧農的妻子有著百裏挑一的好人品。趙玉林犧牲後，趙大嫂子不改嫁，決心把烈士的遺孤撫養長大。自己的日子窮得揭不開鍋，還收養了小豬官；白玉山的妻子白大嫂子也是疾惡如仇，收留了地主家的童養媳，還做了婦女會的帶頭人，工作積極。相反地主家的女人們大都品行不端，韓老六的女兒媳婦都和日本人有染，女兒還主動引誘農會幹部。《暴風驟雨》裏這種貧窮便道德完善，富有便道德淪喪的人物處理方法在隨後的革命敘事中都有體現。

其次，人物的階級屬性與其容貌特徵也表現出一種對應關係。

其實，《暴風驟雨》的人物描寫很少涉及肖像，我們印象中

的那種"我們"濃眉大眼，鼻直口闊，豪邁挺拔；"敵人"賊眉
鼠眼，耳歪目斜，卑躬屈膝的形象在這個文本中並沒有出現。但
是僅有的少量的肖像描寫也反映出了類似"我們"美，"敵人"
醜的審美特徵。比如寫杜善人家的媳婦，一個是瘦麻稈子，一個
卻胖得溜圓，還長著一幅白瓜瓤的臉龐。這一胖一瘦的搭配頗有
些喜劇效果。小說在描寫地主女兒韓愛珍引誘農會幹部時說"她
穿一件輕飄飄的白地紅花綢衫子，白淨綢褲子，領扣沒有扣，露
出那緊緊地裹著她的胖胖的身子的紅裏衣，更顯得漂亮"，作家
在這兒雖然用了"漂亮"這個詞，但給讀者的印象並不是韓愛珍
漂亮，而是她在明顯地利用女性的身體引誘楊老疙瘩。文本對劉
桂蘭的肖像描寫也非常少，只是簡單地說她紮著兩條辮子，長眉
大眼瓜子兒臉，而即便是在誇劉桂蘭時也不說她的長相而說她的
人品，"這人品配上這衣裳，要算是咱屯裏的頭一朵花了。" 但
讀者會對劉桂蘭產生一種健康、熱情而且美麗的印象。《暴風驟雨》
雖然沒有著墨在人物肖像上，但卻給讀者留下了一個清晰地正角
美、反角醜的印象。這種人物的階級屬性與其容貌特徵的對應關
係也基本被隨後的革命敘事所接納和吸收。例如：《紅岩》中說毛
人鳳 "身材矮胖，相貌猥瑣"，說徐鵬飛是陰險邪惡的 "毒蜘
蛛"。在《青春之歌》中餘永則總是瞪著一雙小眼睛，盧嘉川卻
是 "高高的挺秀的身材，聰明英俊的大眼睛，濃密的頭髮，和善
的端正的面孔"，叛徒戴瑜身材矮胖 "有一雙金魚一樣的鼓眼
睛"，江華卻是 "高高的，身軀魁偉"。

綜上所述，《暴風驟雨》雖然情節線索單一，人物類型也相
對簡單，但是由於其充分體現了政黨的文藝政策，因而在情節和
人物這兩個主要的敘事層面顯示出革命敘事的基本敘事成規，成
為革命敘事範式最精煉的表達。

第二節 《暴風驟雨》的敘事張力

十七年文學的目的固然是爲政治服務，但政治對文學的限定和規範並不能完全限制文學自身的藝術規律和藝術自覺。即便是《暴風驟雨》這樣從主題思想到情節結構、人物形象都無一例外地印證著政黨的文藝政策，充分爲政治訓誡作注腳的敘事文本，也在滿足政治要求的同時，努力地體現著自身的藝術個性。於是，我們在文本綿密的"暴力"般的政治政策話語的罅隙中，感受到了文學的藝術想像和審美規律，感受到了政治權力與個性寫作之間呈現出的敘事張力。這種張力在語言運用、人物塑造及情節設置方面都或多或少地有所表現。

張力之一：體制化語言與農民式語言

由於《暴風驟雨》是特定年代產生的體現黨的政策和工作方法的典範性作品，其所擔負的社會功能決定了整部作品的主導性語言是蕭隊長式的意識形態化的體制化的語言。這種體制化語言的主導性體現在兩個方面。其一是蕭祥本人的言談。蕭祥是土改工作隊隊長，元茂屯土改運動的領導者，是那個特定時空的黨的政策的代言人，因而他使用的語言基本是對黨的政策的轉述，具有至高無上的權威性；其二，作者在做全景式的描述以及轉述人物的經歷和心理活動時使用的也是體制化的語言，這種描述和轉述在全文中占相當的比重。例如：

> "這一宿，就是趙玉林領頭去抓韓老六的這一宿，元茂屯裏好多的人整夜沒有睡。韓家大院和小學校裏的燈火，都點到天亮。兩個地方的空氣是同樣的緊張。兩個地方的人

們都用全部的力量在進行戰鬥，都睜大眼睛留心發生的事
情，但一面是沒有希望的沒落掙紮，一面是滿懷希望的革
命的行動。"[14]

"'不殺窮人不富'是他（韓老六）的主意。他的手沾滿了
佃戶和勞金的紅血。他知道他的仇家不少。但他以為'滿洲國'
是萬古千秋，鐵桶似的，他依附在這鐵桶的邊沿，決不會摔下。"

體制化的語言雖然是《暴風驟雨》的主導性語言，但作品中
對農民語言的摹寫卻是其最突出的語言特色，而這也是被隨後的
批評和作者本人一再強調的。文本中充斥著眾多的極富當地生活
色彩的名詞，明白無誤地標識著作品內容的農民化，並且與體制
化的語言相比，農民語言尤為溫和詼諧，富有生活情趣和個性化
色彩。比如：

"三二樽酒，就把楊老疙瘩灌的手腳飄飄，不知鐵鍬幾個
齒啦。"

"韓老七可狡猾了，兩條腿的數野雞，四條腿的數狐狸，
除了野雞和狐狸，就數他了。"

在衝突激烈的杜善人的鬥爭會上，有人用生動的韻味十足的
農民式的語言對趙玉林式的苦難敍述做了又一次的同義反複：

"扛一年活，到年跟前，回到家裏，啥啥沒有，連炕席也
沒有一領，米還沒有的淘。地主院套，可院子的豬肉香，
雞肉味，幾把刀在菜墩上剁餃子餡子，剁得可街都聽著。
白麵餃子白花花地漂滿一大鍋，都是吃的咱們窮人呀。可
是你去貸點黃米吧，管院子的腿子，連奔帶攛地喝到：
'去，去，年跟前，黃米哪有往外勻的呀？'那時侯，咱

---

14 《暴風驟雨》人民文學出版社，1952 年 4 月北京初版，1956 年 8 月北京 2
版，1977 年 10 月上海第 1 次印刷。第 59 頁。

> 們光知道哭鼻子，怨自己的命苦。再沒存想他們倒欠咱們
> 的血帳"[15]

激越嚴肅的體制化語言和溫和詼諧的農民式語言形成了兩套話語系統同時出現在文本的語言層面，凸顯出語言層面的敘事裂縫。體制化語言在作品中的主導性是特定歷史時期政治對文學的客觀要求，但是對農民語言的摹寫卻是作者的主觀選擇，這種選擇有其必然性和合理性。首先，如同前文所述，周立波深刻領會了毛澤東文藝政策的內核，充分認識到了學習群眾語言的重要性，於是他非常自覺地學習農民語言並將其運用到具體的創作中。其次，《暴風驟雨》的敘事過程基本是由人物語言支撐起來的。從工作隊進村瞭解情況、發動積極分子組織農會，到鬥地主、打土匪、分土地，再到動員村民參軍，整部作品除了環境渲染和必要的心理描寫外，基本上由人物語言尤其是直接引語構成。直接引語客觀上也要求說話人的語言和身份一致，作者自己也說"語言是文學作品的建築材料，寫農民對話而不用農民的語言，寫出來一定不像"[16]，於是我們看到在體制化語言構成文本的主導性敘事語言的同時，農民式的語言也在不斷地滲透。

從《周立波研究資料》收集的評論文章來看，批評界對周立波農民語言的運用有比較一致的意見：一方面認為作者向群眾學習成績顯著，作品中對農民語言的運用自然生動，另一方面也認為過多地借用農民的方言土語，給讀者造成了很大的閱讀障礙。但顯然，這並不是問題的關鍵所在，因為語言自身的地域性和社會性，必然會造成這種跨地域跨階層的語言借用所帶來的閱讀障

---

15 《暴風驟雨》，第 294 頁。
16 《〈暴風驟雨〉是怎樣寫的？》，收入《周立波研究資料》，李華盛、胡光凡編，湖南人民出版社，1983 年版

礙，而且也可以通過加注的辦法來補救。而作品語言層面的最大問題在於人物語言的非個性化。

細讀文本，我們發現周立波學習和借鑒到的農民語言主要是一些東北農村的日常俗語，傳達出當地農民的詼諧和幽默。而與這些輕鬆詼諧的地方俗語相比，在人物語言中佔有相當比重的苦難傾訴卻並沒能使我們從周立波學到的農民語言中清晰地辨認出趙玉林、郭全海等人各自的鮮明特徵。人物語言特別是直接引語最主要的敘事功能便是有效地刻畫人物性格，從這個層面上講，周立波對農民語言的學習和運用並不算成功。

《暴風驟雨》在語言運用方面出現的問題凸顯出文本語言層面的敘事裂縫。一方面直接引語要求語言必須符合人物身份，生活在東北農村尚待革命啓蒙的人們應該用自己的語言交流和表達，另一方面體制化語言必然成爲敘事的主導語言，這也是時代對文學的客觀要求。於是爲了彌合這條裂縫，語言層面出現了被體制化語言改寫的農民語言。（例如農村的老大娘和老大爺們所說的"這才叫翻身""這才算民主"）由於趙玉林們的對苦難的敘述方式不是自覺的而是經土改工作隊啓發引導的，所以他們的敘述成了被體制化語言改寫或轉述的苦難敘述。這種敘述方式使個體的苦難經過體制化語言的模式框定之後變爲群體的苦難，使原本應該具有個性化的語言缺乏個體的鮮明特徵變爲貼有不同標籤的同義反複。

體制化語言的刻板僵硬是政治權力擠壓文學創作的表現，對農民式詼諧溫和的語言的借用則更多地體現了文本的藝術個性。前者符合文藝爲政治服務的大方向，後者則是政治權力背後體現文學審美情趣的方式。雖然兩者之間的敘事張力形成了《暴風驟雨》語言層面的敘事裂縫，而作者又力圖通過改寫農民語言的方

式來彌合，以至形成文本在語言運用方面的新問題，但這種敘事
張力的存在或多或少地表明瞭文本在宣傳政策的同時也在努力地
表現文學的審美特性。

張力之二，人物處理中性格複雜性的注入

人物是敘事作品的核心因素之一。在敘事作品中，人物作爲
行動者不斷地推動情節的發展，同時人物性格的豐富性和複雜性
也是敘事作品的藝術魅力所在。在《暴風驟雨》這樣與政治有著
緊密關係的文本中，對人物類型中革命的同情者的塑造是比較容
易出彩的。因爲這類人物的經濟地位和政治取向賦予作家相對寬
鬆的創作範圍，便於作家發揮自己的創作個性。所以在《暴風驟
雨》的人物譜系中，老孫頭的幽默活躍，有點私心、懂得見風使
舵、善於獨善其身以及老田頭的老實膽小，厚道淳樸都給讀者留
下了很深的印象。而那些被政策賦予了絕對價值取向的人物類型
（革命者和反革命者），塑造得就難免流於概念化和類型化。

工作隊隊長蕭祥沉穩、果斷、公正、工作得法而且有很強的
自我克制能力，他的形象符合人們對共產黨幹部的理想想像；農
會幹部趙玉林、白玉山、郭全海都是苦出生，都與地主有著血海
深仇，工作起來都公而忘私；地主韓老六、杜善人貪婪狡猾，陰
險毒辣，屬於"工農兵文學"中對地主形象的統一設計。如果剝
離個體人物外在表像的不同，我們會發現同類型人物的內核是同
一的。在這樣一些定式的限制下，人物形象自然顯得單薄扁平。

但是，我們在閱讀中也注意到另一個問題，就是蕭隊長的形
象並不是一以貫之的刻板。隨著日常的生活化的細節的不斷插
入，人物形象也變得豐富而複雜了。在劉桂蘭向蕭祥詢問共產黨
的婚姻政策時，蕭祥就表現出與以往不同的一面。如果依照作品
第一部中作者對人物的處理方法，蕭祥會在認真地解釋政策之後

向劉桂蘭表示祝賀，並鼓勵她結婚後依然要努力工作，但是我們
看到的卻是另一個蕭祥。他先逗劉桂蘭說童養媳不能離婚，接著
又打趣她說是不是相中了大字不識老孫頭，繼而還假裝正經地告
訴劉桂蘭，她喜歡的人早有了對象。蕭祥這種反常的表現連劉桂
蘭都感到奇怪，"蕭隊長今兒咋的吶？喝多了吧？"當然為了彌
補人物性格上的分裂，敘事人在文本中加了注腳，認為是"蕭隊
長今兒事都辦完了，宗宗樣樣，都稱心如意，從心裏感到歡喜，
還想逗她"。蕭祥的這種反常表現體現出文本在人物處理方面的
敘事裂縫，為了避免人物，尤其是被政治賦予了絕對價值取向的
人物的類型化和臉譜化，敘事人刻意地在嚴肅、公允、沉穩而果
斷的共產黨幹部的形象上加入了活潑而富有人情的一面。

　　這種人物性格的複雜性在白大嫂子這一形象的上表現地最
為明顯。但是，這個形象並不是在文本一開始就確立而是在敘事
的過程中慢慢形成的。上卷中的白大嫂子始終是作為白玉山的陪
襯在場的，用她的勤儉能幹襯托白玉山土改前的懶散黏糊，用她
的務實和當仁不讓襯托白玉山做了農會幹部後的先人後己和模範
謙讓，形象相對單薄。到了下卷，白大嫂子的敘事份量大大加重
了，文本從生活的各個層面來塑造和展示她的性格特點：工作上
鬥地主挖財物樣樣都帶頭，非常積極；生活上依戀丈夫，對白玉
山溫柔體貼，也關心劉桂蘭婚姻大事，並且主動牽線搭橋；她性
情豪爽，為劉桂蘭的悲慘遭遇打抱不平；她也公私分明，主動爭
取應該屬於自己利益，⋯⋯。所有這些聚合成了一個形象豐滿、
性格複雜的人物形象。

　　下卷中白大嫂子的形象被擴展有兩方面的原因，其一是由她
的性別身份決定的。白大嫂子只是革命參與者白玉山的妻子，這
一身份決定了她用不著衝鋒在土改運動的最前線，抓地主、打土

匪不用她參加,如何分地分財物也不用她發表意見,這樣她就可以不用像趙玉林們那樣有極高的覺悟,而是可以發發脾氣、留點私心,甚至為自己的家庭主動爭取些什麼。同時,丈夫是農會幹部,自己又是婦女會的帶頭人,這一身份又要求她在鬥地主(婆)和挖浮財的過程中必須起到積極的作用,所以她又是堅定的、潑辣的。同時她也具有農村婦女善良、樸實、勤勞、仗義的美好品質。性別身份帶給白大嫂子的複雜性為這個形象注入了更多的藝術想像。

其二是由下卷的情節設計決定的。在下卷中地主家的女人們成了打擊地主,尋找其藏匿起來的財產和槍支的主要突破口,這樣的情節安排要求一個女性幹部在鬥爭中起領導作用。此外,劉桂蘭的愛情故事在下卷的敘事中也占很大比重,愛情故事中也需要有一個支援劉桂蘭的女性形象在整個事件中起輔助作用。白大嫂子是婦女會的帶頭人,又在劉桂蘭受難時收留了她,所以自然地承擔起這樣的敘事功能。

蕭祥的臉譜化與他在個別細節中的"反常"表現以及白大嫂子上卷中的簡單化平面化與她在下卷中的複雜性多面性體現出《暴風驟雨》在人物層面的敘事張力。臉譜化和平面化是政治要求對文學創造限制過嚴的結果,因為符合政治標準的文本必須按照人物的政治身份和經濟地位來規範其性格和行為。而對人物形象複雜性和多面性的塑造則是藝術自身的審美要求,因為只有豐富的性格才能給人物帶來生機,進而為整部作品注入活力。人物層面敘事張力的存在表明革命敘事在依照政治定式塑造人物的同時也在追求藝術精神的自覺。

張力之三,階級鬥爭故事中生活化細節的插入

《暴風驟雨》的敘事分上下兩卷,上卷寫工作隊發動群眾鬥

地主分土地，下卷寫土改的進一步深入並最終取得勝利，貫穿始終的是緊張而激烈的階級鬥爭。但我們在閱讀過程中卻發現上下兩卷雖然故事連貫，但在細節穿插、情節設計以及敘事節奏的把握上都表現出明顯地不同。上卷節奏緊張明快，敘事過程簡潔明確，直奔主題，與土改無關的細節全部被剪裁地乾乾淨淨；而下卷節奏迂回舒緩，在依然是堅不可摧的體制化語言和政治目的指引的敘事過程中，日常的生活化的細節卻在不斷地插入。於是，我們常常能在下卷中碰到這樣溫和而滲透著生活情趣的畫面：

> 白大嫂子收到了白玉山的家信後心潮起伏，一封報平安的普通家信被她先壓在麻花被底下，然後又取出來藏在燈匣子裏，直到再取出來藏在躺箱裏才最後安了心。
>
> 在階級矛盾尖銳地查封杜善人財產的過程中，郭全海要白大嫂子跟＂她＂一起去盤問地主家的女眷。白大嫂子故意低聲笑問＂你說的＇她＇是誰呀？＂然後又拉起了劉桂蘭的手說＂來來，郭團長的＇她＇，咱們快上西屋去。＂
>
> 年前劉桂蘭在趙大嫂子家裏剪窗花，剪了一隻鴨子一隻小豬，還認真地貼在窗戶上。
>
> ……

類似的細節插入在下卷中非常多見。在關於階級鬥爭的宏大敘事中，日常的生活化的細節始終固執地，不失時機地穿插在體制化的故事進程中，形成了情節層面的有力對照。

除了細節插入以外，上下兩卷在情節安排上也表現出明顯地不同。上卷線索單一，情節始終是隨著土改運動的發展而推進的，一部上卷完全可以看作是土改運動的進度表。在 1948 年召開的《暴風驟雨》座談會上，有批評稱讚這部作品（指上卷，因為下卷當時尚未完稿）完全可以作為工作經驗拿到其他地區去推廣。

而下卷的情節雖然也是隨著土改的深入而推進，但其中劉桂蘭的愛情故事卻若隱若現地貫穿始終。從劉桂蘭第一次露面，主動要求和白大嫂子一起補郭全海的棉襖，引起了郭全海的注意，到作品結尾處新婚的劉桂蘭送郭全海參軍，土改的深入過程與劉桂蘭爭取自由愛情、美滿婚姻的過程幾乎是同步的。而且似乎是有了這個愛情故事的襯托，原本充斥著仇恨與暴力的緊張關係也變得舒緩一些了。因此，不管是怎樣緊張激烈的場面，我們看到劉桂蘭總會出現在郭全海身邊，或是彙報情況，或是出主意，或是提意見……，每出現一次，劉、郭兩人的感情就推進一步，到土改接近尾聲時，劉桂蘭已經開始向蕭隊長詢問有關共產黨的婚姻政策問題了。到了土改結束，土地和財產全部分配完畢後他們也完婚了。我們幾乎可以說下卷的情節是由土改運動和劉、郭二人的感情發展兩條線索共同推進的。

在劉綬松的《中國新文學史初稿》（1957），林志浩主編的《中國現代文學史》（1980），以及唐弢、嚴家炎主編的《中國現代文學史》（1980）中也都提到《暴風驟雨》的上下兩卷有些脫節，這些文學史論著一致認為下卷結構上不緊湊，細節描寫也較為煩瑣，因而使作品在整體性和連貫性方面出現了問題，是《暴風驟雨》的缺點所在。但是所有的評論都沒有分析其敘事分裂的原因。《暴風驟雨》的創作過程雖然並沒有被長時間中斷，上下兩卷的成書時間也僅相距一年（上卷完成於 1947 年 10 月，下卷完成於 1948 年 12 月），並且其間並沒有政治導向的轉變[17]，這種上下兩卷的敘事分裂顯然可以看作是情節層面的敘事張力所致。

《暴風驟雨》是一部在黨的政策指導下描述農村土改運動的

---

17 相關材料見《周立波研究資料》。

作品，它必須符合土改運動的基本過程，文本上卷中的敘事背景是土改工作尚待展開，農民也沒有被完全發動，階級鬥爭激烈而嚴酷，這就決定了敘事只能先依照政策解決這些問題。由於受到的限制較多，所以情節單一，敘事簡明。至於下卷，情節已發展到土改的全面展開，工作基本走上了軌道，農民也有了一定的覺悟，敘事在依照政策處理情節之外有了一定的相對自由的空間，於是便可以將很多生活化的與鬥爭無關的細節插入其中以體現藝術自身的審美情趣。上卷的情節安排是文學解說政策的需要，是當時文學必須承擔的社會功能，下卷的細節穿插則是文學滿足自身藝術特性的需要，是文學自身藝術性的體現。上下兩卷的敘事分裂是作品情節層面的敘事張力的集中體現，這種張力的存在表明革命敘事在圖解政策的同時也希望爲作品添加些藝術特質。

毛澤東在延安的《講話》要求文學作品應該首先滿足政治標準，其次才是藝術標準，同時也要求革命的內容與盡可能完美的藝術形式有機結合。顯然，政治標準與藝術標準並不是截然對立的，或者說文學作品追求政治上的功利性並不意味著放棄藝術上的審美特質。在中國文學所參與的中國現代化進程中，文學從來沒有離開過政治主題，而每一個參與到現代化進程中的優秀作家也都有自己鮮明的藝術個性。但是當文學作品從作家的主觀創作到作品的內容形式都必須首先迎合既定的政治標準時，對藝術個性的追求勢必會受到一定程度的侵害。於是，我們看到十七年文本在滿足政治要求的同時也在努力彰顯其藝術個性，而這種努力成爲十七年文本敘事張力的誘因。此外，敘事張力的存在也從一個側面反映出中國文學現代性的複雜特質。

顯然，《暴風驟雨》在情節和人物層面對既定政治標準的精煉表達，以及其在文本內部呈現出的敘事張力都顯現出其作爲革命敘事的範式意義。

小　結

　　《暴風驟雨》把一個革命的故事分爲三個階段來講述，敘事的邏輯起點說明爲什麼要革命，敘事的過程說明如何革命，在這一過程中，情節按照惡化和改善的首尾接續式構成，事件的惡化是由於反革命分子的破壞，而事件的改善是由於政黨的正確領導，最後事件走向革命勝利的邏輯終點。在人物設置方面，《暴風驟雨》遵循毛澤東的階級分析理論，將人物歸屬於"我們"和"敵人"兩大陣營，讚揚"我們"的同時也暴露"敵人"。《暴風驟雨》成功地將主流意識形態對文藝的抽象要求和政黨的文藝政策轉化爲具體的文學實踐，爲十七年的革命敘事確立了基本的文本範式。

　　此外，《暴風驟雨》的文本內部存在明顯的敘事張力。張力的存在凸現了政治標準與藝術要求之間存在矛盾的表層原因，也預示了中國文學現代性富含矛盾與張力的深層原因。在本文以後的論述中，我們將結合具體的文本解讀來分析其深層原因，同時我們會發現敘事張力的出現並非是《暴風驟雨》的個體現象，而是十七年小說敘事的普遍存在。

第二章　革命敘事之奪權故事

　　革命敘事是完全遵循既定政治標準和敘事成規的敘事文本。革命敘事中依照故事所涉及的具體內容可以分爲奪權故事和改造故事兩大故事類型。我們先討論奪權故事。

　　吳強在《紅日》[1]的二次修訂本前言中說：“《紅日》的主題是中國共產黨及其領導下的人民群眾，以革命戰爭反對國民黨的反革命戰爭，以革命的武裝反對反革命的武裝。它歌頌毛主席革命路線和毛主席軍事思想的輝煌勝利，歌頌堅決貫徹執行毛主席革命路線、將毛主席軍事思想付諸戰爭實踐的指揮員、戰鬥員們的革命英雄精神；它暴露、鞭撻國民黨反動派、蔣介石匪軍高級將領李仙舟、張靈甫等的醜惡。”如果將其中的“革命戰爭”擴展成“階級鬥爭”，將“指戰員”擴展成“工人、農民、革命戰士、進步青年”，將“蔣匪軍”擴展成地主、資本家、反動官僚等，吳強爲《紅日》寫的前言將可以概括奪權故事這一類型所有文本的主題。

　　十七年革命敘事中的奪權故事主要包括以下文本：《保衛延安》，《紅日》，《紅岩》，《苦菜花》，《迎春花》，《紅旗譜》，《播火記》，《青春之歌》，《苦鬥》，《平原槍聲》等等，這些文本側重意識形態宣傳，主要體現政黨意志，意識形態的力量成爲無所不知，

---

1 吳強《紅日》，中國青年出版社，1957 年 7 月北京初版，1959 年 9 月北京 2 版，1978 年 8 月北京第 20 次印刷。

無所不含的超能量。文本以全知全能的敘事人體現政黨意志，通過人物的直接引語來傳遞政黨的聲音，故事在人物設置和情節安排方面也側重體現毛澤東《在延安文藝座談會上的講話》精神，努力表現兩個階級，兩條路線上的鬥爭。這類文本在十七年文學中數量眾多，屬於這一時期的主流創作，基本能夠反映出十七年文學的創作特點。

第一節　情節模式的展開

我們此前論述過，革命敘事只有一種敘事類型，即：要得到的改善—→改善過程—→得到改善，其中改善過程可以由惡化和改善的多種結合方式構成情節，《暴風驟雨》的情節結構便是這一敘事類型最精煉的表達。因為革命敘事由於意識形態的權力話語的壓制，敘事作品的情節被嚴格地限定在受壓迫—→進行鬥爭—→取得勝利這樣的敘事邏輯中。顯然，敘事邏輯的起點和終點是不能被隨意改動的，能夠體現出作家個性寫作與審美追求的便只能是敘事的演進過程，作家的才情和對社會人生的嚴肅思考也能依稀地從中體現出來。所以這些文本並沒有簡單地重複《暴風驟雨》式的依靠單一事件的不斷重複來完成敘事，而是在這個固定的框架中不斷加強情節設計的技巧，從而增強文學作品的審美特質。概括起來，奪權故事的情節有 4 種構成方式：

1. **同一事件以單一線索惡化/改善的首尾接續構成**
   情節：《苦菜花》
   《苦菜花》[2]是同類文本中情節設置相對簡單，敘事線索相對

---

2 馮德英《苦菜花》，解放軍文藝出版社，1958 年 1 月初版，1978 年 3 月 2 版。

單一的文本。它基本上吸收了《暴風驟雨》的情節模式，圍繞著人民群眾和八路軍的反掃蕩鬥爭這一事件來展開情節。事件的起因是日本人準備對山東昆嵛山區進行掃蕩，當然也必定要包含漢奸、地主對農民的剝削壓迫；事件的結局是八路軍勝利地解放了這一地區，漢奸、日本人以及反動勢力被消滅；事件的發展過程也就是敵我雙方的鬥爭過程，它以惡化/改善的首尾接續的方式構成。事件的惡化是由於漢奸王東芝的暗中破壞，事件的改善是由於漢奸被清除，革命力量的不斷成長和壯大（小說中的正角德強、娟子等都成長為優秀的革命戰士），當然這一切都要歸功於黨**的正確領導。**

作者在後記中強調自己是想"表現出共產黨怎樣領導人民走上了解放的道路"，而《苦菜花》的情節設置也是力圖突出這一主題。閱讀文本，我們發現事件的改善是由兩方面的原因的促成的，其一是由黨員的正確領導或是八路軍的援助來完成的，比如：生活在水深火熱中的貧苦農民在區委書記姜永泉領導下，打倒了地主、漢奸王唯一；民兵在姜永泉的指揮下完成了對日本人的反掃蕩；在民兵眼看就要失利的情況下八路軍及時地出現並幫助民兵打敗了敵人的進攻等等，可以說這是通過黨的直接領導完成的。其二是由善良而平凡的老百姓通過自己的犧牲來完成的，比如：母親忍受著酷刑，保衛了製造彈藥的機器；花子犧牲了自己的丈夫，救回了姜永泉；杏莉犧牲了自己的生命讓特務暴露了身份等等，當然，人民能這樣英勇無畏是因為受了黨的教育，明白了"共產黨是咱窮人的黨"的道理，可以說這是通過黨的間接領導完成的。這樣，整個事件在黨的領導下，不斷地由惡化走向改善，最後終於贏得了勝利，走到了事件的邏輯終點。

《苦菜花》的情節主線非常簡單清晰，但情節發展的過程中常常會引申出其他的小故事。這些小故事對於整個情節的完成來說並非是不可或缺的，或者說這些小故事對文本所要刻畫的反掃蕩事件來說參與性並不強。比如德強與杏莉青梅竹馬的故事，星梅與紀鐵功的愛情故事，姜永泉與娟子的婚姻故事等，而這些小故事也通常沒有一條包含起因、發展、結局的邏輯線索來貫穿。由於這些故事對整個事件的參與性比較弱，因而他們並沒有幹擾作品主題所要傳達的政黨意志，只是起了調節敘事節奏的作用，使整個情節的演進有張有弛，有急有緩，使讀者在經歷了緊張激烈的戰鬥之後又感受到了生活的氣息，這樣的情節安排無疑增強了作品的可讀性。

2.同一事件以雙重線索惡化/改善的首尾接續
構成情節：《紅日》，《青春之歌》

如果一個事件由多條線索共同貫穿的話，其情節的容量就會相應增大，其敘事的複雜性也會相應增強。這一情節類型的典型文本是《紅日》。

《紅日》講述的是共產黨領導的中國人民解放軍經過萊蕪和孟良崮兩場戰役，打敗了國民黨蔣介石的王牌軍七十四師的故事。整個事件由兩條線索貫穿，一條是圍繞高級將領沈振新、丁元善、梁波展開，另一條則是圍繞著中、下級指戰員劉勝、張華峰、楊軍等展開。由於這兩條線索涉及的人物是上下級的對應關係，而它們在情節的演進過程中又是平行發展的，所以其惡化與改善的過程也是相對應的。事件的惡化主要是指戰員的思想問題，他們急躁，沉不住氣，有些求功心切；而事件的改善也主要是由於黨的政治思想工作做得好，高級將領的正確指揮以及廣大指戰員的英勇奮戰。不過，事件的惡化主要是由中、下級指戰員這條線索承擔的，而事件的改善則是由兩條線索共同承擔。這樣的情節安排符合作者的創作主題，因爲在作品中，作者要突出黨的正確領導，要突出毛澤東軍事路線的正確領導。

因爲《紅日》描寫的是國共兩党和兩支軍隊在戰場上的正面交鋒，作品的內容決定了情節的設置必須能夠體現出政黨的意志，所以事件的每一次改善都和黨的正確領導緊密相關。軍心浮躁會有政委進行思想教育，戰鬥失利會有首長及時指揮，攻堅占地會有黨員幹部身先士卒，人民解放軍在黨的領導下一步步地走向勝利，事件也在政黨意志的引領下一步步地走向其邏輯終點。而且，意識形態的力量除了體現在事件的邏輯發展過程中，還滲透到了一些細節中。比如梁波看到中央發起作戰命令的文件時激動的表現；沈振新聽到陳毅的部署時的"情緒昂奮"等。這些細節成爲深化主題的有益補充。

另外，《紅日》的主題雖然不排斥夫妻之間的情感交流，卻排斥未婚青年的愛情追求，梁波鼓勵機要員姚月琴不談戀愛，好好工作，好好學習；而梁波自己也和華靜達成共識"談戰鬥，談學習，不談戀愛"。吳強在 1964 年 11 月 6 日"再版的話"中提到再版對"華靜和梁波的愛情生活部分，則完全刪去了"。這說明戀愛的故事至少在作者看來是與宣傳政黨的意志相抵觸的。其實，在十七年的眾多文本中，並沒有完全地排斥愛情，只是僅僅將愛情作爲生活化的細節來填充情節。正如梁斌在《漫談〈紅旗譜〉的創作》中說"書是這樣長，都是寫的階級鬥爭，主題是思想站得住的，但是要讓讀者從頭到尾讀下去，就得加強生活的部分，於是安排了運濤和春蘭，江濤和嚴萍的愛情故事，擴充了生活的內容。"[3]如何處理革命敘事中的愛情是一個相對複雜的問

---

3 梁斌《紅旗譜》，中國青年出版社，1958 年 1 月北京初版，1964 年 4 月北京第 16 次印刷。

題,我們將在下一章進行重點討論,此處恕不贅述。不過一個共同的特點是,此類型文本大都在敘事過程中迴避了愛情或者選擇了這種對愛情淺嘗輒止的處理方法。

當然,《青春之歌》[4]中對愛情的處理卻是一個例外。

《青春之歌》講述的是一個"普通的同情革命的知識份子"林道靜最終成長爲"一個堅強而可信的布爾什維克同志"的故事。與《紅日》一樣,《青春之歌》也是同一事件以雙重線索惡化/改善的首尾接續構成情節。不同的是《紅日》中的雙重線索是由不同人物完成的,而《青春之歌》則是由同一人物完成的;《紅日》中的兩條線索是平行的,而《青春之歌》則是相互交織纏繞的。

林道靜對革命和對愛情的追求是構成事件的兩條線索,事件的起點是林道靜在革命和愛情兩條線上都處於走投無路的穀底:高中畢業沒有錢繼續上學,也找不到工作,養母又要把她嫁給一個有錢有勢的官僚。隻身逃離北平的林道靜此時是一個在革命和愛情上都保留大片空白的人物。可以說,林道靜追求革命的過程也是她追求愛情的過程。林道靜首先遇到的是餘永澤,這是一個會講"美麗的藝術和動人的纏綿的故事",並且對她保持著騎士般體貼的男子。林道靜選擇了餘永澤和子君式的生活是因爲林道靜把這段愛情看作是逃避困境的手段。事實上,此時的林道靜雖然完成了第一次由惡化轉向改善的過程,但既沒有找到革命,也沒有獲得她理想中愛情。林道靜再次陷入革命和愛情穀底是由於她本身是個同情革命,具有反抗精神的知識份子,在接受了共產黨員盧嘉川的啓蒙之後開始接觸革命並且渴望擺脫封閉的個人生

---

4 楊沫《青春之歌》人民文學出版社,1958 年 1 月北京初版,1961 年 3 月北京 2 版,1978 年湖北第 16 次印刷。

活而投入革命，可這一切都受到了余永澤的反對和嘲弄。與此同時，她和余永澤的愛情也走到了終點，家庭生活變得沉重而壓抑。代替余永澤成爲新的拯救者的是盧嘉川。在盧嘉川的鼓舞下，林道靜經歷了一系列革命的洗禮，遊行、下鄉、入獄、入黨、領導北大學生工作……，同時她對盧嘉川的愛情也生了根發了芽。盧嘉川雖然犧牲，但並沒有給林道靜帶來革命和愛情上的重大打擊，因爲江華接續了他的事業和感情。在江華的引導下，林道靜最終成長爲一個堅強的布爾什維克同志，並且最終成就了兩人的愛情。此時的林道靜再次完成了由惡化轉向改善的過程，也終於獲得了革命和愛情。事件在此也走到了它的邏輯終點。

　　林道靜對革命和愛情的追求要突出的其實是同一個主題，即：知識份子只有跟黨走才有出路。小說中也多次將愛人同黨對應起來，表達出林道靜對愛人——黨的深厚感情：

"生活像死水一樣，除了吵嘴，就是把書讀了一本又一本……盧兄，你說我該怎麼辦好呢？"她抬起頭來，嚴肅地看著盧嘉川，嘴唇發著抖。"我總盼望你——盼望黨來救我這快要沉溺的人……"

然而，正當我危急萬分、走投無路的時候，還是黨——咱們偉大的母親向我伸出了援助的手。朋友，我雖然焦急、苦惱，然而，我又是多麼幸福和高興呵！是你（盧嘉川）——是黨在迷途中指給我前進的方向；而當我在行進途中發生了危險，碰到了暗礁的時候，想不到黨又來援救我了。我常常在想，我能夠有今天，我能夠實現了我的理想——做一個共產主義的光榮戰士，這都是誰給我的呢？是你（江華）——是黨。

楊沫通過愛人和黨的直接對應巧妙地將個人的情感故事與

意識形態的宣傳目標融合在一起，從一個非常個人化的角度傳達出對政黨的深厚感情，這種對愛情題材的處理方式使意識形態的力量直接進入到個人生活的最深處，將個人的感情生活無條件地納入到了民族國家的宏大敍事中。

3.同一事件以惡化/改善的中間包含式構成情節：《保衛延安》

在《保衛延安》的整個事件中，一個進行的惡化過程的失敗，是由一個阻止它們發展的相反過程的干涉引起的。中間包含式的情節設置在十七年的作品中並不是很常用，它畢竟不像首尾接續式那樣能夠乾脆直接地突出敵我雙方緊張而激烈的鬥爭過程，但它同樣能達到最佳的意識形態宣傳效果。可以說，意識形態的宣傳在這種情節設置下表現出一種漸強的趨勢，隨著阻止事件惡化的過程不斷推進，意識形態的宣傳力度也在不斷推進，當惡化的過程最終被完全終止，事件走到了它的邏輯終點，意識形態的的聲音也升到了最強音。《保衛延安》將中間包含式的這種特點非常鮮明地展現了出來。

《保衛延安》[5]講述的是解放軍為了保衛延安而與蔣介石軍隊展開激烈戰鬥的故事。事件的起點是胡宗南以數十萬的兵力向延安進攻，黨中央撤出延安做了必要的戰略轉移，這無疑是一個事件惡化過程的開端。事件的發展是解放軍的一個縱隊通過青化砭、沙家店、蟠龍鎮等幾場戰鬥的勝利阻止了事件的惡化過程。事件的終點是解放軍大舉殲滅了敵人，向著勝利邁進，惡化的過程被完全終止。

《保衛延安》中，意識形態的宣傳無處不在，馮雪峰的《論

---

5 杜鵬程《保衛延安》，人民文學出版社，1954 年 6 月北京初版，1956 年 1 月北京 2 版，1978 年 4 月天津第 1 次印刷。馮雪峰的《論〈保衛延安〉》附在卷首，代序。

〈保衛延安〉〉用鋪張的語言將作品要體現的政黨意志明白無誤地
揭示出來：

> 我們閱讀的時候就會深刻地感到，在全部作品中，作者所
> 追求的，確信的，要以全身的力氣來肯定和歌頌的，就是
> 這次戰爭勝利的關鍵和達到勝利的全部力量。作者集中精
> 神而全力以赴地來體現和描寫的，也就是這次戰爭所以達
> 到如此輝煌勝利的那種精神和力量。於是，作者不能不讓
> 全部篇幅都去描寫黨中央和毛主席的英明領導和指揮以及
> 人民解放軍和革命人民群眾的艱苦卓絕的革命英雄主義精
> 神。

《保衛延安》雖然是全部篇幅都在進行著意識形態的宣傳，
但在閱讀的過程中，我們可以看出這種宣傳的聲音是在不斷加強
的。在事件發生的起點，作者先用充滿激情的筆調來表現戰士們
對延安，對黨中央，對毛主席的愛戴和崇敬，對國民黨，對蔣介
石的激憤和仇恨，並以此作爲整個事件的敘事基調。在最初的青
化砭戰鬥中，作者通過一個老鄉李振德的自我犧牲，從側面來完
成了對政黨意志的宣傳，"敵人押著的那個老鄉，像這裏一百五
十萬老鄉一樣，不會出賣勝利，而會至死不屈"。在接下來的蟠
龍鎮攻堅戰，長城線上的運動戰，沙家店殲滅戰等一系列戰鬥中，
意識形態的宣傳直接從指戰員的思想言談，舉止行爲中表現出
來：蟠龍鎮戰鬥勝利了，周大勇明確地說，"我軍能打勝仗，那
是因爲憑藉著偉大的毛澤東軍事思想和人民群眾"；在戰鬥的間
隙，部隊各級都在政治委員的帶領下不斷地通過開會學習來提高
戰士們的覺悟，開會學習的過程無疑是意識形態的宣傳過程。而
且，不光是戰士們通過學習提高了覺悟，將領也在學習中收益非
淺，旅政委楊克文總結地說"一句話，你能把馬克思列寧主義的

道理和實際工作結合一點，你就進步一點；結合得多，你就進步得快"；……到了事件接近尾聲的時候，意識形態的宣傳已經越來越頻繁地變成戰士們的高聲呼喊："中國共產黨萬歲"，"發揚工農紅軍的英勇精神"，"黨中央、毛主席、周副主席和我們一塊克服困難"，"發揚無產階級的頑強性"……這些口號的反復出現不斷地加強著意識形態的宣傳力量，而當指揮員的喊聲反復出現的時候，"指揮員的聲音，就是勞動人民的聲音，就是黨的聲音，就是毛主席的聲音。一股巨大的力量從戰士們心裏騰起，他們爬起來，挺起刺刀，迎擊撲來的敵人……"。至此，所有的聲音完全融合成一個聲音：意識形態的聲音。事件走向了終點，這個聲音也轉化成了無堅不摧的力量，這也是意識形態的力量。

《保衛延安》這種中間包含式的情節設置，不僅將整個戰役的進展過程全景式地展現了出來，而且也非常有效地達到了意識形態的宣傳目的。

4.同一事件以惡化/改善的左右並聯式構成情節：《紅岩》

對於利益相對的雙方來說，一方命運的惡化就等於另一方命運的改善。《紅岩》[6]講述的是重慶解放前夕，共產黨人在集中營中英勇鬥爭的故事。在情節設置上，作者沒有僅僅從共產黨人一方來描寫鬥爭的殘酷和黨員的堅毅，而是從敵我兩方同時落筆，既描寫了我方的勝利也描寫了敵方的失敗，既描寫了我方的改善也描寫了敵方的惡化。這種左右並聯式的結構不僅能直接展現出激動人心的鬥爭過程，而且可以通過敵人表現出來的恐懼、怯懦和猥瑣來襯托我們的堅定、勇敢和樂觀，從而產生了鮮明的對比效果。同時，濃烈的意識形態色彩也從這種對比中清晰地凸顯出來。

---

6 羅廣斌、楊益言《紅岩》，中國青年出版社，1961 年 12 月北京初版，1963 年 7 月北京 2 版，1977 年 9 月北京第 24 次印刷。

　　事件從長江兵工總廠失火/縱火引起工潮開始講述，余新江、甫志高、陳松林、黎紀剛等正反兩方的人物相繼出現，正反兩方的鬥爭也隨之展開。整個鬥爭可以大致分爲兩個階段，第一階段的鬥爭主要在城市裏展開，我方的地下組織在黨的領導下組織罷工和學潮，敵方則派特務接近組織，逮捕了地下黨員甫志高。甫志高的叛變給整個重慶地區的地下組織造成了嚴重的損失，地下黨員許雲峰，成崗，江姐等相繼被捕。第一階段的鬥爭以我方的惡化對方的改善結束。第二階段的鬥爭主要在獄中展開，這也是《紅岩》著力描寫的鬥爭。不管是面對敵人的威逼利誘還是嚴刑拷打，許雲峰，成崗，江姐，華子良，齊曉軒，劉思揚，龍光華，丁長發甚至包括小蘿蔔頭都表現得英勇無畏，堅強樂觀。而每一次鬥爭都暴露了敵人的陰險殘酷和怯懦恐慌。獄中的鬥爭過程是我方不斷改善，敵方不斷惡化的過程。隨著每一次鬥爭的勝利，事件走向了它的終點：華子良領著解放軍來援助越獄的戰友們，整個事件以我方的勝利結束。

　　爲什麼敵人會失敗，我們會勝利？爲什麼共產黨員面對酷刑毫不膽怯，面對利誘毫不動心，而敵人卻狂暴急躁沉不住氣？爲什麼共產黨員有如此頑強的意志，爲了維護黨的尊嚴能做到視死如歸，而敵人卻是貪生怕死之輩？許雲峰在與特務頭子徐鵬飛對峙的中直接回答說"本來，我們共產主義者和你們沒有任何共同的語言。但是，我還是要告訴你：人民革命的勝利，是要千百萬的犧牲去換取的！爲了勝利而承擔這種犧牲，是我們共產黨人最大的驕傲和愉快！"而其他黨員在面對敵人的嚴刑逼供時，作爲黨員的自豪和驕傲也一樣成爲他們堅強意志的支撐"我是共產黨員""黨的組織你們破壞不了""這些都是我們黨的秘密，你們休想從我口裏得到任何材料"……。還有牆壁上用鮮血寫成的遺言"我做到了黨教導我的一切！中國共產黨萬歲！"；江姐信中"光芒四射"的詞句"毒刑拷打是太小的考驗！竹籤子是竹做的，共產黨員的意志是鋼鐵！"；"把牢底坐穿"的歌詞等等，這些不僅在激勵著獄中人的鬥志，也具有恆久的鼓舞人心的力量。獄中鬥爭的過程是塑造這些英勇無畏的英雄群像的過程，也是鞭撻敵人陰險醜惡的過程，讀者在唾棄叛徒，鄙視特務，被烈士所感動，為英雄所鼓舞的同時也接受了對意識形態和政黨意志的宣傳。

《紅岩》左右並聯式的情節設置所形成的強烈對比有效地塑造了共產黨員的英雄群像，也有效地完成了意識形態宣傳。

從情節設置的層面來看，奪權故事基本上可以借用佈雷蒙的敘事邏輯理論概括為以上四種情節構成方式。不管作者採用何種方式，其反映階級鬥爭的主題是異常明確的，其意識形態的宣傳目的也是異常明確的。作家們在黨的文藝政策的指領下，在自覺地認同新政權，新意識形態的心理指涉下，不約而同地在構思情節的時候強調文學的意識形態宣傳作用，設計情節的時候離不開二元對立的思維模式，處理情節的時候自覺地頌揚"我們"，暴露敵人。不過我們也能從作品所提煉出來的情節模式中看出作家在力圖通過獨立的藝術創作表現自己的藝術個性，當然，也在力圖通過自己的藝術個性表達他們對政黨，對他們所信仰的意識形態的崇敬和尊重。

第二節　人物模式的完善

如果同一類型的文本中情節具有內在的相似性，那麼人物也

具有相應的內在的相似性，因爲敘事學所秉承的人物觀是功能性
的人物觀，是將"人物視爲從屬於情節或行動的‘行動者’"[7]。
革命敘事中的有兩大基本的人物類型："我們"和"敵人"，在
奪權故事中，這兩大基本類型中又可以分離出6種亞類型，即：
"我們"中有革命的領導者、革命的參與者和革命的同情者；"敵
人"中有舊政權的統治者、舊制度下的既得利益者以及舊制度的
認同者。《暴風驟雨》中雖然只出現了其中的4種亞類型，但人物
都突出地表現出了其所從屬的類型特徵。在奪權故事的系列文本
中，6種亞類型的特徵都不斷地被豐富，不斷地被提煉，同時也
不斷地被注入一些個性化的色彩。

一、革命的領導者

　　要講述一個革命的故事，鬥爭的故事，領導者是不可或缺
的。當然，領導者的形象可以基本上等同於政黨的形象，因爲他
體現的不僅是政黨意志，而且也包含著意識形態無所不在，無所
不知的力量。領導者在文本中所處的高高在上的位置和全知全能
的力量是由文學所必須承擔的鼓舞"我們"、打擊敵人的社會責
任，以及文學作品所必須要反映的讚頌"我們"的勝利、暴露敵
人的失敗的時代主題決定的。在《保衛延安》中，李振德老漢形
象地說出了他對領導者崇拜的感情："人家都說，蔣介石，胡宗
南在西安開會，咱們毛主席立在咱們陝北的山上就能看見，也能
聽見他們說話。日子長啦，敵人也知道了，他們不開會也不說話，
有什麼打算就寫在紙上，可是咱們毛主席一算就知道敵人的心思
了！"毛主席在老百姓的心目中彷彿是有一種超自然的力量，而

---

7 申丹《敘述學與小說文體學研究》，北京大學出版社，1998年7月初版。第
　56頁。

領導者在整個文本中擁有的也是這種上帝般的全知全能的力量。

但是，要把這樣一個全知全能的領導者落實在具體的形象上，無疑具有相當的難度。《暴風驟雨》做了最初的嘗試，它將領導者具體到一個特定時空的黨的代言人蕭祥身上。共產黨的形象即蕭祥的形象當然表現出一個英明的領導者應該具有的特徵，他堅毅、沉穩、果斷、公正、工作得法而且有很強的自我克制能力，從不意氣用事，處處做幹部的表率。而且為了舒緩蕭祥形象的刻板僵硬，作者特意安排了劉桂蘭向蕭祥詢問黨的婚姻政策的情節，表現出蕭祥活潑調皮富有人情味的一面。可是儘管如此，蕭祥的形象依然顯得單薄而且臉譜化。

在《保衛延安》中，杜鵬程塑造了另一個領導者的形象：彭德懷。可以說作者塑造的彭德懷並不成功，人物的主要性格都是由作家的主觀感受概括出來的。文本一再重複的是"彭總善於在艱難困苦的關頭，扭轉一切危機的局面。彭總能預見由於艱難困苦而產生的那種新的力量；那種新的力量是很厲害的致勝武器"，"彭總是嚴肅，冷靜，耿直而剛正的。""陳興允覺得彭總那莊嚴、剛毅的身軀，那鋒利深思的研究，大概在敵人看來是非常可怕的。"……而對於如何通過情節或者人物的心理來表現彭總的性格卻著墨甚少。馮雪峰在《論〈保衛延安〉》中分析了彭總形象單薄的原因"要把這樣的高級將領的精神和性格，全面地充分地描寫出來，以造出一座巨大的藝術雕像，是只有天才的藝術大師才能辦到的。作者當然還只是一個開始在成長的、尚未成熟的天才；顯然，在這樣的對象面前，作者首先就不會不引起象書中陳興允旅長在這個人物面前時的那種心情來，覺得自己有些渺小，還遠沒有足夠的能力去體會這個人物的一切。"馮雪峰的分析其實指出了塑造領導者的形象或者說將上帝般的領導者具體化存在的兩方面的困難：其一是如何將這樣一個全知全能的領導者通過一個具體形象表現出來而不帶有主觀化，概念化的影子；其二是如何使作家本人不帶有心理壓力而充分地發揮自己的創作才情來表現這樣一個人物。因爲無法直接處理好這樣的人物，所以在若干同類型文本中，我們看到了作家對領導者的另一種處理方法：隱藏領導者。

《紅岩》中堅強的共產黨員們在獄中同敵人展開了針鋒相對的鬥爭，他們不怕嚴刑逼供，也不怕威逼利誘，每個人都是大義凜然，視死如歸的英雄。老大哥，齊曉軒所建立的獄中黨組織領導的只是獄中黨員的具體鬥爭，而真正在整個故事框架中起領導作用的是共產黨員的堅定信仰，是爲了人民解放而流血犧牲的自豪。《紅日》中參加孟良崮戰役的是沈振新軍，領導軍隊作戰的是軍長和政委，但真正在戰爭中起決定作用的是毛澤東軍事思想。《青春之歌》中是盧嘉川引導著林道靜走上了革命的道路，使她由一個同情革命的知識份子成長爲一個堅強的布爾什維克同志，但在林道靜心目中盧嘉川與黨是合二爲一的，所以每當她走投無路的時候，救助她的是盧嘉川，也是黨。在這眾多的文本中，領導者的形象沒有具體化地從某一個固定的人物中表現出來，而是被分散在一些黨員幹部的形象裏，但讀者依然能清晰地感覺得到他的存在，他無所不知，無所不能的力量。這樣的處理不僅增強了領導者的權威性，同時也避免了因爲過於具體化而引發的批評和爭論。

二、革命的參與者

在十七年同類型文本中，屬於這一人物類型的人物數量遠遠超過其他 5 個人物類型，這其中包括黨員幹部，指戰員，貧雇農，進步青年和知識份子等等，而作家在他們身上也傾注了最多的筆墨和心血。文學史上認爲十七年文學的成就之一就是塑造了數量眾多，形象生動"有血有肉的英雄"形象。由於毛澤東的文藝政策明確規定了作家對"我們"所必須採取的"讚揚"的態度，所以不論革命的參與者是由什麼人來承擔，他身上表現出來的大都是美好光輝的一面。此外，經歷過苦難的作家們不論他此前生活在解放區還是國統區，面對著新中國都是歡欣鼓舞的，作家也正是通過這些革命者們高大完美的形象來寄託自己對政黨，對新政權最深厚的感情。

作家通過對革命參與者的塑造，將共產黨員的堅定勇敢，沉著剛毅以及勞動人民的樸實善良，勤勞堅強的美德展現了出來，與此同時他們身上所帶有的鮮明的意識形態色彩也幫助作家完成了對政黨意志的宣傳。雖然作家們對這類角色的處理態度是一致的，但在不同的人物形象中依然包含著些許個性化的特徵，本節將選取幾個有代表性的人物進行系統論述，力求達到以點帶面的效果；

1. "特殊材料製成的"共產黨員：江姐、李誠

在革命參與者的人物譜系中，有非常多的優秀的英勇頑強的可歌可泣的共產黨員形象，這些形象有著恒久的鼓舞人心的力量。而其中最家喻戶曉，感人至深的恐怕是江姐。江姐是地下黨組織的負責人，長期的地下鬥爭造就了她機警，敏銳，沉著，冷靜的性格。江姐遭遇的第一個考驗是她親眼看見丈夫的頭顱被懸掛在城牆上，可她克制住了自己的悲痛，她告誡自己擔負著的是黨的任務，因而沒有任何權利在城頭流露出內心的痛苦。每一個讀過《紅岩》的人一定都能體會到，要克制這樣的情感需要怎樣的鎮定和勇氣。江姐遭遇的第二個考驗是在獄中用自己柔弱的身

軀去承受酷刑，也只有一個懷抱堅定信仰的人才能夠面對陰森恐怖的刑具，猙獰狂躁的特務莊重無畏地說："上級的姓名、住址，我知道。下級的姓名、住址，我也知道……這些都是我們黨的秘密，你們休想從我口裏得到任何材料"。而即使被折磨得體無完膚，也不忘鼓舞戰友們的鬥志"毒刑拷打是太小的考驗！竹籤子是竹做的，共產黨員的意志是鋼鐵！"

　　當然，這個人物譜系中的共產黨員並非人人都要經過江姐般的考驗，才能證明自己是優秀的黨員，是由"特殊材料製成"的黨員。共產黨員那種無私無求，克己奉公的精神在部隊的政治工作中也表露無疑。《保衛延安》中的李誠可以說是其中的代表。團政委李誠是一個忘我工作，不知疲倦的人，常常是真正的廢寢忘食。他非常瞭解戰士，不僅對他們的家庭情況，脾性愛好瞭若指掌，而且能隨時掌握戰士的情緒波動，處理問題迅速而正確。他常常能以超人的毅力克服困難，也常常能激發起戰士的鬥志，鼓舞他們戰勝困難。沒有人會懷疑政治思想工作在部隊中所起的重要作用，政黨的意志，意識形態的宣傳以及毛澤東的軍事思想都是通過部隊中的政工幹部進行宣傳和解釋的，而他們也成了戰士心目中黨的形象的代言人。

　　在十七年同類型文本中，幾乎每部作品中都有一個或多個優秀的黨員形象，數量多得不勝枚舉。所謂"榜樣的力量是無窮的"，黨員們為革命的參與者和革命的同情者提供了立身行事的行為規範，他們的舉手投足、音容笑貌、精神氣節都成為抽象政黨的具體化身。

2.赤膽忠心的人民戰士：周大勇

　　《保衛延安》中的連長周大勇可以說是這類人民戰士中的典型人物。作為一個人民戰士，他對黨中央，毛主席，延安非常忠誠，對父老鄉親也有著濃厚的感情。所以得知黨中央撤離延安他異常痛苦，看到老百姓的生命被敵人踐踏他出離憤怒，而這一切都激勵他在戰場上表現得更加勇猛。周大勇是個當之無愧的戰鬥英雄，戰場上他生龍活虎，帶領著自己的連隊衝鋒陷陣，不管遇到怎樣的頑敵，他都能想方設法地去攻克，即使在脫離主力部隊的條件下，他也能保持一個指揮員的沉著冷靜。周大勇性格中這些閃光的亮點可以說是濃縮了人民戰士的優良品質。不過作為一個連級的指揮員，周大勇也表現出一個黨員幹部的成長過程。他能夠指揮連隊打勝仗，但戰士的思想工作卻做得不夠細緻，比如在教育新兵，處理老兵思鄉病等問題上常常把事情簡單化。當然在政委李誠的幫助和教導下，周大勇最終會完成這一成長的過程，成為一個優秀的指揮員。指戰員這種不光軍事上過硬，思想上也過硬的形象是文學作品塑造指戰員的需要，也是宣傳政黨意志的需要。

從屬於這一類型的還有許多人物，比如《保衛延安》中的王老虎、馬全有、衛剛，《紅日》中的楊軍、秦守本、張華峰，《苦菜花》中的王東海、于水等。馮雪峰在《論〈保衛延安〉》這篇長文中用相當的篇幅來概括此類人物的特徵：

在這些人的心目中除了黨，人民，祖國，人類實現社會主義理想，就再也沒有別的什麼了。在他們，唯一快樂、光榮的事情，就是為人民而戰鬥，而犧牲。這樣的人，看起來誠然是單純的，然而卻是內心最富有的人，是真正有信仰的人，是體驗著黨性的人。因為他們最深刻和最密切地聯繫著人民的苦難和希望；他們任何一個行動和思想，都會先去體會黨的教育和黨的意志。他們是親身地體驗著被壓迫勞苦群眾的切身要求的，也是親身地體驗著勞苦群眾只有在黨領導之下團結起來鬥爭才能解放自己的實際的革命道路的；因此，無產階級的理想，黨的領導，人民的勝利，就成爲他們的最堅強的信仰力量，這使他們在敵人和困難面前成爲大無畏者。這是真正的人民戰士和英雄，……，這樣的英雄，只要在內心上不失去和人民，和黨，和自己部隊的聯繫，不失去信仰力，是無論放在什麼地方都不會被毀滅的。[8]

3.堅強無畏的農民：母親

毛澤東在論述文藝爲什麼人服務的時候說過農民"是革命中最廣大最堅決的同盟軍"[9]，因而在同類型文本所涉及的革命的參與者中有相當一部分是貧苦農民。《苦菜花》中的母親是這一類人物的代表。

如同所有描寫農民革命的故事一樣，《苦菜花》在結構上首先有一個所謂"官逼民反"的楔子，用地主惡霸的貪婪狠毒來襯托貧苦農民的艱辛隱忍，從而爲貧苦農民接受共產黨的領導，投入革命提供了一個邏輯上的必然性。所不同的是，《苦菜花》有一個明確的抗日戰爭的背景，在這個大的文化語境中，民族主義的救亡主題被彰顯出來，此時被毛澤東在 1925 年定義爲"半無產階級"[10]的貧農儼然已經包含在延安《講話》所指稱的"我們"或"人民"當中。因此，毛澤東爲作家所制定的如何描寫"我們"的行文規範也被運用在如何描寫貧農身上，於是文本中這些革命的農民同樣也有著英雄的頑強勇敢，視死如歸。

《苦菜花》中的母親是較早覺悟的農村婦女，她頂著村中傳統勢力的壓力，支持女兒參加革命，甚至在家裏最需要照顧的時候也不拖女兒後腿，表現出她的寬厚和質樸；母親爲了保護兵工

8　馮雪峰：《論〈保衛延安〉》，1954 年版《保衛延安》代序。
9　毛澤東：《在延安文藝座談會上的講話》，《毛澤東選集》第三卷
10　毛澤東：《中國社會各階級的分析》，《毛澤東選集》第一卷

廠的機器受盡了嚴刑拷打，甚至為此犧牲了她年僅五歲的小女兒，表現出她的頑強和無畏；為了支持娟子革命，母親代她履行做母親的責任，幫她撫養三個月大的嬰兒，表現出母親的沉著和無私。除了母親之外，《苦菜花》中的其他人物，比如娟子，花子，七子，德強等等都表現出這種善良勇敢，堅定忠誠的英雄品質。

在十七年同類型文本中，凡是涉及到貧農參加的鬥爭，這類對革命懷抱忠誠的人物總會出現，比如《保衛延安》中的李振德老漢，《活人塘》中母親，《紅旗譜》中朱老忠等等。在這些文本中，農民已經沒有了農村小生產者的自私和狹隘，而變得高大完美起來。

4.有缺點的英雄：劉勝

依照毛澤東的《講話》精神，相當數量的十七年文本都把英雄處理得高大完美，他們身上體現出了人們的理想人格。但是在《紅日》中，作者並沒有依照概念將這些出生入死的戰鬥英雄做簡單化臉譜化的處理，他們身上多少都暴露出一些農民的性格弱點。

作者生動地讚頌了從班長秦守本，連長石東根到團長劉勝這些基層指戰員的頑強勇敢，驍勇善戰以及他們對革命的忠誠；同時也寫出了他們意氣用事，急功近利，不願意承擔責任的一面。作者曾借人物梁波之口批評了劉勝"一見便宜就張嘴伸手，一見要吃虧就象烏龜一樣，頭縮到肚子裏去，那算什麼英雄好漢？像那個樣子的部隊，算什麼主力部隊？一個主力部隊應該敢於擔負最艱巨的任務，敢於吃虧賠本，能夠照顧別人，照顧全局……就是營長，連長，甚至是一個兵，也要教育他們，撈一把主義要反對！一定要反對！"。此外，小說對劉勝看不起大學生政委以及石東根打勝仗後醉酒縱馬的描寫也在某種程度上暴露了農民造反的某種特質。

在注重意識形態宣傳，注重體現政黨意志的同類型文本中，像《紅日》這樣處理軍隊基層指戰員，這樣處理戰鬥英雄可以說是唯一的例外。但這並沒有違反《講話》的精神，《講話》在明確"歌頌"與"暴露"的具體對象時也指出"人民也是有缺點的，……這些就是他們在鬥爭中的負擔。我們應該長期地耐心地教育他們，幫助他們擺脫背上的包袱，同自己的缺點錯誤作鬥爭，使他們能夠大踏步地前進"。所以在小說中，每當這些基層指戰員犯了錯誤，總有政委在旁做工作，更有軍長、副軍長這樣的高級將領進行批評教育，《紅日》在某種程度上可以說正是"描寫他們的這個改造過程"。

或許作家是由於"知識份子的啓蒙主義立場"[11]才對這些英雄做如是的處理，但是在五十年代具體的社會文化語境中堅守這樣的啓蒙立場並不容易，《紅日》初版後"歪曲我軍官兵形象"成爲其最主要的"罪名"，而作者也不得不依據這些批評做出重大的修改。

5.投入革命的知識份子：林道靜

《青春之歌》所反映的"小資產階級知識份子變成無產階級戰士的發展過程"的主題被作者楊沫和不同時期的文學史家們不斷地闡發，爲了配合這個主題的表達，林道靜這個人物產生了。林道靜在剛出場的時候是一個渾身素白，守著一堆幽雅樂器的單純女孩，一個有著"小資產階級情調"的知識份子，她雖然同情革命，卻並沒有用一種積極的方式去尋找革命。在她陷入走投無路的生活窘境的時候，那個"五四"式的崇尚個性解放的青年余

---

11 相關論述見陳思和主編《中國當代文學史教程》，復旦大學出版社，1999年版。第63頁。

永澤向她伸出了雙手。可以說,接受了余永澤/啓蒙理性的林道靜/小資產階級知識份子獲得了一次成長。但是在三十年代的社會文化語境中,知識份子顯然已經無法依靠啓蒙理性來實現建構現代民族國家的社會理想了,林道靜也因此再一次陷入生活和感情的痛苦深淵。這一次是代表政黨意志的盧嘉川向她伸出了雙手。盧嘉川所宣導的是體現民族獨立的救亡主題,放棄余永澤/啓蒙理性選擇盧嘉川/民族獨立使林道靜/小資產階級知識份子完成了成長過程。

《青春之歌》並不像西方文學史中的"成長小說"[12]那樣重在描述主人公性格的發展過程,而林道靜本人的性格特徵在文本中表現得也並不鮮明,這一點是由林道靜所承擔的敘事功能決定的,林道靜是一個不斷接受意識形態詢喚的符號,她的主體性必須通過意識形態的確認才能獲得。所以不論是剛出場的渾身素白的單純女孩,還是接受余永澤/個性解放,盧嘉川/民族獨立的知識份子,她都沒有表現出自足的主體性。林道靜接受余永澤是生活所迫的被動選擇,而她選擇盧嘉川是因爲只有黨才能拯救走投無路的她。即使在林道靜接受農村鍛煉、獄中考驗、包括在北大做學生工作的時候,她都是一個不斷接受考驗和改造的被動的客體。

林道靜在文本中的命運與知識份子在中國革命中的命運形成了互文關係,在展現民族獨立的宏大敘事中,知識份子處於一種非常尷尬的無名狀態。根據毛澤東《中國社會各階級的分析》,無產階級是最具有革命性和先進性的階級,奪權故事雖然沒有表

---

12 西方文學史中的成長小說出現於 18 世紀末期的德國,歌德的《威廉·邁斯特的漫遊時代》可以說是成長小說的原始模式。這類小說的主題是敘述主人公思想和性格的發展。

現產業工人的作品，但是可以想像，如果有的話作者一定會竭盡全力地歌頌他們；屬於半無產階級的農民原本與屬於小資產階級的知識份子一樣是"我們最接近的朋友"，但是隨著中國社會語境的轉變，農民成了"革命中最廣大最堅決的同盟軍"，於是在同類型文本中農民被賦予了勤勞善良、樸實忠誠、堅定勇敢等等英雄品格；而唯有知識份子的性格特徵無法確定，中國的現代性進程，中國的啟蒙與救亡本由知識份子宣導，他們甚至是共產主義理論忠實的傳播者，但是"五四"以後卻始終沒有進入革命的核心，甚至成為被改造的對象。這種地位的轉變使得知識份子被剝奪了革命的主流話語權，他們只有放棄主體性，接受改造才能獲得認可，換句話說，知識份子只有跟黨走才有出路。這是中國革命給知識份子的教訓，也是《青春之歌》所要的表達的主題。

在十七年同類型文本中《青春之歌》是唯一一部將知識份子作為革命的參與者來描寫的作品。而在其他文本中，知識份子大都作為革命的同情者或是舊政權的認同者登場，因為中國革命史決定了他們這樣的身份和位置。

三、革命的同情者和舊政權的認同者：知識份子

如前文所述，在中國二十世紀的現代革命中，知識份子雖是革命的宣導者，是西方現代革命思想的引述者，是開啟民智救國圖存的身先士卒者，但五四運動以後卻和他們要啟蒙、要拯救的國民/農民一樣成為革命的中間分子，在《講話》以後這些腳上沒有牛糞，不識稼穡，只會翻書的知識份子在革命性上甚至還比不上不識字的農民。在中國現代性的追尋過程中知識份子只有兩條道路可以走：要麼放棄啟蒙立場，接受政黨意志的召喚；要麼懷抱啟蒙立場，最終被主流意識形態拋棄。知識份子這種地位的

變化以及知識份子對自身的定位在小說文本中得到了清晰地展現。在這些反映革命鬥爭的文本中，知識份子形象從未作爲英雄被正面描寫，他們往往承擔革命的同情者或是舊政權的認同者的敍事功能。他們或者接受政黨意志投入革命，或者頑固不化成爲革命的絆腳石。

《青春之歌》是眾多所謂"革命歷史題材"小說中唯一一部描寫知識份子的小說。知識份子的種種選擇和出路在小說中都有切實的體現。王鴻賓、王曉燕父女是革命的同情者。他們在故事的初始階段奉行的是胡適的思想：多研究些問題，少談論些主義，所以王曉燕會拒絕和林道靜一起參加遊行的提議。但這父女倆畢竟是有正義感，有同情心，有良知的中國知識份子，看到日本人肆意踐踏中國領土而政府一味妥協退讓，看到共產黨不停地爲聯合抗日奔走，同時又不斷地接受著政黨的宣傳和影響，於是最終放棄了胡適的思想，投入革命。屬於這類人物的還有《青春之歌》中的一些進步教授，《紅旗譜》中的嚴知孝。

余永澤是現有政權的認同者。他是一個接受了五四啓蒙思想的知識份子，是胡適思想的身體力行者。他埋頭讀書，希望畢業後能找到一份穩定的工作。他的生活理想平實而樸素，希望給林道靜做幾身漂亮衣服，希望小日子紅紅火火。如果林道靜能像子君那樣每日呆在家中做做家務，養一些阿貓阿狗小油雞，他決不會像涓生那樣心生不滿。他爲了實現自己的生活理想努力奮鬥著，終日泡在圖書館中遠離革命。現在看來，這樣一個追求個人生活品質的人本身並沒有錯，錯就錯在他在一個宣導全民抗日救國圖存的時代卻固執地懷抱著啓蒙的理想。所以五四新文化運動的主將胡適會被革命拋棄，余永澤也自然地被林道靜拋棄。

四、舊政權的維護者：國民黨軍官、
　　特務；革命的叛變者

　　舊政權的維護者在奪權故事中都是作為反面人物來處理的。《講話》明確指出，對於這類人物"革命文藝工作者的任務是在暴露他們的殘暴和欺騙，並指出他們必然要失敗的趨勢，鼓勵抗日軍民同心同德，堅決地打倒他們。"所以作者在做具體的藝術處理時總是把他們與陰險、狡詐、醜惡、懦弱、卑劣等性格特徵聯繫在一起。

　　《紅岩》在著力刻畫共產黨員堅強忠誠的一面的同時也刻畫了國民黨官員和特務的陰險毒辣。在這一系列人物群像中有"身材矮胖，相貌猥瑣的特務頭子"毛人鳳；有"陰險邪惡的蜘蛛，把人血當作滋養，把殺人當作終身職業"的徐鵬飛；有老奸巨滑的嚴醉；有小特務黎紀綱，鄭克昌等。小說一再突出的是他們殘酷險惡又怯懦卑瑣的一面。

　　《紅日》也仔細地刻畫了國民黨的將領。作者吳強在修訂本序言中說："有人說，寫敵人應當寫得狠一點，以顯得我們的英雄人物的本領更高。這個意見是正確的。其實我們的敵人本就是又狠又毒，我們只須按照真實的面貌去再現他們，也就夠了……我想，在我們的作品裏，一旦要他們出現，就要對他們著意地真實地描寫，把他們當作活人，挖掘他們陰險狠毒卻又是卑鄙怯懦的內心世界，絕不能將他們輕輕放過"。事實上，吳強也沒有對這些"敵人"做簡單的概念化處理。比如張小甫，作者在賦予他"敵人"的普遍性格的同時也表現出他作為一個軍人的忠誠和職業道德；寫出了張靈甫的剛愎自用，在腹背受敵時的驚恐和焦慮，同時也表現出他作為一個統帥千軍萬馬的指揮官沉著自信而樂觀的一面。

　　除了隸屬於國民黨政治集團的軍官、特務是舊政權的維護者，那些曾經參加革命，後來又叛變革命的人也可以屬於這一人物類型。比如《紅岩》中的甫志高，《青春之歌》中的戴瑜。

　　叛徒有許多共同特徵：比如軟弱，甫志高和戴瑜在被俘後都沒經受什麼考驗就變節了；還有追求安逸的生活，兩人都沒有為自己的信仰而犧牲生命的思想準備，貪圖安樂生活。在暴露身份後，甫志高擔心的不是組織和同志的安危而是"如果離開銀行，用來掩護身份的生活和享受全都完了，至少短期內是難以恢復了"，戴瑜在被捕後不到一點鐘的工夫，那熟悉的美酒、古董、鮮花、玻璃書櫃就讓他動搖了。這些當然是他們性格上的弱點，他們被捕的主要原因是不能按照黨的正確路線工作，舉止行為過"左"。甫志高是沒有按照地下黨組織的要求經營書店，擅自擴大書店規模，標明書店的進步色彩而暴露了身份，戴瑜被捕前是個"左"傾冒險主義者，一味強調擴大吸收黨員，擴大宣傳黨組織。美國學者白培德"原來一直認為共產黨是崇拜階級鬥爭和依靠階級鬥爭理論來組織自身的，但在《青春之歌》中他驚訝地發現，馬克思主義在這裏變成了一種手段，服務於建立現代民族國家這一目的。……在小說中，在需要救亡的情況下強調階級鬥爭，反而變成了極左思想的表現，甚至變成了叛徒的思想。戴瑜就具有這種象徵性"[13]。兩部作品的作者都把犯有左傾錯誤的地下黨人處理成叛徒一方面是由於這些人盲目鬥爭，容易暴露身份，另一方面也許正如李楊分析的那樣階級鬥爭與建立民族國家的主題

---

13 白培德語，《文化與文學：世紀之交的凝望》，轉引自李楊：《抗爭宿命之路 —— 社會主義現實主義（1942-1976）研究》，長春：時代文藝出版社，1993年版。第 48 頁。

構成了內在矛盾，而具體的社會歷史語境決定了後一主題壓倒前一主題。[14]

5、舊制度的既得利益者：地主，投機商人，官僚買辦

地主在奪權故事中也是屬於"敵人"，要被無情地"暴露"的。在不同的文本中這類人物幾乎是以相同的面孔出現的。我們此前分析的《暴風驟雨》中的韓老六可以說是這類人物的經典概括。屬於這類的人物還有《紅旗譜》中的馮姓地主，《苦菜花》中的王姓地主，《活人塘》中的李姓地主等等。投機商人和官僚買辦在奪權故事中數量不多，他們身上體現出的也是類型特徵，即：貪財重利，心狠手毒。他們的形象比較概念化。

此外，奪權故事也延續了《暴風驟雨》對人物的處理方法，將人物的階級屬性與其道德操守和容貌形象之間建立起了對應關係。"我們"道德完善，容貌端正；"敵人"則道德敗壞，相貌醜陋等。

在政治權力的干涉下，奪權故事在人物功能和人物類型設置方面都受到了明確而具體的規定，從而形成了一套比較固定的人物模式。由於各種人物類型都具有明確政治身份和經濟地位，人物的性格和形象不能被隨意地改變而顯得有些單薄。但作家同時也在追求"政治和藝術的統一，內容和形式的統一，革命的政治內容和盡可能完美的藝術形式的統一"[15]，也在與時代不斷地磨合，所以這些文本最終也給人們留下了許多性格鮮明，形象生動的人物。

---

14 相關論述見李楊《抗爭宿命之路》。
15 毛澤東：《在延安文藝座談會上的講話》，《毛澤東選集》第三卷。

第三節　張力的呈現：傳統 符號與現代闡釋

　　《暴風驟雨》對革命敘事的範式作用不僅表現在情節和人物模式的確立上，而且反映在文本內部敘事張力的存在上。這種張力的存在並非個別現象，它在十七年的革命敘事中具有相當的代表性。嚴格的政治標準的限定與藝術個性的追求之間的矛盾只是文本敘事張力形成的表層原因，其背後的深層原因在於中國自身蘊涵豐富矛盾與張力的現代民族國家理論以及文學在此基礎上所參與的建構關於現代民族國家的宏大敘事。在自身的理論建構中，中國既功利性地吸收了西方/現代的理論，又功利性地將其與本土/傳統資源相結合。於是，在中國的現代化進程中，往往是要達到一個現代的目標卻是用傳統的手段。這個明顯的目標與方法上的南轅北轍卻被組織進中國現代民族國家的宏大敘事中。具體到《暴風驟雨》在語言層面出現敘事裂縫的原因，就是體制化語言與農民語言的對接和碰撞的結果。《紅旗譜》中朱老忠文本形象與批評闡釋之間明顯的錯位成爲在另一個層面展現這一矛盾的典型文本。

　　1958 年，梁斌的長篇小說《紅旗譜》出版，批評家們賦予人物形象朱老忠以極高的讚譽。說朱老忠的思想性格"集中地體現了農民對地主的世世代代的階級仇恨，體現了爲黨所啓發、所鼓勵的農民的革命要求"[16]；說朱老忠是"一個兼具有民族性、時代性、和革命性的英雄人物的典型"，"可以夠得上魯迅先生所

---

16 周揚：《我國社會主義文學藝術的道路》，《文藝報》，1960 年第 13、14 期合刊。

稱爲‘歷史的脊樑’般的英雄人物。然而，他不僅繼承了古代勞動人民的優秀品質，古代英雄人物的光輝性格，而且還深刻地體現著新時代（無產階級革命時代）的革命精神”[17]。而新時期以來出版的文學史大都在繼承了這一觀點的同時做了相應的闡發，並且總結說：“這個形象（朱老忠）的塑造，無論在思想深度上還是藝術形式創造上，都達到了新的水準，是當代文學史上的一個重大收穫”[18]。

按照這種評述，朱老忠的形象應該是一個典型的無產階級戰士，一個在建立現代民族國家中起到重要作用的民族英雄。在敍述上，他應該是一個時時處於鬥爭的中心並且起著積極作用的領導者。然而，今天重讀《紅旗譜》，我們卻明顯地感到文本形象與批評闡釋之間的嚴重錯位。朱老忠更是以一個代表傳統的符號。

《紅旗譜》中朱老忠的突出性格是：“中國農民自古以來就有的勤勞，簡樸，勇敢，善良的崇高品質”以及“心地善良，有正義感”，“爲朋友兩肋插刀”，“敢說敢幹，反抗性強”和“有勇有謀”的性格特徵[19]，這些特徵是典型的出自民間的好漢性格。爲了烘托這些性格特徵，作者傾注了大量的筆墨，人物和情節都鋪排的酣暢淋漓，有聲有色。

比如全書的楔子“朱老鞏大鬧柳樹林”就讓《紅旗譜》有了一個傳統的民間傳奇式的開頭 —— 子報父仇的故事，同時也有了一個傳奇英雄的形象 —— 血性剛烈、疾惡如仇、抱打不平的好漢朱老鞏。朱老忠的出場從血緣和精神上都實現了英雄的再生。而

---

17 馮牧、黃昭彥：《新時代生活的畫卷》，《文藝報》1959 年第 19 期。
18 華中師範學院《中國當代文學》編寫組：《中國當代文學》（2）上海文藝出版社，1984 年版，第 87 頁。
19 梁斌：《漫談〈紅旗譜〉的創作》，收入單行本《紅旗譜》，中國青年出版社，1958 年版。

《紅旗譜》中朱老忠表現得最突出的性格特徵也是朱老鞏式的好漢性格。"這天塌下來，我朱老忠接著，朱老忠窮了一輩子，可是志氣了一輩子。沒有別的，咱爲老朋友兩肋插刀！有朱老忠的腦袋就有你的腦袋"。全書寫足了朱老忠作爲傳統農民的俠氣。由朱老忠參與的重要事件，比如砸鍋賣鐵堅持讓江濤上學，代替嚴志和去濟南探監都是他"爲朋友兩肋插刀"的表現。作爲一個民間的英雄好漢，朱老忠還被塗抹上了一層傳奇的色彩。"他一個人，在關東的草原上走來走去：在長白山上挖參，在黑河裏打魚，在海蘭泡淘金"，艱苦的經歷磨礪了朱老忠堅毅隱忍的性格。這樣的人物處理借鑒的是中國傳統江湖傳奇或武俠小說中英雄的塑造方法，因爲英雄只有經歷了"十年磨一劍"的困苦和艱辛才能完成英雄的人格，才能實現"君子報仇，十年不晚"的英雄使命。而且，朱老忠並非是一個隻懂得種田，打魚的普通農民，他還有些拳腳工夫，在反割頭稅的大會上，用他的三截鞭和鐵鏢保護了江濤。總之，朱老忠有著傳奇的身世和經歷，有著不共戴天的仇人，有著打抱不平，爲朋友兩肋插刀的俠義性格，還有些武功，所有這些都讓朱老忠的形象更接近於民間傳奇中的俠客。

但是僅僅把主人公塑造成一個出自民間的英雄並不符合那個時代對文學的要求。建國後"十七年文學"的主題之一就是以回望的姿態來歌頌在共產黨領導下，一個新的共和國、一個新的現代民族國家的誕生。作家梁斌屬於那個時代，他必須迎合那個時代。梁斌於是同時爲《紅旗譜》設定了反映階級鬥爭的主題思想，同時也設計了通過農民鬥爭方式的轉變來突出主題的故事情節，並在朱老忠的形象裏添置了時代主旋律的內容。作者自己總結說："從鎖井鎮農民的革命鬥爭方式，可以明顯看出一代比一代進步，朱老鞏是赤膊上陣，拿起鍘刀拼命。朱老明他們採取所謂對簿公堂，和地主打官司，這註定要失敗的，……到了朱老忠和江濤，他們接觸了黨，黨教導他們要團結群眾，走群眾路線的道路，於是所發起的反割頭稅的鬥爭，就取得了很大的勝利。這說明中國農民只有在共產黨的領導下，才能更好的團結起來，戰勝階級敵人，解放自己"[20]。所以，在作者的思想意識中，朱老忠應該是兩種英雄形象的結合，其一是農民英雄，其二是無產階級革命英雄。這是一個有張力的寫作構思。

就作者當時所處的社會語境和自身的思想情感而言，他是想重點突出朱老忠作為無產階級革命英雄的形象的。但實際上，作者並沒有把這一意圖完成好。作為革命英雄的朱老忠的性格並沒有得到完全的展開，或者說沒有具體的情節安排來讓朱老忠展示其革命英雄的光輝品質。因為首先，作為一個有革命傾向的農民，朱老忠在遇到黨／賈湘農時並沒有表現出精神上的強烈衝擊。他只是 "暢亮的笑著" 鼓勵運濤接近賈湘農，"你要是撲到這個靠山，一輩子算是有前程了！"，而所謂 "兩隻眼睛放出明亮的光彩" 也只是作者的主觀表達。其次，朱老忠並不是故事中參加實質性革命活動的核心人物。正如陳思和版文學史所評述的那樣，"鬥爭的中心人物從第一代的朱老鞏一下子過渡到第三代的運濤、江濤兩兄弟，作為主要塑造的英雄朱老忠完全被架空了"[21]。第三，朱老忠在入黨之後甚至也沒有做具體的革命工作，沒有讓他在鬥爭中磨練出共產黨員的意志，更沒有機會讓他表現出對黨的忠誠。"自從賈湘農離開城裏，輕的沒有人來。有時來個人，也不過按著姓名找人，晚晌在小屋裏睡了覺，吃了飯，就又走了。這就是他們的黨的生活"，雖然作者又補充了一句 "但是

---

20 梁斌：《漫談〈紅旗譜〉的創作》。
21 陳思和：《中國當代文學史教程》，復旦大學出版社，1998 年版，第 78 頁。

他們的心勁兒，他們的鬥爭，永遠沒有停止過。"沒有具體的革命活動讓他們參與，這種"鬥爭"只能是作者主觀的心願。

當然，批評家也屬於那個時代，也必須迎合那個時代，如果僅僅解讀出文本中朱老忠農民英雄的形象也不符合時代對文學批評的要求，於是，作者沒有完成的創作意圖被批評家通過文本闡釋完成了。這種完成表現在兩個方面：

首先，闡釋填充了民間好漢成長為革命英雄的過程。民間好漢與革命英雄雖然在性格內涵上有較大的差異，但並非不能有機結合，事實上，革命敘事往往是通過人物由前者向後者的轉變來實現二者的統一，來實現階級鬥爭主題的深化和主流意識形態的訓導。這個轉變的過程在《紅旗譜》中有，但被處理得極為簡約：朱老忠只是在闖關東的時候聽說過"共產黨是窮人的黨"，自己並沒有實際接觸過，可是一聽說運濤接近賈湘農就馬上支持他。黨也省去了讓朱老忠經歷林道靜式的思想感情甚至身體意志方面的重重考驗就完全信任和接受了他。入黨之後，黨更排除了他"組織上入黨而思想上沒有入黨"的可能性，也沒有讓他用智慧勇氣向組織來證明自己是個"特殊材料製成"的共產黨員。不過作品中省略的過程卻被文學史家的闡釋填充為：《紅旗譜》的主題正是通過"朱老忠等人物的'成長'（由傳統農民的仇恨和反抗性，到獲得由'時代'、由無產階級政黨所賦予的理想和集體主義精神）來實現"[22]的。

其次，闡釋提升了民間好漢的反抗性質。民間英雄只有把個人仇恨上升為階級仇恨，拋開家族觀念，才能獲得無產階級的革命性質。《紅旗譜》中朱老忠始終強調的是父子相繼的復仇模式：

---

22 洪子誠：《中國當代文學史》，北京：北京大學出版社，1999 年版，第 110 頁。

"我要擦亮眼睛看著他(馮蘭池),等著他。他發了家,我也看著。他敗了家,我也看著。我等不上他,我兒子等得上他。我兒子等不上他,我孫子等得上他。總有看他敗家的那一天,出水才看兩腿泥"。在他入黨之後,家族式的鬥爭也沒有在文本中獲得提升,他和嚴志和去保定並不是接受了組織上的任務,而是因爲江濤領導學潮被困在學校裏面,"我心裏怕了,跑來看看能幫上手兒不"。但是批評家的闡釋明白無誤地賦予了朱老忠無產階級的革命性質 "後來入了黨,參加了黨領導的革命鬥爭,經受了鬥爭的鍛煉,他(朱老忠)才把個人報仇雪恨的夙願和解放被壓迫階級、實現社會主義的政治理想結合起來,從個人自發反抗發展爲有組織的群衆鬥爭,從單槍匹馬的草莽英雄走向無產階級先鋒戰士的行列"[23]。

　　既然文本與闡釋之間有如此大的裂縫,闡釋又是如何完成的呢?

　　仔細閱讀作品便會發現,《紅旗譜》這個文本裏,似乎在講述著兩個故事,一,是脯紅鳥事件、反割頭稅運動、保定二師學潮等鬥爭故事,二,是農民好漢朱老忠的故事。"好漢故事"與"鬥爭故事"如同兩個按照各自的軌道運行的圓。只有讓這兩個圓相融合,朱老忠才能成爲爲建立現代民族國家而奮鬥的無產階級英雄,才具有時代感。於是,文本的闡釋者將文本進行了重組。比如這段論述:

　　朱老忠是跨越新舊兩個歷史時代的人物。他的思想性格是在中國從舊民民主主義革命轉向新民主主義革命這個特殊的歷史環境中形成的。地主階級馮蘭池的陰險殘忍和父親朱老鞏大鬧柳樹林的壯舉,在朱老忠的心底埋下了復仇的火種……當二十五年後

---

23 華中師範學院《中國當代文學》編寫組:《中國當代文學》(2),第86頁。

回到故里時，他已經不僅具有父輩的叛逆性格，而且有了不同於舊時代農民英雄的新的素質，新的思想境界。作者從脯紅鳥事件寫到保定二師學潮，從高蠡起義寫到抗日烽煙初起，通過人物的生活經歷和行動，不僅寫出了人物的思想性格，而且寫出了人物性格發展的歷史。[24]

在這樣的闡釋裏，文本間的裂縫不見了，兩個圓走向了重合，朱老忠似乎成了幾次鬥爭的中心人物。農民英雄於是變成了階級英雄，成了共產黨領導人民建立現代民族國家過程中的典型人物。

文本的重組只是縫合了兩種形象之間的裂縫，而這種闡釋能夠被接受和不斷闡發的關鍵還在於闡釋者對文本解讀的另一個重要策略，即：充分利用作品的"民族風格"。論者認為作者繼承了我國古典優秀傳統和表現手法，在刻畫人物、語言運用等方面取得了突出的藝術成就，"經過作者的苦心經營，小說形成了一個統一的富有民族特色的藝術風格。作者在創建小說民族風格方面的有益嘗試，取得了成功的經驗，為當代文學作品的民族化問題作出了寶貴的貢獻。"[25]

批評家解讀出《紅旗譜》中無產階級革命英雄朱老忠的高大形象，完成的是一個現代話語的闡釋，為什麼借助的卻是具有"傳統"內核的"民族風格"呢？這與政治對文藝的要求有關，與主流意識形態對民間傳統文化的借鑒有關，而所有這些最終都是服務於建設現代民族國家的根本目的的。

"民族風格"與"現代性"最初並不是一組矛盾的概念，在五四時期的中國語境中，"民族風格"具有相當的現代性。當時的知識份子已經接受了俄國民粹派的理論，希望通過對民間文化

---

24 華中師範大學《中國當代文學》，編寫組：《中國當代文學》(2)，第 85 頁。
25 張鐘等《中國當代文學》，北京大學出版社，第 282 頁。

的整理提煉民族精神，而民族精神是建構一個現代民族國家的核心。當然，五四知識份子宣導“到民間去”懷抱的是啓蒙理想，他們對民間的審視是一種“他者”的眼光。隨著知識份子對中國革命認識的轉向，“階級鬥爭”代替了“個性解放”成爲推動中國現代化進程的主要力量，占全國人口絕大多數的農民被視爲“階級鬥爭”的主力軍，喚醒民眾，教育民眾就成爲知識份子最迫切的任務，於是“文藝大眾化”運動在左聯早期被提上議事日程。和五四知識份子一樣，左聯文人的“到民間去”懷抱的仍然是啓蒙理想。中國革命不斷推進，無產階級革命的隊伍在不斷壯大，1938 年毛澤東《中國共產黨在民族戰爭中的地位》[26]中對文藝提出了新要求，要把“國際主義內容”與“民族形式”結合起來，創造出“新鮮活潑的，爲中國老百姓所喜聞樂見的中國作風和中國氣派”。1940 年毛澤東在《新民族主義論》中更加明確地闡述新民族主義文化/新文化是“民族的，科學的，大眾的文化”[27]，同時在文藝界推動了關於“民族形式”的討論。毛澤東對文藝大眾化的一再推進針對的是五四以來的新文學和知識份子的啓蒙角色。到 1942 年《講話》發表以後，知識份子完全失去了“啓蒙者”的身份，要改造自己的思想，要向農民學習。可以說，沒有知識份子現代啓蒙精神的照耀，“民族風格”退回了“傳統”的土壤。

要建構一個現代民族國家，放棄的是代表現代精神的啓蒙理想，採用的卻是被“傳統”化的“民族風格”。這種目的與方法之間明顯的南轅北轍卻被毛澤東組織進了他關於建構現代民族國家的宏大敘事中，使他的理論包括受理論指導的文學創作都蘊涵著巨大的張力。

26　《毛澤東選集》第二卷，人民出版社，1991 年 6 月版，第 534 頁。
27　《新民主主義論》，《毛澤東選集》第 706 頁。

　　如何讓深受五四啓蒙主義影響的知識份子放棄現代的啓蒙的精英立場，轉而去向代表傳統的文化結構和文化心理的農民學習，這是建構現代民族國家理論必須解決的問題。於是在 1939 年，毛澤東連續寫了兩篇紀念五四運動二十周年的文章[28]，文章著重討論了青年學生/知識份子與工農群眾結合的問題。爲了找到二者結合的合理性依據，毛澤東首先肯定了五四運動的正確性和革命性，繼而指出包括五四運動在內的革命運動失敗的原因是沒有“喚起民眾”，沒有動員起“佔全國人口百分之九十以上的工農大眾”，知識份子固然是反帝反封的先鋒隊，但他們只有和工農結合起來才能獲得革命的勝利。五四運動的性質是“資產階級民主革命”，從理論上講其革命對象是封建主義，領導者和主力軍是資產階級，這與由共產黨領導，以工農大眾爲主要參與者的無產階級革命有性質上差別，於是爲瞭解決這個矛盾，毛澤東將其解釋爲對於資產階級民主革命“資產階級已經無力完成，必須靠無產階級和廣大人民的努力才能完成”，因而毛澤東希望知識份子能“認識中國革命的性質和動力，把自己的工作和工農民眾結合起來，到工農民眾中去，變爲工農民眾的宣傳者和組織者”。此時，五四運動的性質和知識份子的啓蒙角色都沒有改變，改變的卻是知識份子在革命中的地位和革命方式。知識份子不再是振臂一呼、應者雲集的精神領袖，啓蒙的方式也不再是著書立說，教書育人，而是“要到工農民眾中去”，成爲走入民間的宣傳隊，1940 年的《新民主主義論》[29]說明毛澤東對五四運動和知識份子有了新的看法。他將中國的文化革命分成“五四”前和“五四”後兩個階段，將共產黨領導的共產主義文化思想看作是

---

28 這兩篇文章是《五四運動》和《青年運動的方向》。《毛澤東選集》第二卷。
29 《新民主主義論》，《毛澤東選集》第 662-711 頁。

五四後的文化生力軍，並認定魯迅是"這個文化新軍的最偉大和最英勇的旗手"，由此，毛澤東接通了本由資產階級知識份子領導的五四運動與共產黨領導的無產階級革命之間的血緣關係。此時"五四"運動的性質也變爲"當時無產階級世界革命的一部分"，並且"在思想上和幹部上準備了一九二一年中國共產黨的成立"。毛澤東高屋建瓴地論述了中國的新民主主義革命自"五四"後就由無產階級領導，工農群眾是毋庸質疑的革命的主力軍，這樣，五四以來的新民主主義文化/新文化爲工農群眾服務就獲得了充分的合法性。由於五四運動性質的改變，知識份子與工農大眾的角色地位也發生了相應的改變。無產階級的革命性質賦予工農大眾先在的革命先進性，因而知識份子的啓蒙角色也不再被強調了。

　　1942 年配合延安整風運動的《講話》在解決了知識份子爲何要爲工農兵服務的問題之後重點討論了如何爲工農兵服務的問題。問題的核心依然是縮小文藝與大眾的距離，但立足點已經成爲"我們知識份子出身的文藝工作者，要使自己的作品爲群眾所歡迎，就得把自己的思想感情來一個變化，來一番改造"。換句話說，就是知識份子要放棄現代的，精神導師的啓蒙立場，要接受並且學習傳統的，工農群眾的思想感情。到《講話》爲止，知識份子不僅完全喪失了自五四以來的啓蒙角色，而且成爲改造的對象，三十年前被懷抱著革命熱情的知識份子不遺餘力批判的傳統價值、文化規範乃至"順民"性格也隨之進入學習之列。自此，毛澤東已經成功地建立起一套知識份子/現代與工農群眾/傳統相結合的理論，而解放區的文藝實踐包括建國後很長一段時間的文藝創作都是以此理論爲指導思想的。

　　可以說，毛澤東正是通過不斷地調整現代/知識份子與傳統/

農民之間的關係來完成建構現代民族國家的宏偉構想,而這一構想的實現很大程度取決於他對五四運動的性質和精神內核的雙重置換。首先,將五四運動的資產階級革命性質置換成無產階級革命,從而改變了屬於"小資產階級"的知識份子作爲現代啓蒙運動精神導師的地位;其次,將五四激進的反傳統精神置換成爲革命主力軍服務的具體要求,從而使知識份子放棄了具有現代精神的啓蒙角色。

把毛澤東對五四運動的改寫,對所謂"民族風格"的重塑歸因於革命功利主義思想,的確是將複雜問題簡單化了。但這種功利思想無疑是其中最直接的原因,而毛澤東本人也從不否認這種功利思想的合理性,因爲"世界上沒有什麼超功利主義的"[30]。可以說,毛澤東的現代化理論始終沒有脫離中國具體的革命實踐。革命的功利主義要求一切以革命爲主,一切爲革命服務。所以,要"喚醒民眾",知識份子就應該承擔啓蒙角色,而當"我們周圍的人物,我們宣傳的對象,完全不同了。過去的時代一去不復返了",我們就"必須和新的群眾相結合,不能有任何遲疑"[31]。

如此看來,不論是"現代"還是"傳統",只要是符合中國革命利益的,就會被毛澤東組織進建構中國現代民族國家的宏大敘事中,從而使中國的現代性問題變得矛盾而複雜。批評家借助"民族風格"完成了對農民英雄朱老忠無產階級革命形象的現代闡釋並非是刻意地誤讀,只是在某種程度上觸及了這一蘊含豐富矛盾的宏大敘事。而批評闡釋與文本形象之間出現錯位最大的文本意義在於:在文學層面凸顯了中國自身具有強大張力的現代化理論,進而折射出中國文學現代性的複雜特質。

---

30 《在延安文藝座談會上的講話》,《毛澤東選集》,第 864 頁。
31 《在延安文藝座談會上的講話》,《毛澤東選集》,第 876 頁。

小　結

　　奪權故事將《暴風驟雨》單一的情節模式發展爲 4 種情節構成，這種發展集中在敘事線索以及惡化/改善組合方式的增加，這是因爲按照既定的敘事成規，革命敘事的邏輯起點和終點不能隨意變動，所以作家只能通過改變情節的組合方式來體現其藝術審美精神。奪權故事同時也將《暴風驟雨》的人物類型細化，在"我們"和"敵人"兩大基本類型中分出 6 種亞類型，並且通過對"我們"形象的不斷完善完成文學政治訓誡的功能。

　　此外，革命敘事的張力明確地呈現在被譽爲"農民革命史詩"的經典文本《紅旗譜》中，文本體現出來的朱老忠的形象與批評闡釋之間的錯位從一個側面揭示了中國自身蘊涵豐富矛盾與張力的現代化理論以及參與到中國現代化進程中的中國文學的複雜特質。

第三章　革命敘事之改造故事

　　對於一個具有時代性和先進性的政黨，奪取 "敵人" 的政權並不是革命的旨歸，建立一個理想中的現代民族國家才是革命的最終目的。所以，隨著中國共產黨領導下的工農兵奪取了政權，中國歷史從此走入了社會主義政權的改造和建設階段。

　　中國社會的歷史階段變了，文學所承擔的社會職責並沒有改變。文學依然要按照政黨意志來反映時代的主旋律，文學作品從內容到形式依然不能偏離延安文學的基本範式。於是，我們看到，十七年的文學創作不僅以一種回望的姿態讚頌共產黨和她所領導的艱苦卓絕的奪權鬥爭，還以飽滿的熱情歌唱共產黨和她所領導的政權改造和社會主義建設。從某種程度上看，對舊政權的改造也既是對新政權的建設。所以我們暫且將本章要討論的文本稱作 "改造故事"。

　　"改造故事" 在以往的文學史中一直被冠以 "工業題材" 和 "農業題材" 進行分章介紹。其實這些文本除了故事發生的場景分別在工廠和農村之外，在敘事成規上並沒有明顯的差異，所以本章將這兩種題材的故事歸納為一個故事類型來討論。

　　作為故事類型，"改造故事" 和 "奪權故事" 雖然涉及的內容大不相同，但是在創作思想和宣傳職能方面卻是一致的。"改造故事" 依然側重意識形態宣傳，側重體現政黨意志，意識形態力量依然是無所不知、無所不含的超能量。故事的情節設置和人物安排依然重在體現毛澤東延安講話的精神，努力表現兩條陣線上的鬥爭。"改造故事" 相對於 "奪權故事" 來說雖然數量不算多，但其鮮明的意識形態色彩和堅決的政治立場仍然表明其革命敘事的性質和在十七年文學作品中的主流地位。本文所界定的 "改造故事" 包括以下文本：《三裏灣》、《山鄉巨變》、《創業史》、《百煉成鋼》、《乘風破浪》、《在和平的日子裏》、《上海的早晨》、短篇集《春種秋收》等等。這些故事遵循的同樣是革命敘事的敘事成規。

第一節　社會主義道路上的新人新事

　　由於文藝從屬於政治，文藝一直在政治規範好的框架中運行，文藝作品所處理的 "改造故事" 也必須體現政黨的意志，完成意識形態的宣傳任務。"改造故事" 所涉及的題材已經不是敵死我活的奪權鬥爭，"我們" 早已取得了政權，"敵人" 也已經被 "我們" 消滅，但是改造這個政權，將政權賦予社會主義性質同樣是一場艱苦的鬥爭。鬥爭的對象和目的變了，但鬥爭的性質並沒有改變。依照自延安文學以來建立的敘事成規，要講好鬥爭的故事就必須分成三段來講："我們" 為什麼要進行鬥爭（故事的起因），"我們" 如何進行鬥爭（故事的經過），"我們" 取得了鬥爭的勝利（故事的結局）。與 "奪權故事" 一樣，"改造故事" 也是依據既定的邏輯程式發展的，所以，我們仍然可以借用佈雷蒙的 "敘事邏輯" 來分析這類文本中的情節設置。

　　我們在第一章已經闡述過革命敘事唯一的一種敘事類型：要得到的改善──→改善過程──→得到改善；以及改善過程中惡化和

改善的三種結合方式：首尾接續式、中間包含式和左右並聯式。
"改造故事"與"奪權故事"雖然處理的題材不同，但作家設置
情節的方式卻基本相同。"改造故事"在情節設置上可以歸納為
以下三種情節類型：

一、同一事件單一線索以惡化/改善的首尾接續式構成情節：《山鄉巨變》、《三里灣》

《山鄉巨變》講述的是清溪鄉建立初級社和發展高級社的故
事。整個故事圍繞著動員和吸收個體生產者加入合作社展開情
節，事件的起因是縣裏派來幹部推行中央政策，到清溪鄉領導合
作化運動，而在此之前，農村已經出現了問題，互助組形同虛設，
不能調動農民的生產積極性，勞力少的農民基本又回到土改前的
貧困狀況，這一前提顯示了農村實行合作化運動的必然性和迫切
性。事件的發展過程是不斷地動員個體勞動者入社的過程，這一
過程由惡化/改善的首尾接續式構成。事件的惡化是由於個體勞動
者私有觀念的根深蒂固，事件的改善是由於幹部們細緻的思想工
作和身先士卒的無私精神。事件的結局是各個固執的心存顧慮的
單幹戶都相繼入社，農業合作社最終建立並鞏固。文本中無私的
黨團員形象是這一特定時空主流意識形態的代言人，他們的言行
舉止體現的是意識形態的訓導過程。

不過，《山鄉巨變》雖然是圍繞著動員吸收農民入社這一情
節主線來結構事件，但整個事件並不是只有一條乾淨簡單的情節
主線，在情節主線旁邊有一些枝枝蔓蔓的小事件，比如：盛淑君
因愛情而產生的甜蜜和痛苦，桂滿姑娘因妒忌而與丈夫大打出
手，等等。這些小故事與農業合作社的建立並沒有直接的聯繫，
但是他們在文本中出現卻能夠增強作品的生活氣息。

《三裏灣》講述的也是一個同樣的故事，情節設置的敘事邏輯也與《山鄉巨變》類似，事件惡化/改善的具體過程以及導致這一過程的原因也有相近的地方。不過，敘事角度的不同形成了兩部作品迥異的敘事風格。我們可以比較兩段描繪人物的文字：

"鄧秀梅是個自尊心極強的女子。在區上，由於小數點後面的一個數字說不清，當人暴眾，受了區委書記間接的搶白，至今想起，還存餘痛。但心思一旦轉到工作上，她就完全忘了個人榮辱，只想如何達到區裏規定的百分之七十的指標了。"[1]（《山鄉巨變》）

"後來玉生成了村裏個小'能人'，模樣兒長得又很漂亮，年紀雖說不大，大人們卻也不得不把他當成個人物來看待，特別是在他得了獎狀那幾天，人們就更看中他 —— 每當他從人群中間走過，總有人在後邊說：'小夥子有本領！''比他爹還行'！"[2]（《三裏灣》）

從以上兩段文字中我們可以相對清晰地感受到敘事人與人物之間的距離差異，《山鄉巨變》中敘事人與人物之間的距離較大，敘事人多是採用俯視的視角，對人物的評論也是高屋建瓴似的，而且敘事人可以洞穿人物的內心；《三裏灣》中敘事人與人物之間的距離較小，敘事人多是採用平視的視角，對人物的評價多是借用其他人物的語言，比如"人們說"、"村裏人說"等等。此外，由於趙樹理創作堅持採用"評書體"的形式，所以《三裏灣》中的敘事人雖然也是"上帝"般的全知全能的敘事人，但敘事人很少進入人物內心進行心理描述，而是更多地通過人物的語言和行為表現他們的想法。

---

1 周立波《山鄉巨變》，北京：作家出版社，1964年版，第130頁。
2 趙樹理《三裏灣》，北京人民文學出版社，1958年版，第15頁。

　　《三裏灣》這種以農村中習以爲常的生活小事、以鄰里、姻親之間的人事糾葛爲主要內容來表現農村社會變遷中農民命運和思想感情變化的創作方法，承接的是趙樹理一直以來的創作路向。趙樹理希望他的小說是"老百姓喜歡看，政治上起作用"[3]，正如文學史所評述的，這種"起作用""不僅僅利用通俗方法將國家意志普及遠行，也包含了站在民間立場上，通過小說創作向上傳遞民間的聲音"。[4]因而當時代語境將批評家的眼光聚焦於轉變知識份子的思想感情，用農民的語言來表現農民的生活進而達到國家意志的普及的目的的時候，趙樹理成爲"一個在創作、思想、生活各方面都有準備的作者，一位在成名之前已經相當成熟了的作家，一位具有新穎獨創的大眾風格的人民藝術家"，[5]而趙樹理的創作經驗也被規定爲"趙樹理方向"向全國作家推廣。但是當時代語境不斷發生轉變，普通農民成爲互助組、合作社運動中的尙待改造的對象時，趙樹理筆下那些土頭土腦、只爲自己打算盤的農村小人物，那種冒進政策下尷尬生活著的貧苦農民又給他帶來了最爲殘酷的人生衝擊。

　　儘管"政治上起作用"可以做兩個向度上的讀解，趙樹理創作的最終目的是"勸人"，是"想把自己認爲好的人寫得叫人同情，把自己認爲壞得人寫的叫人反對"[6]，而寫作或曰"勸人"的指導思想仍然是黨的政策。所以我們在《三裏灣》中看到的雖然是幾個家庭之間的家長裏短，但推動情節發展的卻是用各種方法吸引單幹農民"入社"的農村合作化運動。

---

3 轉引自陳荒煤《向趙樹理方向邁進》，見《趙樹理研究資料》，黃修己主編，太原：北岳文藝出版社，1985 年版。

4 陳思和《中國當代文學史教程》，復旦大學出版社，1998 年版。第 41 頁

5 周揚《論趙樹理的創作》，見《趙樹理研究資料》。

6 趙樹理《隨〈下鄉集〉寄給農村讀者》，見《趙樹理研究資料》。

與《山鄉巨變》一樣,《三裏灣》中的整個事件也不是只有一條乾淨簡單的情節主線,鄰里和親眷之間的是非糾葛決定了故事中情節線索的穿插和交織。但之所以仍然將這類文本的情節設置認定爲"單一線索",是因爲只有一條情節主線貫穿故事始終,而其他的情節線索只是在情節的演進過程中或出現或消失。這些情節輔線增大了故事的敍事容量,但並沒有改變情節的發展方向。

二、同一事件雙重線索以惡化/改善首尾接續式 構成情節:《創業史》、《乘風破浪》

《創業史》[7](第一部)講述的是農村"新人"梁生寶領導的互助組鞏固和發展的故事。事件的起因是互助組的生產和組織建立都遇到了困難,事件的發展過程是梁生寶領導互助組發展生產,事件的結局是互助組得到鞏固並且開始試辦合作社。《創業史》的情節發展有兩條線索貫穿著:一條是圍繞著梁生寶帶領互助組勞動創業展開,事件的惡化是由於農民的私有觀念,事件的改善是由於梁生寶一心爲公,起到了榜樣的作用。柳青說:"這部小說要向讀者回答的是:中國農村爲什麼會發生社會主義革命和這次革命是怎樣進行的。回答要通過一個村莊的各個階級人物在合作化運動中的行動、思想和心理的變化的過程表現出來。這個主題思想和這個題材範圍的統一,構成了這部小說的具體內容"[8]。由於作家早已設定的創作主旨,勞動創業的故事成爲《創業史》的情節主線。在這條情節線上,作家不僅努力組織起了農村各階

---

7 柳青《創業史》,北京:中國青年出版社,1960 年版。本文的研究對象是《創業史》第一部。
8 柳青《提出幾個問題來討論》,《延河》(西安),1963 年第 8 期。

級/階層錯綜複雜的矛盾線索，力圖展現"共同富裕"與"個人發家"兩條陣線上的矛盾鬥爭，而且著力地塑造了具有共產主義覺悟的農村"新人"梁生寶的形象，而這兩方面恰恰是《創業史》發表後獲得批評界充分肯定一致好評的部分。由於這條情節線的情節設置"根據的是五十年代人們早已耳熟能詳的政策檔；作家的創作是把對農民生活和心理的體驗和藝術想像，納入這一框架之中"[9]，因而其承載的意識形態宣傳職能是不言而喻的。

　　另一條是圍繞著梁生寶與改霞的愛情故事展開，事件的惡化是倆人之間的誤會，事件的改善是誤會的解除。愛情故事雖然同樣貫穿著《創業史》的始終，但它僅僅是《創業史》的輔線。在這條線中，梁生寶靦腆矜持、工作繁忙擠不出時間來談情說愛。在整個愛情故事中，梁生寶幾乎沒有關於愛情或甜蜜或痛苦的感覺，他只是一個不可或缺的符號，而所有關於愛情的體驗都是改霞的。梁生寶雖然獲得了事業上的成功，但沒有有情人終成眷屬，事件的結局是讓改霞在兩人的感情出現了突破性進展之後去了工廠。作者如此處理梁生寶的愛情故事是符合當時的時代語境的，愛情故事的私人性、個體性與宣導擯棄私有觀念、一心爲公的時代主潮相背離。一個社會主義新人是不應該花時間花精力來應付個人的感情問題的。如果梁生寶的愛情故事能夠繼續的話，我們可以想見他一定是由組織介紹，與一位元勞動好、心思好的女子成婚，彼此沒有情感上的拖累，一心奔著農村的社會主義道路前進。

　　農村要進行社會主義改造，工廠也一樣。故事的場景雖然由農村換成了工廠，人物由互助組長、農民換成了廠長、工人，但敘事成規始終沒有改變。

---

9 洪子誠《中國當代文學史》，北京大學出版社，1998 年版。

草明的《乘風破浪》描寫了一家大型鋼鐵企業圍繞增產節約展開的一系列矛盾鬥爭。事件的情節發展也有兩條線索貫穿著。一條是圍繞青年爐長李少祥等青年工人展開；另一條是圍繞廠長宋紫峰等領導幹部展開。因爲兩條線索同時講述著同樣的故事：工廠的增產節約，所以兩條線索齊頭並進，沒有主輔之分。《乘風破浪》是一部迎合時代主潮的作品，承載著明確的政黨意志的宣傳職能。所以，文學史也評述說，故事的情節線表現的是"個人與集體、先進與落後、革新與保守的錯綜複雜的矛盾"，歌頌的是"工人階級的忘我勞動和進取精神"[10]。

也許是文學史家用太多的精力去分析作品中的時代精神，因而忽略了文本中對愛情主題的描寫。草明女性作家的性別身份，使她除了關注工廠轟轟烈烈的社會主義建設事業，兩條陣線上激烈而尖銳的交鋒之外，還關注主人公的情感世界，於是，我們也看到了李少祥和青梅竹馬的小蘭之間樸實卻真摯的愛情；宋紫峰與妻子邵雲端平淡沒有激情卻相互牽掛的親情；汪麗斯內心倍受情感煎熬的矛盾和痛苦。這種人物的處理方法顯然與《創業史》中對人物感情的極端節制有明顯的不同，文本中活躍著的人物不是工廠裏運轉不停的機器，不是革命熔爐裏的螺絲釘，而是有血有肉有感情的人。今天看來，草明對人物內心情感世界的探尋和把握甚至還強過她對那些轟轟烈烈的鬥爭的描述，這一點之所以沒有得到批評家和文學史家的首肯，很大程度上是由於文本闡釋者所奉行的批評原則的局限性。當然，《乘風破浪》中的愛情必須也是"健康"的愛情：李少祥沒有因爲小蘭的不辭而別而耽誤工作，宋紫峰也沒有因爲汪麗斯的追求、邵雲端的指責而放棄他心

---

10 華中師範學院編寫組《中國當代文學》（2），上海文藝出版社，1984年版，第119頁

愛的工廠。因爲書中描寫的愛情沒有影響主人公們的工作熱情，沒有給工作和生產帶來不良影響，更沒有影響作家體現政黨意志的寫作主旨，所以沒有突破"健康"的界限。如果這些愛情沒有在工作第一的前提下進行，相信當時的批評家是不會置之不理的。

三、同一事件以惡化/改善的左右並聯式　構成情節：《上海的早晨》

對於利益相對的雙方來說，一方的惡化過程就等於另一方的改善過程。《上海的早晨》講述的是對上海資本主義工商業進行社會主義改造的故事。在情節設置方面，作者沒有單純通過共產黨領導的工人鬥爭來展開情節，而是從工人和資本家兩方面同時落筆，鬥爭雙方惡化與改善的過程相互映襯，進而達到意識形態的宣傳效果。

《上海的早晨》全書共四部，其中文革前出版的一、二兩部爲本文的研究對象，事件從滬江紗廠總經理徐義德和廠長梅佐賢秘密轉移工廠資產，非法套匯以及工廠工會的選舉開始講述，由徐義德串起的"星二聚餐會"和由秦媽媽、湯阿英串起的紗廠工人先後出場。隨著工會成立，工人在工會的領導下開始有組織的鬥爭，事件在第二部結尾時以這些不法的工商業者在"五反"中坦白錯誤結束。小說雖然用了更多的筆墨來展現資本家的家庭生活、生產經營、社會交往以及面臨時代變遷時的惶惑與不安，但它仍是一部契合時代主旋律的作品。文學史給予《上海的早晨》以如下評價："作品的主題突出鮮明，反映了在中國共產黨和工人階級領導下，在和平時期對資本主義工商業和資產階級進行改造的過程，同時表現了中國工人階級不斷成長壯大的歷程。從這一主題，輻射出我國從資產階級民主主義革命轉移到社會主義革命的這一具有歷史意義的重大變化。……（小說的第一、二部）比較充分地描寫了以徐義德、朱延年爲代表的工商業資本家同廣大工人群衆之間的矛盾鬥爭，較深刻地揭示了階級矛盾的複雜性和黨對資本主義工商業實行社會主義改造的必要性。" [11]

《上海的早晨》通過工人與資本家針鋒相對的鬥爭來推動情節發展，面對被資本家收買混入工會的工賊、面對資本家爲降低成本混入劣質原料而造成工人之間的誤會、面對資本家極其隱蔽的非法經營活動，工人們在工會、黨的基層組織的領導下一次次地揭穿資本家的陰謀，一次次地取得鬥爭的勝利。工人們的正直、勇敢反襯出資本家的虛僞、懦弱；工人們的勝利反襯出資本家失敗，同時也表現出共產黨的英明正確和堅決頑強。工人們的鬥爭過程的最後完成無疑也是意識形態的訓導過程的完成。

屬於"改造故事"的文本很多，但從情節設置上來看，基本上可以歸納爲以上三種情節構成方式，這其中又以第二種數量較多。可以說這些故事都是在以藝術經驗的方式表達政策檔，所以，不論作家採用何種方式結構情節，其意識形態的宣傳目的都是異常明確的。

所謂"社會改造"指涉的不僅是對舊有制度、生活秩序的改造，還包括對生活在此間的人的思想感情、思維方式的改造。因而，新中國建立以後，由新政府所推行的社會主義改造的過程除了表現在賦予生產資料所有制形式上的社會主義特徵之外，還要求新中國的廣大勞動者、主人翁擁有相應的社會主義道德情操。社會制度、生活秩序上的改造可以由國家頒佈政策法令來施行，人們思想感情、思維方式的改造則是文學所必須承擔的社會職

---

11 華中師範學院編寫組《中國當代文學》（2），上海文藝出版社，1984年版，第128頁。

能，借用趙樹理樸素的語言便是"我們寫小說和說書唱戲一樣，都是勸人的"[12]。所以，改造的故事在某種程度上可以看作是將"舊人"改造成"新人"的故事。在這些改造的故事中，新人的新道德是先在的，新人在故事中起到的是榜樣的作用。於是，在"改造故事"中出現了兩個基本的人物類型，其一是已經經過社會主義道德規範改寫過的人物，即新社會中的"新人"；其二是尚未達到社會主義道德規範要求的人物，即新社會中的"舊人"。

如果我們對比"奪權故事"與"改造故事"中人物的分類原則，會發現其中明顯的不同。

在"奪權故事"裏首先要明確的是，誰是"我們"，誰是"敵人"。中國具體的社會語境將"奪權故事"解讀成階級鬥爭的故事，於是，"我們"和"敵人"都由各自所處的階級和經濟地位來決定。所以，我們在"奪權故事"中看到的不同的人物類型都有著明顯的階級屬性，並且被作家按照政策貼上了"善"和"惡"的標籤。但"改造故事"發生在新中國建立以後。此時"敵人"作為一個階級被消滅了，"我們"包含了新中國所有的勞動者，矛盾鬥爭也只是"我們"內部的矛盾鬥爭，此時的人物類型當然不能再按照"奪權故事"中的原則來簡單地劃分了。階級屬性的劃分原則被新建立的道德標準所代替，"改造故事"中的"新人"和"舊人"都以社會主義道德標準來劃分。一心為公、公而忘私的是"新人"，自私自利的是"舊人"。

"改造故事"中的"新人"大致有兩類。

一類仍然是具有時代先進性的共產黨員，他們是各級黨組織的負責人。比如《山鄉巨變》中的鄧秀梅、李月輝，《乘風破浪》

---

12 趙樹理《隨〈下鄉集〉寄給農村讀者》，見《趙樹理研究資料》。

中的夏萬春、唐紹周,《上海的早晨》中的餘靜、楊健等。這些共產黨員雖然不必經歷《紅岩》式的生命與意志,血與火的考驗,但是面對新的鬥爭環境,他們在工作中仍然表現出頑強、勇敢、智慧、無私等共產黨員固有的優秀品質。象鄧秀梅指揮民兵深夜進山尋牛、楊健帶病堅持工作這些細節描寫塑造的便是共產黨員的這種光輝形象。但是,這類人物基本是以領導者的角色出現,他們很少參與具體的生產建設,也很少出現在矛盾鬥爭的中心。由於沒有大量情節的鋪排來展現他們的性格,所以總的來看,這類人物的塑造沒有特別出彩的地方,人物形象往往流於概念化的描述。

另一類是工作和戰鬥在生產第一線的勞動者。比如《創業史》中的梁生寶、《山鄉巨變》中的劉雨生、《乘風破浪》中的李少祥、《三裏灣》中的王玉生等。"改造故事"用了大量筆墨來描畫這類新人的高大形象和優秀品質,在形象處理方面也使用了一些共同方法:

首先,"新人"都有"苦出身"。"改造故事"雖然不象"奪權故事"那樣強調主人公的"根源",但這些新社會的"新人"們卻無一例外都是貧苦的勞動者:梁生寶從小跟母親討飯到了蛤蟆灘;李少祥進工廠前是漁民,小時候生活很苦;劉雨生不光過去生活苦,成立互助組之後因為成天忙組裏的事情,日子依然不好過。從這種處理方法仍然可以看出《講話》所確定的文學范式對作家的影響:貧苦的人具有美好道德的潛質。

其次,"新人"的核心品質是沒有私心。無產階級革命的最終目的是消滅私有制,建立共產主義社會,而在思想意識領域裏最應該消滅的就是私有觀念,所以這些能夠體現社會主義新道德的"新人"們必須是沒有私有觀念的。文本中的"新人"雖然性情各有不同,但他們都把互助組、合作社的事情放在第一位,自己只講付出，不講回報。

　　第三，"新人"都遭遇來自家庭內外的危機。在中國的文化語境中，個人往往是依附在家庭中的，個人利益的犧牲其實也就是家庭利益的犧牲。所以"新人"犧牲個人利益首先面對的就是家庭內部的矛盾衝突：劉雨生和王玉生都是爲了大家顧不上小家而與自己的妻子離了婚；梁生寶也因爲同樣的原因被梁三老漢譏爲"梁偉人"，父子之間的關係一度非常緊張。同時，不論是成立互助組還是合作社都是對私有經濟和私有觀念某種程度上的打破，所以必然會遭遇到村民的不滿和人爲設置的阻力。比如入組的人要退組，互助組成員內部不和、生產資料不足、得不到上級領導的支持等等。但是"新人"偉大的人格力量恰恰是通過"內憂外患"中執著和奉獻來凸顯的。

　　當然"新人"們最終都獲得了工作和生活的完美結局，不僅帶領互助組／合作社成功地組織生產，達到了事業的輝煌，而且解決了家庭問題，過上了和睦而幸福的生活。"新人"們榜樣的力量完成了社會主義新道德的重塑。在"新人"的身上也集中體現了意識形態對新社會的勞動者的道德要求。

　　"改造故事"中的"舊人"大致也可以分爲兩類。

　　一類是勞動積極性差，責任心差的工人和農民。比如《乘風破浪》中的易大光、《山鄉巨變》中的符賤庚。他們偷懶、好玩、愛貪小便宜、工作勞動吊兒郎當還有些見利忘義。他們是社會主義生產建設中的落後分子，容易被壞人利用。但另一方面，他們頭腦比較簡單、沒有壞心眼兒，也容易被感化被教育。由於"改造故事"要改造的是人們的私有觀念，所以這類人物並不是作家著力描寫的人物，也不承擔重要的敍述功能，他們往往是作爲"新人"的工作對象出現的，目的在於陪襯"新人"的品格修養。

　　另一類是固執地堅持著私有觀念或者一心想維護自己的私有財產的人。此類人物在"改造故事"中數量最多，也是"改造故事"中形象刻畫最爲生動飽滿的人物。這類人物基本由那些活躍在農村裏的普通農民構成。他們中有過去的富農和中農，有死腦筋的貧農，也有土改時立過功的農會幹部和共產黨員。從這類"舊人"經濟地位和政治身份的設定可以看出，作家雖然不再簡單地認爲貧苦的人具有先在的道德優勢，比如，貧農也可以被塑造成尚待改造的"舊人"，但是仍然讓擁有財產的人遭遇道德危機，比如，富農和中農都沒有被處理成"新人"。

　　這類"舊人"的共同特點是願意"下死力作田"，相信勤勞致富，希望有一天能擁有更多土地和牲畜，他們不願意加入互助組/合作社，只想個人發家，不願意和別人分享勞動成果。比如《三裏灣》中只顧倒賣小商品發財的黨員范登高、把土地一半入社一半自留的袁天成、《創業史》中一心想在土地面積上趕上富農的黨員郭振山、希望個人創業，不願意兒子操心互助組的梁三老漢、《山鄉巨變》中想方設法不入社卻異常勤奮的菊咬筋……，等等。這些人物在文本中承擔著很重要的敘事功能，因爲意識形態的訓導過程正是通過對這些人物的成功改造來完成的。

　　"舊人"雖然是道德不完善的，是需要改造的，是與"新人"相對立的。但作家並沒有在形象上醜化他們，也沒有簡單地將他們處理成"反面"人物，而是將人物放置在具體的環境中去考量，從而呈現出人物複雜的性格特徵。梁三老漢可以看作是"舊人"中的典型形象。文學史家曾精闢地概括了梁三老漢的複雜性格"他既有新社會翻身的喜悅，充滿著對共產黨的信賴和喜愛，又有舊社會留下的因襲重擔；既有勞動者的勤勞、淳樸、正直、善良的美德，又有小私有者的狹隘心理和保守思想……小說恰切地寫出了梁三老漢這種充滿矛盾的內心世界和他終於在社會主義的燦爛陽光下一步一步走上新的創業之路的思想歷程"[13]。對"舊人"複雜性格的描繪成爲"改造故事"中最出彩的地方。

　　閱讀"改造故事"一個明顯的感覺就是："舊人"比"新人"寫得好。這一方面是由人物形象決定的，因爲"舊人"的不完美性容易讓人物表現出性格的多面性，而"新人"要起到榜樣的作用就必須突出他美好的一面。而另一方面是由創作原則決定的，因爲"舊人"在形象氣質、道德情操等方面受到的限制比"新人"少，相應的留給作家創作的空間就大，所以比較容易發揮作家的藝術想像。從批評的角度來看，"舊人"複雜性格的呈現也具有深刻的文本意義，因爲對這些在"兩條陣線"的鬥爭中處於遊移、觀望狀態的農民複雜心理的揭示，更有助於展現社會生活變遷的廣度和深度。

　　和"奪權故事"一樣，"改造故事"也是作家依據政策檔而進行的藝術實踐，所以，不論情節設置還是人物塑造都著重體現政黨意志和主流意識形態。由於過分倚重政策，"改造故事"在情節層面出現過一些遊離於故事之外的情節，比如《上海的早晨》中描寫農村剝削的一節，人物層面出現過生硬地安置在故事中的人物，比如《山鄉巨變》中的殘留特務龔子元夫婦。

第二節　意識形態敘事眼光中的人物

　　主流意識形態爲"改造故事"的敘事確定了反映兩個階

13　華中師範學院編寫組《中國當代文學》(2)，上海文藝出版社，1984 年版，第 224 頁。

級,兩條陣線上的鬥爭的相近主題,以及爲了表達主題而設置的相近的情節和人物。當主題、情節和人物都按照既定的軌道運行時,敘事人敘述故事時採用的視角和眼光也相應地受到了規範和修正。事實上,十七年的革命敘事爲了更好地服務於政治,也爲了更明確的標誌出自己的無產階級立場,都無一例外地選擇了全知全能的敘事人,而這些敘事人也無一例外地將意識形態眼光作爲主要的敘事眼光。

根據英國文體學家福勒的定義,意識形態眼光指的是"由文本中的語言表達出來的價值或信仰體系"[14]。但這一定義的指涉極爲含混,何爲"文本中的語言"?是敘事人的語言還是人物的語言?是敘事人具體的情節敘述還是涉及到視角、眼光等形式層面的討論?正如申丹的評述,"福勒對'意識形態眼光'的探討不僅混淆了作者與敘述者之間的界限,而且也混淆了敘述聲音與敘事眼光以及聚焦人物與非聚焦人物之間的界限。福勒將敘述者(及人物)用嘴表達出來的觀念形態與敘事眼光所反映出來的觀念形態相提並論,將敘事技巧與被敘述的內容混爲一談"[15]

爲了避免理論上的混亂,本節所討論的"意識形態眼光"將作如下限定:是指敘事人在敘述故事時所採用的代表主流意識形態的敘事眼光,全知敘事人通過意識形態眼光所表達出來的觀念形態和感情態度符合政黨的宣傳導向。於是,我們看到,在這種敘事眼光的觀照下,"改造故事"按照同一事件(農村/工廠的社會主義改與建設)的惡化/改善過程展開情節,並最終走向改造勝利完成的敘事終點。同樣,在這種敘事眼光的觀照下,人物也

---

14 申丹:《敘述學與小說文體學研究》,北京大學出版社,1998 年版,第 212 頁。
15 申丹:《敘述學與小說文體學研究》,第 213 頁.

依據主流意識形態的標準給予價值評判。對那些體現社會主義新
道德的人物，意識形態眼光在敍述時表達出來的語氣和態度是肯
定和贊同的，而對那些違反社會主義新道德的人物，意識形態眼
光在敍述時表達出來的語氣和態度則是否定和批評的。

　　那麼，主流意識形態所認同的人物應該具有怎樣的特點呢？
對此，我們在第一節已經有過詳細的論述，概括起來就是思想上
有崇高的共產主義理想和很強的政策理論素養；行動上大公無
私、公而忘私，這裏的“公”可以引申為忘我工作，自我犧牲，
“私”可以引申為私生活、個人情感等；性格上的頑強、沉著、
冷靜、寬容。雖然在不同的改造故事中，社會主義“新人”有著
相似的精神內核，但是我們從改造故事的文本序列中依然可以分
辨出意識形態眼光觀照下新人的成長軌跡。在這個序列中，我們
選取三部作品作為討論對象，一部是創作於 1955 年的《三裏灣》，
它是十七年第一部反映農業合作化的長篇小說；一部是完成於
1959 年的《山鄉巨變》，它是周立波描寫合作化運動的一部力作，
也是所有的文學史都做重點分析的十七年經典作品；一部是創作
於 1960 年的《創業史》（第一部），它在敍事層面可以被看作是改
造故事完成的標誌性文本，也是直接引發 60 年代關於“寫中間人
物”的討論的作品。

　　《三裏灣》雖然不是趙樹理最優秀的小說，但卻是能夠充分
體現他創作特點的作品。在《三裏灣》中人們讀到的是程式化的
情節：一個個懷有私心，不願意加入合作社的村民在黨員和積極
分子的幫助教育下最終加入了合作社。但是與其他改造故事不同
的是，故事中像王金生、王玉生這些能夠體現社會主義新道德的
人物形象並不清晰，敍事人似乎也無意將敍事眼光聚焦於他們身
上。趙樹理小說這種重事不重人的特點是由他的創作目的決定

的，正如他自己的解釋，"我在作群眾工作的過程中，遇到了非解決不可而又不是輕易能解決了的問題，往往就變成所要寫的主題。……如有些很熱心的青年同事，不瞭解農村中的實際情況，爲表面上的工作成績所迷惑，我便寫《李有才板話》；農村習慣上誤以爲出租土地也不純是剝削，我便寫《地板》……"[16]。提出問題並解決問題雖然是趙樹理創作的根本目的，但是陳荒煤曾經概括的"高度的革命功利主義"[17]卻是趙樹理創作的直接動力。他要求自己的小說一要"老百姓喜歡看"，二是要"政治上起作用"[18]，這就決定了趙樹理無論採用老百姓如何喜聞樂見的形式，講述老百姓身邊怎樣熟悉的故事，敘事人的眼光都不能偏離主流意識形態。

於是，問題出現了。被譽爲其創作"是文學創作的一個重要收穫，是毛澤東文藝思想在創作實踐中的一個勝利"[19]的趙樹理爲什麼沒有把這個勝利貫穿下去？最早貼近《講話》精神，始終以"高度的革命功利主義"爲敘事動力，從未偏離主流意識形態敘事眼光敘事的趙樹理爲什麼在敘事上不及周立波和柳青成熟？以往從作家的文學觀，從具體語境中政治對文學的要求等文學外部因素來討論這個問題的研究很多。但是，如果我們換個角度，進入文學內部，進入敘事，趙樹理小說中對人物的處理或許可以提供另一份答案。李揚在分析趙樹理創作的現代性時曾涉及到這一方面，他認爲趙樹理的現代性來自於對政策敘事的被動摹仿，因而他小說裏的人物都是被動的，沒有"成長"的過程，也沒有

16 趙樹理：《也算經驗》，收入《趙數理研究資料》，第 98 頁。
17 陳荒煤：《向趙數理方向邁進》，收入《趙數理研究資料》，黃修己編，太原：北嶽文藝出版社，1985 年版，第 200 頁。
18 轉引自陳荒煤：《向趙數理方向邁進》，收入《趙數理研究資料》，第 200 頁。
19 周揚：《論趙數理的創作》，收入《趙數理研究資料》，第 189 頁。

心理描述[20]。從討論敘事眼光的角度來看，趙樹理小說中的全知敘事人雖然採用意識形態眼光，但敘事眼光並沒有聚焦於具體人物之上，因而沒有對人物存在的價值和意義給予意識形態提升，也沒有對人物的思想行爲給予符合意識形態標準的評價。事實上，在關於現代民族國家的宏大敘事中，人物承擔著十分重要的意識形態訓導功能。讀者可以從敘事眼光所傳達出來的觀念形態，情感態度上知道主流意識形態認同怎樣的道德情操，進而不斷地修正自己的思想行爲以獲得主流的認同。因此，一個沒有英雄，只有生活在鄉土中國的小人物的敘事，即使講述著符合主流意識形態的故事，也只是現代民族國家宏大敘事的初級形態，而必然要被更成熟，更能體現政黨意志的敘事所代替。趙樹理小說以及他個人在十七年的命運恰好印證了這一點。

與趙樹理相比，周立波和柳青顯然更瞭解主流意識形態對文學的要求，更注重人物在意識形態訓導過程中所起的示範作用。在意識形態眼光的聚焦下，不管是體現社會主義新道德的“新人”，還是那些思想覺悟不高的普通農民在他們的作品中都形象豐滿，生動鮮活地出現了。我們先來討論那些被稱爲“新人”或“正面人物”的人物形象

意識形態眼光對於這些“正面人物”的觀照表現在以下三個方面。

第一，對人物思想境界的意識形態提升。一個人物形象被指認爲“新人”的關鍵是他在思想上具有崇高的共產主義理想，並且具有很高的政治理論素養。這是“新人”的特質，也是完成意識形態訓導任務的保障。

---

20 李揚：《抗爭宿命之路》，長春：時代文藝出版社，1993年版，第89頁。

　　《山鄉巨變》中鄧秀梅共產黨員以及縣裏下派各鄉領導合作化運動的幹部身份，決定了她具有先在的，優於基層一般幹部的政治理論水準。《創業史》中的梁生寶更是時刻以共產黨員的標準要求自己，生活中的舉手投足，工作中的大小事件都體現出他作為一個"新人"的特質。而這樣的人物在意識形態眼光的觀照下最擅長從身邊小事提煉出印證主流意識形態的宏大意義，從而達到最佳的宣傳效果。

　　《山鄉巨變》中下鄉幹部鄧秀梅出場不久就碰到了土地廟上的一幅對聯"天子入疆先問我，諸侯所保首推吾"，於是馬上聯想到"這幅對聯不正好說明瞭土地問題的重要性嗎？"。這種意識形態眼光通過一個很小的細節就能讓"新人"闡發出宏大意義的處理方法在《創業史》中被發揮到了極至。嚴家炎曾經批評梁生寶的形象塑造在這方面存在的邏輯問題：

　　　作品寫他通過生活裏某些具體事情，自己形成了對農村社會主義革命道路、方針、路線、政策的想法。這些想法，如果都是梁生寶過去聽到的黨的指示教育或者會議領導同志的談話，當然就完全合情合理；但作品的實際描寫並非這樣，它們大多是梁生寶自己的體會：有些是他獨立地得出來的，有些則是借領導同志的談話來印證自己的體會。例如三五二頁寫他從大夥親密無間的表現中，領悟出"改造農民的主要方式，恐怕就是集體勞動吧？不能等改造好了才組織起來吧？要組織起來改造吧？"三五四頁寫他想起書記談話之後，領悟出："啊，啊！工人階級是咱中國的領導階級！這貧雇農恐怕就是鄉下的領導階級吧？要不然你在鄉下到哪里去尋工人階級呢？"這類道理要從生活中直接領悟出來，顯然並不是不需要一定的思想水準的。一些同志認為，梁生寶既然經過整黨教育，就不難"自然"地想到這些道理，這未免把黨的方針、路線、政策思想的得來看得過於容易了一點。[21]

　　嚴家炎先生的批評從人物形象塑造上看有相當的合理性。但是如果我們拋開對形象塑造的藝術要求，就會發現柳青這樣處理梁生寶的形象完全符合他的創作主旨，即："《創業史》這部小說要向讀者回答的是：中國農村為什麼會發生社會主義革命和這次革命是怎樣進行的。回答要通過一個村莊的各階級人物在合作化運動中的行動、思想和心理的變化過程表現出來"[22]，而這一主旨只有通過梁生寶這樣的形象才能更好地完成。此外，如此處理梁生寶的形象也完全符合這個形象本身所承擔的象徵意義，即：拋開個人致富的道路，謀求莊稼人共同富裕的社會主義新農民。梁生寶與生俱來的社會主義新道德是主流意識形態對梁生寶的要求，也是現代民族國家的宏大敘事對具體語境中的人物形象的要求。這種對人物思想境界的提升在意識形態眼光的觀照下具有了相當的合理性。

　　第二，對人物行為的意識形態評判。在進行主流意識形態訓導的過程中，意識形態敘事眼光往往要對人物進行價值評判，讀者從這些評判中獲取資訊，瞭解主流意識形態對人的具體要求，進而不斷修正自己的思想行為以期獲得主流的認同。意識形態眼光通過這些規範的確立達到宣傳和教育的作用。

　　《山鄉巨變》中的人物塑造曾得到批評家的諸多讚賞，唯一的批評來自於敘事眼光對正面人物性格弱點所採取的寬容態度。比如，對李月輝在合作化問題上的態度問題，有批評指出：

　　　在合作化的問題上，他曾犯過右傾錯誤，但在他和鄧秀梅

---

21 嚴家炎：《梁生寶形象和新英雄人物創造問題》，《文學評論》，1964 年第 4 期。
22 柳青：《提出幾個問題來討論》，《延河》（西安）1963 年第 8 期。

談到這件事時，若無其事地說："像我這樣的人是檀木雕
的菩薩，靈是不靈，就是穩。"當清溪鄉入社農戶數超過
百分之五十時，他又建議："應該停頓一下。"切忌太冒，
免得又糾偏。"看了這些描寫，人們自然而然地想到：這
是一個右傾保守分子，也許作者在諷刺他吧？ —— 但又不
像，看看代表正面意見的鄧秀梅的態度"'又是你的不求
有功，但求不冒吧？你真是個婆婆子，李月輝同志。'鄧
秀梅笑著說他"。一場本來是嚴峻的思想鬥爭就這樣付之
一笑。[23]

批評者認爲這是單純追求藝術技巧而忽略人物的社會意義
給創作帶來的損害，實際上卻是敍事眼光沒有對人物做出符合意
識形態訓導目的的評價，進而使敍事人的立場、態度都出現問題。
不過，類似的批評在《創業史》中並沒有出現，因爲人物的舉手
投足幾乎都得到了意識形態眼光及時的評判。例如，敍事人在對
出門買稻種的梁生寶進小飯鋪吃飯做了細緻而充滿詩意的描述
後，又用意識形態眼光進行了適時的評價：

儘管飯鋪的堂官和管帳先生一直嘲笑地盯他，他毫不局促地
用不花錢的麵湯，把風乾的饃送進肚裏去了。他更不因爲人家笑
他莊稼人帶錢的方式，顯得匆忙。相反，他在腦子裏時刻警惕自
己：出門拿穩，甭慌，免得差錯和丟失東西。辦不好事情，會失
黨的威信哩。[24]

同樣，敍述人在描述了郭振山面對姚士傑深夜運糧出村時的
遊移，並最終阻止高增福干涉後，也用意識形態眼光對此事做出

---

23 蕭雲：《對〈山鄉巨變〉的意見》，收入《周立波研究資料》，李華勝、胡光
凡編，湖南人民出版社，1983 年版，第 399 頁。
24 柳青：《創業史》（第一部），中國青年出版社，1960 年版，第 99 頁。

了評述：

> 但是郭振山的言詞，他說話的神氣和他的笑，卻表現出他
> 現在已經變富了，不再能體會困難戶的心情了。他再也不
> 能像解放初期，特別是土改初期發動貧雇農的時候那樣，
> 對窮苦人說些熱烈的同情話了。這個在村裏威望極高的共
> 產黨員的變化，給可憐的高增福精神上增添了負擔。[25]

　　類似的評述在《創業史》中屢見不鮮。意識形態眼光的帶有
價值傾向的評述不僅表明了敘事人的立場和態度，而且會引導讀
者對人物做出符合主流意識形態的評價。

　　第三，對人物私生活的意識形態干預。私生活以及個人情感
是人物精神生活的重要組成部分，讓這些非常個人化的東西進入
意識形態敘事眼光的視野，更有助於敘事人按照意識形態審美標
準來描述人物。

　　趙樹理的小說中雖然涉及了許多對人物家庭生活的描述，但
這些敘述僅僅停留在人物行動的表面，沒有進入人物心理。就好
像他的成名作《小二黑結婚》講的雖然是農村青年爭取自主婚姻
的故事，但並沒有過多的人物情感的流露，小說的目的僅在於宣
傳黨的婚姻政策。與其他改造故事相比，《三裏灣》一個顯著的敘
事特點在於它是以鄰裏、姻親之間的人事糾葛展開敘事。隨著情
節的發展，玉生和靈芝、有翼和玉梅、滿喜和小俊這三對青年人
也最終結合。但是，敘事人敘述他們的結合僅僅停留在描述事件
的發展情況，對愛情給青年人帶來的情感波動，愛情對他們工作
生活和人際關係的影響等這些關乎愛情本身的東西並沒有涉及。
因此，意識形態眼光無法借助這三對青年人的情感歷程來宣傳主

---

25 柳青：《創業史》（第一部），第 93 頁。

流意識形態愛情觀。從這個角度來看，意識形態眼光無法對人物的感情生活進行有效干預。

《山鄉巨變》中，意識形態眼光借人物之口挑明瞭愛情與事業之間"正確"的，符合意識形態要求的關係，即："這（愛情）是一種特別厲害的感情，你要不控制，它會湮沒你，跟你的一切，你的志向、事業、精力，甚至於生命。不過，要是你控制得宜，把它放在一定的恰當的地方，把它圍在牢牢的合適的圈子裏，好像洞庭湖裏的滔天的水浪一樣，我們用土堤把它圍起來，就不會氾濫，就會從它的身上，得到灌溉的好處，得到天長地遠的，年年歲歲的豐收。"[26]當然，《山鄉巨變》的文本演進過程對愛情的處理重在對個人感情的"控制"，對個人情感的壓抑和克制。這在鄧秀梅身上表現得很明確，而陳大春最後離開盛淑君去了工廠也是這一根本態度的表現。

不過，對個人感情的"控制"到《創業史》被發揮到極至，愛情走向了社會主義建設事業的對立點。一個社會主義"新人"的理想人格應該是大公無私的，所以他必須表現出很大程度的禁欲主義、自我犧牲精神，要置私生活於不顧。如果說《山鄉巨變》中還有鄧秀梅對愛人的思念，陳大春與盛淑君的山林幽會，那麼在《創業史》中就只有梁生寶爲了互助組而無暇考慮個人感情，在深夜靜悄悄的路口，面對熱情、坦率而又深愛自己的改霞，梁生寶表現出極大的自我克制，"堅決地轉進田間草路"，因爲"他沒有權利任性！他是一個企圖改造蛤蟆灘社會的人！"

梁生寶的形象是意識形態眼光對人物不斷修正的結果，批評家曾給予梁生寶這一形象很高的評價，說"（梁生寶）應該被看

作是十年來我們文學創作在正面人物塑造方面的重要收穫"，
"在梁生寶身上，我們可以看到：一種嶄新的性格，一種完全是
建立在新的社會制度和生活土壤上面的共產主義性格正在成長和
發展"[27]。可以說，梁生寶形象的完善是代表主流意識形態的人
物越來越符合社會主義價值標準，越來越具有社會主義本質的標
誌。同時，新人性格的成熟和完善也意味著政權改造與建設的宏
大敘事的最終完成。

　　既然在"改造故事"中，意識形態眼光是全知敘事人所採用
的敘事眼光，它就不可能只觀照"正面人物"的塑造。事實上，
意識形態眼光也通過敘述的語氣、態度對所謂"中間人物"進行
著價值評判，而敘述態度的轉變同樣也指向"改造故事"的最終
完成。

　　提到"中間人物"就無法迴避六十年代對"寫中間人物"
主張的大批判。這場批判是由於邵荃麟在不同場合對《創業史》
中梁三老漢這一形象的偉大意義進行不斷闡發而引起的。從《文
藝報》所提供的資料來看，"寫中間人物"的創作主張是邵荃麟
在 1962 年中國作協大連農村題材短篇小說創作座談會上正式提
出的。所謂"中間人物"是指"人民群眾中，特別是農民群眾仲
介乎好人與壞人之間，正面人物和反面人物之間，先進人物和落
後人物之間，是身上有'舊的東西' ── '幾千年來個體農民的
精神負擔'的人"[28]。"改造故事"中一些典型的人物形象，比
如《山鄉巨變》中的亭麵糊、《創業史》中的梁三老漢就屬於"中
間人物"的範疇。

---

27 馮牧：《初讀〈創業史〉》，《文藝報》，1960 年，第 1 期。
28 《文藝報》編輯部：《"寫中間人物"是資產階級的文學主張》，《文藝報》
　　1964 年，8、9 合刊。

現在細讀當時的批判文字，會發現一個有意思的錯位。當時對"寫中間人物"主張的批判並不是說在文學作品中不能寫中間人物，而是怕批評家對中間人物的強調會影響對正面人物的形象意義的闡發。也就是說，對"寫中間人物"主張的批判與中間人物的形象塑造無關，而是與正面人物的形象意義相關。當時的論者認爲，我們文藝的性質和方向是讓工農兵群眾的革命形象，在革命文藝中大放光彩，讓體現著社會主義、共產主義理想的英雄人物在社會主義文藝中佔據主導地位。如果把"寫中間人物"推到文藝創作最主要、最中心的地位，就勢必要把創造英雄人物的任務，從最主要、最中心的地位上排擠下來。所以，"寫中間人物"是資產階級的主張，它引導我們的文學走向資產階級的歧途。相同的是，柳青對嚴家炎先生關於《創業史》的系列評論文章[29]"無論如何不能沉默"[30]，也不是否定嚴家炎對梁三老漢形象的藝術分析，而是認爲過於提高梁三形象的地位損害了他所極力刻畫的英雄典型梁生寶在文本中應有的地位。

"寫中間人物"是否能夠影響正面人物的形象地位呢？這樣的擔心不是沒有道理。從以往對《山鄉巨變》和《創業史》的批評文字來看，批評家給予亭麵糊和梁三老漢的形象以相當高的評價。

對亭麵糊，"在貧農裏面，亭麵糊是作者一個非常出色的塑造，也許是《山鄉巨變》裏面最吸引人，最使人不能忘懷的角色"[31]。"這位老倌子（亭麵糊）不出場則已，一出場，他的一言一

---

29 《〈創業史〉第一部的突出成就》(《北京大學學報》1861 年第 3 期)、《談〈創業史〉中梁三老漢的形象》(《文學評論》1961 年第 3 期)

30 柳青：《提出幾個問題來討論》，《延河》（西安）1963 年第 8 期。

31 王西彥：《讀〈山鄉巨變〉》，收入《周立波研究資料》，第 391 頁。

笑，無一不使他的性格煥發著奇異詭譎、豐富多彩的光芒"[32]。
"《山鄉巨變》中寫得最成功的人物是盛佑亭，這是當代文學畫廊中具有鮮明特色的一個典型形象"[33]。……。對梁三老漢，邵荃麟在 1960 年底《文藝報》的一次會議上說"《創業史》中梁三老漢比梁生寶寫得好，概括了中國幾千年來個體農民的精神負擔"[34]。《創業史》的成就"最突出地表現在梁三老漢形象的塑造上"[35]。……。

不過，從對於《山鄉巨變》和《創業史》的批評資料來看，這種擔心似乎又是不必要的，因爲儘管批評家給予這些中間人物很高的評價，但是一樣能闡發出正面人物的深刻意義。說從李月輝身上"使我們看到了老一輩農民中間的覺悟分子，農村裏很好的領導人"[36]；說劉雨生"這樣樸素謙遜而又公道能幹的基層幹部，正是我們黨在農村工作中最可靠的力量"[37]。對梁生寶的高大形象和深刻意義更是褒獎有加。

如果進入敍事層面，我們還將發現，意識形態敍事眼光對中間人物所表現出來的態度不僅不會影響正面人物的形象意義，而且成爲體現主流意識形態觀念的輔助手段。

例如，對亭麵糊這一形象，以往的批評已經注意到了作家對人物的態度。"作者用幽默的筆鋒揭示出他身上的缺點，同時用愛撫的筆墨表現了他的進步"[38]。"作者對他的缺點是有所批判

---

32 黃秋耘：《〈山鄉巨變〉瑣談》，收入《周立波研究資料》，第 416 頁。
33 華中師大編寫組《中國當代文學》（2），上海文藝出版社，1984 年版，第 246 頁。
34 《文藝報》編輯部：《關於"寫中間人物"的材料》，《文藝報》1964 年，8、9 合刊。
35 嚴家炎《〈創業史〉第一部的突出成就》，《北京大學學報》，1961 年第 3 期。
36 黃秋耘：《〈山鄉巨變〉瑣談》，收入《周立波研究資料》，第 391 頁。
37 黃秋耘：《〈山鄉巨變〉瑣談》，收入《周立波研究資料》，第 419 頁。
38 朱寨：《〈山鄉巨變〉的藝術成就》，收入《周立波研究資料》，第 437 頁。

的，可是在批判中又不無愛撫之情，滿腔熱情地來鼓勵他每一點微小的進步，保護他每一點微小的積極性"[39]。"作者雖然寫到亭麵糊的許多毛病，卻一點也沒有醜化他……既含著微笑批評了亭麵糊的落後和可笑的一面，又滿懷熱情地寫出了他的可愛和可貴的一面"[40]。

傳統批評往往把全知敘事人與作者等同起來，而敘事學理論卻傾向於排斥作者，把全知敘事視為一種表達工具。因此上述批評文字中的"作者"在功能上相當於敘事學中的"敘事人"。敘事人對人物的態度通常是通過敘事眼光的審視來完成的，因而，從上述批評文字中我們可以看出《山鄉巨變》中意識形態眼光對"中間人物"亭麵糊的態度是既批評又愛撫。而對於正面人物，意識形態眼光是只會採用肯定和讚賞的態度，卻不會在眼光中含有批評。同時，這種愛撫成分的存在也說明另一個問題，對"中間人物"身上存在的"舊的東西"，意識形態眼光是比較寬容的，至少在《山鄉巨變》中是比較寬容的。

但是當 1960 年"改造故事"走到了《創業史》，意識形態眼光對"中間人物"那種既批評又愛撫的寬容態度已經有了明顯地改變，因為我們從梁三老漢的一舉一動、一言一行上已經清楚地感到意識形態眼光對人物的嘲諷態度，以及對一個時代落伍者的同情。

梁三對成天開會不做自家農活的梁生寶非常不滿，但是不敢和兒子當面吵鬧，所以只能把一腔怒氣發洩在老伴身上。於是在敘事人的審視下"老漢大嚷大叫，從小院衝出土場，又從土場衝進小院，攢得街門板呱嗒呱嗒直響。他不能控制自己了，已經是

---

39 黃秋耘：《〈山鄉巨變〉瑣談》，收入《周立波研究資料》，第 417 頁。
40 華中師大編寫組《中國當代文學》(2)，第 246 頁。

一種半癲狂的狀態了。生寶不在家，正好他大鬧一場。再沒有這樣好的機會了！"這最後一句可謂點睛之筆，將意識形態眼光中梁三老漢的可悲與可笑展露無疑。再看郭世富架梁時梁三老漢被人戲弄的情形，敍事人借人物的眼光表明其對梁三的態度，"人們用各種眼光 —— 有的同情、有的好笑、有的漠然 —— 望著梁三老漢卑微地把自己的氊帽戴正"。這"同情"、"好笑"、"漠然"以及"卑微"傳遞的是意識形態眼光對人物的態度。梁生寶大公無私，把買回來的優質稻種幾乎都分給了別人，梁三為此大為光火，暴怒地責罵兒子是"精明人"。但是梁三的暴怒並沒有得到兒子的同情，反而換來兒子的"呵呵地大笑了"，因為"他笑繼父的做人標準 —— 自私自利是精明，弄虛作假是能人，大公無私卻是愚蠢……"梁生寶是意識形態眼光中社會新道德的標準，梁生寶對梁三的嘲笑傳遞的也是意識形態眼光對梁三的嘲笑。……。梁三老漢在《創業史》（第一部）中也算是一個貫穿始終的人物，但是直到第一部的結局，梁生寶互助組成功，老漢理解了兒子的事業和道德情操，並最終獲得了人們的尊重，意識形態眼光也沒有給予梁三老漢亭麵糊式的"愛撫"，而只是看到梁三"一輩子生活的奴隸，現在終於帶著生活主人的神氣了。"意識形態眼光中，中間人物梁三老漢始終是可憐而卑微的。這顯然也不是意識形態眼光對待正面人物的態度。

如果從敍事眼光的層面來審視敍事人對梁三老漢的基本態度，當年柳青就完全沒有必要為嚴家炎賦予梁三老漢的深刻意義而大動肝火。因為文本中意識形態的眼光早已標明瞭主流意識形態對梁三老漢的基本態度。也正是《創業史》中意識形態眼光對"正面人物"的肯定和提升，對"中間人物"的否定和批評完成十七年關於改造的宏大敍事。

1964 年對"寫中間人物"主張的批判雖然都聚焦於該不該提倡"中間人物"，提倡"寫中間人物"的是不是符合無產階級的創作立場，而沒有涉及到怎樣寫"中間人物"這一藝術創作問題，並且將文藝界對藝術形象的塑造問題局限在政治的層面，而沒有進入藝術審美的範疇。但是，這場批判至少透露出這樣的資訊，當時的主流意識形態已經不能允許對所謂"中間人物"形象的褒揚，哪怕僅僅是對這些形象進行藝術層面的分析。"中間人物"在文本中的缺席無可避免地將關於現代民族國家的宏大敘事推向了文革。

第三節　張力的呈現：生活化
敘事眼光裏的故事

"敘事眼光指充當敘事視角的眼光，它既可以是敘述者的眼光也可以是人物的眼光"[41]。在十七年的革命敘事中，爲了便於主流意識形態的宣傳，作家大都選擇了全知全能的敘事人，而敘事人的眼光也必然要經過主流意識形態的校正。

其實，主流意識形態對作家及其作品的干預並不是從建國後才開始的。由於中國文學與中國革命以及中國現代化進程的緊密聯繫，文學創作的主流自左聯起就不再是個體經驗的自由表達，而成爲政黨意識形態的宣導，並且在中國獨特的社會文化語境中延續了近半個世紀。因而，當個體的精神勞動主動放棄對個人立場的堅持，放棄對個體經驗的傳遞而成爲對革命要求、意識形態以及政黨意志的轉述時，作家成了敘事作品的批量生產者。於是，

---

41 申丹：《敘述學與小說文體學研究》，北京大學出版社，1998 年 7 月版，第 208 頁。

經過統一規劃而生產出來的文本，不僅在題材、人物形象、情節發展等內容層面具有相似性，在敘事眼光的採用上也有著相似的尺規：全知全能的敘事人無一例外地被賦予了主流意識形態的眼光。

當然，充當敘事視角的眼光不一定就是唯一的。我們常常能在同一部作品中感受到敘事眼光在敘事人與人物之間交替轉換，或者在人物以及敘事人內部轉換。當我們把研究對象確定在敘事人眼光上時，我們同樣發現，在十七年服務於意識形態宣傳的眾多文本中，除了有意識形態眼光觀照下激烈的階級鬥爭、高大光輝的英雄人物、革命志士的共產主義理想以及黨的代言人的政策宣講之外，還有許多生活化的東西。比如村裏的家長裏短、青年人的情感波瀾，日常生活的柴米油鹽，這些雖然只是文本中的小點綴，但至少說明一點：在意識形態的敘事眼光之外還存在另一種敘事眼光，我們暫且稱之為生活化的眼光。生活化眼光對情節、人物的不斷觀照與意識形態眼光構成張力，形成文本內部的敘事裂縫。

在十七年的眾多文本中，意識形態眼光無疑是也必須是敘事人最主要的敘事眼光，這是衡量一部作品是否符合政治標準的重要元素。在這種眼光的注視下，人物、情節有條不紊地按照既定的軌跡發展，最終完成文學作品所必須完成的宣傳任務。生活化的眼光所觀照的一些細節穿插只是在調節敘事節奏和敘事氛圍時出現，同時在某種程度上傳遞出作者的美學經驗。但是，在十七年宣傳意識形態的主流文本序列中卻有一部作品，其生活化的眼光不僅貫穿文本始終，而且與意識形態眼光構成了一種敘事的張力。這部作品是周而復的長篇小說《上海的早晨》。《上海的早晨》一共四部，本文的所討論的是 1966 年以前出版的第一、二部。

　　不論是小說的取名，還是文本所描畫的人物和事件，都很容易使人們將《上海的早晨》與《子夜》聯繫起來。王西彥曾在一篇批評文章中說："二十多年前上海民族資產階級的命運，已經有了《子夜》的反映；今天有誰能來寫一部反映新的歷史時期裏的上海民族資產階級新的命運的作品呢？如果這樣的作品寫出來了，不是可以取一個叫做《黎明》的題名嗎？從《子夜》到《黎明》，不正是中國革命運動的發展過程嗎？"[42]《上海的早晨》或許正是這樣一部符合人們閱讀期待的作品，而將其與《子夜》相提並論至少也肯定了其主流創作的位置。

　　當文學創作由個人事業轉變爲集體工程後，表達相同或相近題材的作品往往能組成一個個長長的作品序列，但是將民族資產階級作爲主角來刻畫的長篇小說卻數量有限，而進入文學史家視野的也僅有兩部：1933 年出版的《子夜》和 1958 年出版的《上海的早晨》。爲什麼描寫中國民族資產階級的作品這樣少呢？毛澤東在 1925 年《中國社會各階級的分析》中就已經指出民族資產階級的兩面性："他們在受外資打擊、軍閥壓迫感覺痛苦時，需要革命，贊成反帝國主義反軍閥的革命運動；但是當著革命在國內有本國無產階級的勇猛參加，在國外有國際無產階級的積極援助，對於其欲達到大資產階級地位的階級的發展感覺到威脅時，他們又懷疑革命"[43]，而這種分析在很大程度上可以看作是對文學作品中資本家形象的要求。從客觀上講，民族資產階級在中國革命進程中的複雜角色往往更容易使作品展現出社會變革時的廣度和深度。《子夜》正是依此獲得了極高的聲譽。但也正是民族資

---

42 王西彥：《讀〈上海的早晨〉》，《文藝報》，1959 年第 13 期。
43 毛澤東：《中國社會各階級的分析》，《毛澤東選集》（第一卷），人民出版社
　　1991 年版。第 4 頁

產階級這種複雜特質使作家不能簡單地像處理工農兵或是地主、土匪那樣依照政策進行圖解，或者說毛澤東雖然在理論上概括出了民族資產階級的特點，但是將這一概括用文學形象轉述出來並非象塑造政治態度極其鮮明的剝削者/被剝削者那麼容易把握。

讓我們先回到《子夜》。三十年代的社會語境可以說是以文學的空前政治化代替了"五四"所開啓的具有相對思想自由的創作氛圍。在這樣的背景下，如何在文學作品中正確把握民族資產階級的革命性與反革命性之間的"度"的確會讓許多作家望而卻步。但是茅盾對此做了大膽的嘗試。

作爲中國共產黨的早期黨員，左聯的重要成員，茅盾的創作顯然離不開政治化的宣導。林崗曾論述過《子夜》是如何貫徹和體現馬克思主義式的社會觀與歷史觀，指出《子夜》從人物形象刻畫到情節線索設計都是以文學表達的方式來轉述意識形態的基本傾向[44]。萬樹玉所編訂的《茅盾年譜》中收錄的資料也顯示《子夜》的創作與瞿秋白有著很大關係，其中吳蓀甫失敗的最終結局就是瞿秋白的建議。而茅盾本人也希望通過《子夜》來論證"中國並沒有走向資本主義發展的道路，中國在帝國主義的壓迫下，是更加殖民地化了"[45]。

對於《子夜》表現出如此強烈的意識形態化，批評家當然不會視而不見。但是在給予《子夜》政治上的充分肯定之後，批評家大都能進入文本，對小說進行文本的美學分析。文學史家更是賦予《子夜》相當的文本價值，不僅讚譽《子夜》是"現代文學第二個十年長篇藝術所達到的高峰"，而且指出其"依靠理性分

---

44 林崗：《二十世紀"現實傾向"文學的歷史回顧》，《邊緣解讀》，香港：天地圖書有限公司，1998 年版。
45 茅盾：《〈子夜〉是怎樣寫成的》，《茅盾全集》，第 22 卷，人民文學出版社，1993 年版。

析來開拓形象思維的深廣度的創作方法，從典型環境來解釋並塑造典型人物，在戲劇性強的情節中突現人物性格及其成長史的寫法"開創了"社會剖析小說"的創作風格。[46]顯然，《子夜》在中國現當代文學史上不可動搖的地位一方面取決於作家藝術素養和對作品的錘煉，另一方面則得益於批評家對小說美學價值的深入闡發。

　　1958 年，《子夜》題材的續篇《上海的早晨》出版。可以說這是一部從創作方法到主題內容都充分借鑒《子夜》的作品。作品有著"廣闊的社會生活內容"，描寫了"當時社會生活中各階級、階層間錯綜複雜的矛盾"[47]；也有著理性的科學分析，作者把民族資本家分成"左"、"中"、"右"三種類型，按照毛澤東對民族資產階級的分析和當時對資本家的改造政策來確定每類人物的性格和活動。作者對人物的塑造也是將人物放置在典型環境中，從多個層面去考量。兩部作品的情節都涉及了資本家的生產經營、社交活動和家庭生活，涉及了農村革命以及工人罷工。甚至，兩部作品的人物譜系都能理出相應的對應關係。比如主人公吳蓀甫對應徐義德，主人公的助手莫幹承對應梅佐賢、屠維岳對應陶阿毛，女主人公林佩瑤對應林宛芝，與女主人公有情感火花的"騎士"雷鳴對應馮永祥等等。

　　但是，《上海的早晨》僅僅受到了主題思想上的肯定，並沒有得到充分的美學分析。

　　我們在所有關於《上海的早晨》的批評文字中讀到的幾乎都是其如何反映階級鬥爭主題的文字。"作者為我們畫出了這一時

---

46 錢理群等：《中國現代文學三十年》，北京大學出版社，1998 年版，第 222 頁。

47 華中師院：《中國當代文學》，上海文藝出版社，1984 年版，第 127 頁。

期的、以資產階級徹底的失敗、工人階級威力的崛起而告終的階級鬥爭。作者把這段鬥爭生活作了藝術的再現，塗上鮮明的色彩，讀過這小說，那一場其實是誰戰勝誰的鬥爭，猶宛然在目"[48]；"作品的主題突出鮮明，反映了在中國共產黨和工人階級領導下，在和平時期對資本主義工商業和資產階級進行改造的過程，同時表現了中國工人階級不斷成長壯大的歷程。……爲了突出這一主題，小說側重於工人階級對資產階級進行的一系列重大鬥爭的描寫，力求寫出一部對資本主義工商業進行社會主義改造和工人階級在新的鬥爭中成長壯大的編年史"[49]。而對於人物形象的分析也基本上是按照階級屬性的基本特點來做評價的，比如對徐義德，"作者就通過這一系列的罪惡活動，顯示出徐義德那種資產階級卑鄙醜惡的靈魂，刻畫出他的狠毒、老辣，工於心計"[50]。對工人形象則分析出其反抗精神，黨員幹部形象則分析出其沉著冷靜以及高度的政治覺悟。這些都是我們在十七年其他小說中早已熟知的。

　　也許是由於文本中對階級鬥爭的描寫並不如十七年其他小說那樣激烈，那樣充滿革命的激情，對英雄人物的塑造也不如同類型文本那樣高大、光輝、性格鮮明，有感人至深的英雄事蹟，《上海的早晨》在出版後並沒有得到批評家充分的重視，而新時期以來出版的近 50 種文學史教材也沒有一致地將其列爲重點文本進行分析介紹。《上海的早晨》被淹沒在眾多描寫革命戰爭、土地改革、農村工廠社會主義改造的宏大敘事中。從 1958 年前後出版的，被批評家列舉爲革命敘事的"經典"作品（《紅日》、《紅旗譜》、《創業史》、《紅岩》等）中可以看出，《上海的早晨》中對資本家日常生活的敘述，對建國初上海都市生活另一面的展現並沒

48 潔泯：《讀〈上海的早晨〉》，見《大公報》，1963 年 6 月 12 日。
49 華中師院：《中國當代文學》，上海文藝出版社，1984 年版，第 128 頁。
50 王西彥：《讀〈上海的早晨〉》，《文藝報》，1959 年第 13 期。

有完全被批評家接受，同時對於這樣一部題材具有相對特殊性的作品，批評家並沒有意識到應該用一種有別與其他作品的批評標準來衡量。

文學史家也曾指出《子夜》中對"工人運動、農民暴動和革命者形象的描寫，模糊不清"[51]。但是在《子夜》中，茅盾描寫的工人與資本家之間的鬥爭，只是全方位地展示民族資產階級生產經營活動的一個方面，沒有充分地展開也在情理之中，何況作家本人也曾在文章中坦陳自己對工人生活並不熟悉，所以縮短篇幅，淺嘗輒止的敘述恐怕是最好的彌補辦法。文學史家同樣也指出過《上海的早晨》中工人群眾、黨員幹部形象的單薄無力，但其中原因顯然已經不能比照《子夜》來解釋了。《上海的早晨》的主題反映的就是民族資產階級的社會主義改造，共產黨領導的工人群眾與資本家之間針鋒相對的鬥爭是作家力圖展現的重要方面，因而文本中描寫工人生活鬥爭的篇幅佔了相當大的比重。在第一部"描寫了上海解放到 1951 年'三反''五反'前夕這一時期內資產階級向工人階級發動的倡狂進攻"[52]中描寫工人生產和鬥爭的章節佔了全書的近二分之一，在第二部"描繪了工人階級如何在黨的領導下英勇地擊退了資產階級的倡狂進攻"[53]中對工人生產鬥爭的描寫更是佔到了全書的二分之一強。於是問題出現了，為什麼用了大量篇幅來描寫的"我們"卻是單薄無力的？如果是作家藝術素養的不足，那麼為什麼眾多資本家的形象卻給讀者留下深刻的印象？

---

51 黃修己：《20 世紀中國文學史》（上卷），中山大學出版社，1998 年版，第 300 頁。
52 周而復：《上海的早晨》（第一部），北京：作家出版社，1958 年版，內容說明。
53 周而復：《上海的早晨》（第二部），北京：作家出版社，1962 年版，內容說明。

關於《上海的早晨》的批評文字大都指出了其中對工人和黨員幹部形象的刻畫簡單乏力，人物語言缺乏個性，但是很少分析問題出現的原因。曾有批評者認為是"作者對於政府工作人員和工人群眾不如對於資本家那樣熟悉的緣故"[54]，這樣的解釋有些想當然。如果我們進入文本的敘事層面，便會發現敘事人敘述關於工人、黨員幹部的故事與敘述資本家的故事用的是不同的敘事眼光。敘事眼光的不同是造成了不同的敘事效果的直接原因。

敘述人講述工人的生活和鬥爭基本上採用的是意識形態的眼光。由於意識形態眼光處處要對情節和人物進行符合政治訓誡的宣傳、引導和提升，因而，經過意識形態眼光過濾後的工人生活是由階級、壓迫、鬥爭、反抗這些關鍵片語成的。日常生活的瑣碎、人物情感的波動等等與政治訓誡無關的因素均被排斥在文本之外。於是，在關於工人階級的故事中出現了眾多我們在十七年其他作品中早已熟知的場景和情節。比如工人湯阿英一家與地主朱暮堂的血海深仇，紗廠工人平日裏被克扣工資、強迫增加工時、承受多重剝削，工人在党的基層組織的領導下與資本家展開鬥爭，黨員幹部的忘我工作，面對工人階級的強大攻勢資產階級最終失敗，……。意識形態眼光觀照下的故事簡單而且具有模式化，敘事節奏缺乏變化，色調單一而且純粹。

敘述人講述資本家的生產經營和日常活動基本上採用的是生活化的眼光。生活化的眼光不承擔意識形態訓導功能，不必從普通的情節、平凡的人物中提煉出符合主流意識形態的宏大意義，因而其所觀照的對象有日常生活中衣食住行、人物內心喜樂哀愁的細膩情緒，瑣碎而繁雜，有著濃重的生活氣息。於是，在關於資本家的故事中我們看到了徐義德、朱延年在生產中為獲取

高額利潤而絞盡腦汁，"星二聚餐會"中的奢華放縱以及爲了地位與自身利益的勾心鬥角和逢場作戲，徐家三位太太之間的爭風吃醋，林宛芝與馮永祥、徐義德與江菊霞、朱延年與劉惠惠、馬麗琳之間單純或是不單純的男歡女愛，……。生活化眼光觀照下的故事沒有固定的框架，敘事節奏富於變化，色彩多元而且駁雜。

不同的敘事眼光，形成了不同的敘事效果。

這種不同的敘事效果是敘事人通過以下幾個方面達到的：

一、描述景物。景物描寫是現代敘事的重要組成部分。敘事人往往通過對景物的描述來烘托氛圍，渲染氣氛。生活化的敘事眼光十分注重對環境的攝取和描述，而意識形態的敘事眼光往往不把景物作爲主要觀照對象。

我們可以對比兩段對房間的描述，一段是生活化眼光對徐義德書房的描繪：

> 書房裏的擺設相當雅致：貼壁爐上首是三個玻璃書櫥，裏面裝了一部《四部叢刊》和一部《萬有文庫》。這些書買來以後，就被主人冷落在一邊，到現在還沒有翻過一本。徐守仁對這些書也沒有興趣。書櫥上面放了一個康熙年間出品的白底蘭花的大磁片，用一個紅木矮架子架起。大磁片的兩邊放著兩個一尺多高的織錦緞子邊的玻璃盒子，嵌在蔚藍色素綢裏的是一塊漢玉做的如來佛和唐朝的銅佛像。壁爐上面的伸出部分放了一排小古玩，放在近窗的下沿左邊的角落上的是一個宋朝的大磁花瓶，色調矚目，但很樸素，線條柔和，卻極明晰。面對壁爐的牆上掛了吳昌碩的四個條幅，畫的是紫藤和葡萄什麼的。書房當中掛著唐代的《紈扇仕女圖》。畫面上表現了古代宮闈生活的逸樂有閑，栩栩如生地描寫出宮女們倦繡無聊的情態。她們被幽

> 閉在宮闈裏，戴了花冠，穿著美麗的服裝，可是陪伴著她
> 們的只是七弦琴和寂寞的梧桐樹。[55]

從這段描述中，我們看到生活化的眼光仔細地閱讀著書房的
每一個陳設，細膩地突出了書房的"雅致"。同時從敘事人的評
述中我們可以體會到，第一，書房主人的性格中的附庸風雅（用
古書、古董和古玩來充門面）；第二，敘事人對人物的基本態度（對
主人這種附庸風雅的嘲諷）；第三，女主人在家庭生活中的基本狀
況（富有卻沒有自由，生活缺乏激情和想像）。生活化眼光對書房
的敘述傳遞了大量關於主人生活、性格以及品位的資訊，這些資
訊給讀者提供了豐富的想像。

另一段是意識形態眼光對區委會客室的描繪：

> 會客室裏的陳設十分簡樸：壁爐上端掛著一幅複製的毛澤
> 東主席的畫像，像旁釘著兩幅五星紅旗。面對古老壁爐的
> 是兩張彈簧已經松了的破沙發，紫紅布的沙發套子已經破
> 了，特別是扶手那兒破的厲害，露出黃嫩嫩的草。近窗那
> 兒放了三張柚木的靠背椅子和一張小圓桌子。桌子上擺著
> 一個竹殼的大熱水瓶，上面寫著七個紅字：中共長寧區委
> 會。它前面扣著七八個玻璃杯子。從玻璃窗向外看去是美
> 麗而又幽靜的花園，下午絢爛的陽光照耀在牆邊那一排高
> 大的楠樹梢上。[56]

意識形態眼光對景物的描寫也可謂細緻，房間裏每個擺設都
進入視線範圍。景物描寫的功能在於襯托人物和事件，由於主流
意識形態對人物有了基本的限制，比如黨員幹部的生活應該是簡
樸的，工作應該是繁忙而且忘我的，因而對黨員工作環境的描述

---

55 周而複：《上海的早晨》（第一部），第 485 頁。
56 周而複：《上海的早晨》（第一部），第 396 頁。

（毛澤東畫像、破沙發、七八個玻璃杯）也只能局限於此。此外，從敘述方法上看，和前一段描述相比，這一段景物描述所使用的形容詞明顯減少，敘事人對景物的評述也減少了，因而傳遞給讀者的資訊也相應地減少了。除了簡樸、繁忙之外，讀者無法對黨員幹部的工作、生活、個性等做更多的想像。

　　二、敘述情節。生活化的眼光對日常生活中發生事件的觀照沒有政治訓誡的要求，因此這些事件彼此聯繫，也彼此獨立。敘事人借助生活化的眼光對這些事件進行篩選重組，使每個小事件都能從不同側面服務於敘事的主題。所以，生活化眼光敘述的情節複雜，線索眾多。意識形態眼光觀照的是階級鬥爭的主題，整個事件有著既定的敘事成規，情節和人物必須完全遵守成規，因而情節簡潔、線索單一，敘述比較程式化。

　　生活化眼光中那種通過生產經營、社會交往、家庭生活等各個層面所反映的資本家的生活早已得到批評家的普遍認可和深入分析。這些發生在不同層面的事件雖然彼此獨立，卻被眾多的小線索串聯在一起，構成了一個複雜的事件組。比如，徐義德的生產經營活動通過"星二聚餐會"與他的社會交往聯繫起來。在"星二聚餐會"中又出現了不同類型的資本家，像工商界元老潘信誠、"智多星"唐仲笙、"紅色小開"馬幕韓、"勞資專家"江菊霞、"無產無業也無錢"的工商界政客馮永祥等等。這些人物的生產活動和政治取向構成了上海工商界的縮影。爲"林宛芝做壽"又將徐義德的社會交往與家庭生活聯繫起來。這其中又有了妻妾之間的妒忌爭鬥、林宛芝寂寞生活中的情感慰藉等等。徐義德的二太太朱瑞芳又串起了朱延年和他的生產經營以及鄉下的朱暮堂和農村的地主剝削、土地改革……。這眾多的事件不僅全方位地展示了資本家的生活，而且充分地服務於主題，因爲批評家畢竟從這些複雜的事件中讀出了民族資產階級"在社會主義時期的歷史命運"以及"在社會主義革命時期的進步與局限"[57]

此外，為了把這些複雜的事件講述得井井有條，有聲有色，生活化的眼光往往更注重細節而避免粗線條地平鋪直敘。

比如在敘述馮永祥在徐家客廳第一次見到林宛芝時，敘事人著力講述了林宛芝的衣著、神情和馮永祥的心理互動。從這些講述中讀者至少獲得了如下的資訊：林宛芝是個美人，且馮永祥對她一見鍾情。馮永祥稱林宛芝為"三太太"令林宛芝不滿，這個細節表明林宛芝對她在徐家的身份以及她的家庭生活不滿，這使讀者預感到林宛芝與馮永祥之間有故事要發生，而馮永祥最終也成為林宛芝的情感慰藉。朱延年一出場就有姐弟之間的對話作鋪墊。從姐姐朱瑞芳教訓他的話——"誰知道你做的什麼怪生意，一會兒賺了很多錢，抖了起來：又是小汽車，又是吉普車；一會兒窮得吃一碗陽春麵的錢也沒有了，到處做伸手將軍"——可以推測出朱延年本人並沒有經營的實力，他賺錢賠錢全在於投機是否成功，而在整個關於朱延年的故事中，"投機"恰恰是他生活中的核心詞，他開藥房是投機，做生意是投機，甚至連他的兩次婚姻也是投機。……在生活化眼光講述的故事中充滿了這樣一些作為後續事件鋪墊的細節。由於這些細節中包含著事件發展的諸多資訊，能夠讓讀者在閱讀的過程中參與事件的發展，容易給人留下印象。

意識形態眼光觀照的是階級鬥爭的主題，所有的人物事件都圍繞著鬥爭展開，因而情節簡單，線索也比較單一。

《上海的早晨》中，意識形態眼光觀照的事件只有一個：建國初期"資產階級向工人階級發動的倡狂進攻"，以及工人在黨

---

[57] 華中師院：《中國當代文學》，第132頁。

的領導下"英勇地擊退了資產階級的倡狂進攻"。在十七年文學的主流創作中，早已形成了一整套關於階級鬥爭敘事的成規，要使作品立場正確、主題鮮明就必須對成規亦步亦趨。因而圍繞著"進攻"與"擊退進攻"而展開的人物和事件都是讀者早已熟知的。比如，工人湯阿英的經歷：佃農的女兒，抵債到地主家，受盡欺凌，逃到上海做工，勞累的工作讓她失去了兒子，她的父親和弟弟在鄉下繼續受著壓迫……，這是階級鬥爭敘事中被壓迫者/革命者的普遍經歷。在兩個階級具體的鬥爭過程中，事件以單一線索的惡化/改善首尾相接構成情節。事件惡化的原因是工人內部沒有團結起來，工廠基層組織力量薄弱，鬥爭經驗不足。事件改善的原因是工人鬥爭覺悟提高，黨的正確領導。事件的發展過程比較程式化。

由於事件最終要走向工人階級勝利、資產階級失敗的鬥爭結局，因而意識形態眼光注重事件的發展方向和發展過程，對於細節的講述並不重視，於是在交待人物和事件時常常是簡單而直接的。比如湯阿英一出場，敘事人直接就說："湯阿英是無錫梅村貧農湯富海的女兒，她五歲的時候，逢上個荒年……"，這樣的敘述並不能讓讀者引起對人物的興趣，因為早已熟悉敘事成規的讀者馬上意識到人物將遭受苦難，並且將成長為被壓迫階級的鬥士。再比如滬江紗廠的第一次罷工，敘事人在做了紗廠的全景式描述後，沒有任何鋪墊，直接說"秦媽媽看看手上的表：恰巧正是深夜一點鐘。她期待很久的這個寶貴時刻，終於來到了。……"緊接著便是與資方的鬥爭。這樣的敘述固然有利於情節乾淨簡潔地向既定目標發展，但是從想像力、美學經驗以及創造性活動這些藝術角度去看待意識形態眼光下的工人鬥爭，便很難挖掘其美學價值。

三、敘述人物。生活化眼光切入人物的方式是多層面的，注

重通過細節描述和心理活動來展現人物。意識形態眼光切入人物
的方式則是單向度的，只關注人物政治性的一面。

在生活化眼光中，人物的服飾不斷被觀照。而這些服飾描述
往往從側面反映出人物的心理。林宛芝出場時，敘事人仔細描述
了她旗袍的顏色、質地，鞋子的款式、圖案，她的髮型和髮式。
這樣仔細地描述說明林宛芝是個生活富足的有閑者，在家裏也喜
歡把自己打扮的漂漂亮亮，不願意過寂寞的生活。隨著林宛芝在
情感上越來越依賴馮永祥，她對自己的衣服也越來越挑剔，所謂
"女爲悅己者容"，在與馮永祥約會之前，敘事人詳細描述了林
的衣櫥，以及她在衣櫥前的精心地搭配和挑選。當然講究衣著服
飾並非是女人的專利，敘事人在這方面對男人也有細緻地描述。
馮永祥對林宛芝一見鍾情，看見秀麗的林宛芝，馬上覺得自己身
上的西裝不夠氣派。在林宛芝的壽宴上，馮永鄉"打扮地出奇得
漂亮"，不論是他雪亮的頭髮還是皮鞋，臉上的香粉蜜還是身上
的香水味，"深咖啡色的英國條子嗶嘰的西裝"還是"大紅呢子
的領帶"都是爲了陪襯林宛芝。敘事人對徐義德在參加批評會時
將自己常穿的西裝換成灰色呢嘰布人民裝的細節也暗示了他投其
所好心理。

除此之外，生活化眼光對人物直接的心理敘述也非常細緻，
徐義德面對工作組的惶恐，僥倖過關後的沾沾自喜，得知馮永祥
與林宛芝私情後的隱忍，馮永祥初見林宛芝的緊張，朱延年見到
馬麗琳豪華臥室的心滿意足，等等，……《上海的早晨》中在資
本家身邊發生的大小事件往往能通過人物的心理反映出來，進一
步深化了人物的性格。

意識形態眼光下人物的更主要的功能是事件的動作者，看重
人物對事件所起的推動作用，對人物內心的開掘並不重視，所以

在塑造工人和黨員幹部的時候，基本是通過人物的語言和動作來表達，對人物的心理活動並沒有作太多的鋪排。在表述人物心理的時候，文本中常常使用 "覺得"、"感到" 這樣的引導詞，從而簡化了人物複雜的心理過程。比如 "湯阿英親眼看見這些事（工人罷工），感到十分驚奇。她覺得徐義德和朱暮堂都是那種有錢有勢的人物，不瞭解工人爲什麼這麼厲害"，"她心裏感到溫暖，覺得陶阿毛關心人真是無微不至"，等等。這種直接的內心告白削弱了人物自己的思想深度，使人物變得平面。

關於《上海的早晨》的批評文字會相當一致地認爲寫資本家的部分要比寫工人的部分生動形象，這說明從審美的角度來看，生活化眼光觀照下的人物、情節和環境更符合讀者的審美期待。但是要求作家將工人的鬥爭生活講述得如同資本家的日常生活那樣有聲有色，多姿多彩似乎比較困難，因爲生活化眼光講述的故事與意識形態眼光講述的故事遵照的是兩種不同的敘事成規。前者沿襲是那種成熟於西方的現實主義創作方法，除了以 "現實主義" 的態度反映廣闊的社會生活，同時也強調想像力、創造性、以及敘事技巧對美學經驗的表達。後者接續的是自《講話》以來政黨文藝政策一直力圖建立的 "社會主義現實主義" 模式。在所謂 "社會主義現實主義" 的敘事成規中，比起強調 "現實主義" 的敘事技巧，作家批評家更看重的是文本的 "社會主義" 性質。

李歐梵曾對這種敘事模式和毛澤東的文藝政策提出過嚴厲地批評，他說："顯然，毛爲文學的政治性做了強有力的辯護，但是他對更爲嚴格的文學問題的探討 —— 特別是他試圖對發展文學批評上的馬克思主義觀點 —— 暴露了門外漢的膚淺。馬克思主義美學中最基本的問題 —— 形式和內容之間的整體關係問題 —— 根本沒有得到深入的探討。毛迴避任何有關各種文學形式的社會根源的討論，而把注意力集中到內容方面的問題。這樣一來，他也給社會主義的現實主義的主題和題材，強加了一些限制。工農兵的三位一體，圈訂了諸如土地改革、鬥地主、遊擊戰爭和工業建設這樣一些主題。毛派文閥們隨後以僵硬的方式執行這種規定，不給作家留下重新解釋教條或填補空白的餘地，只能起到進一步削弱產生優秀的社會主義文學所需要的那種創造力。"[58]

　　李歐梵對中國式"社會主義現實主義"的批評基於一個標準，即，人們早已熟知的，成熟於西方的現實主義的標準。事實上，以這樣的標準來衡量《講話》以後的文化產品的價值並不是完全適合。因爲在"社會主義現實主義"的旗幟下不僅建立了一套創作成規，而且建立了一套相應的批評標準。在這些批評標準的參照下，批評家成功地解讀出十七年經典文本中階級鬥爭的深刻主題，英雄人物的高大形象以及共產主義的崇高理想。這樣的解讀深刻地挖掘了文本的主題意義，使文學更好地服務於政治。從當時政黨對文學的要求來看，這種批評有助於文學實現其社會使命。而西方的批評標準所看重的美學經驗在十七年的批評體系中並沒有得到充分的重視。

　　在十七年的革命敘事中，意識形態眼光始終佔據著主導地位，批評家始終依照慣常標準提升文本的主題意義。但是在《上海的早晨》中，兩種迥異的敘事眼光一直貫穿文本始終，使兩種不同的藝術效果在文本中形成鮮明的比照。當批評家依照既定標準把階級鬥爭的主題，工人群眾、黨員幹部的形象作爲主要分析對象時便發現，那些描寫階級鬥爭，描寫工人成長和工人運動的情節並沒有展現資本家日常生活的情節那樣富有感染力，有些情

---

58 李歐梵：《現代性的追求》，北京：三聯書店，2000 年版，第 318 頁。

節的穿插，比如農村的土改甚至顯得比較牽強。工人階級的人物形象也不如資本家形象那樣豐滿生動，而是滲入了明顯的公式化的因素。因而在既定的批評標準中，《上海的早晨》並沒有對"社會主義現實主義"的文本實踐做出太大貢獻。

借鑒成熟於西方的現實主義創作方法來建構中國關於現代民族國家的宏大敘事，原本是最爲順理成章的。因爲用西方/現代的手段去實現同樣源自西方的現代目標，並不存在理論上的矛盾。但是《上海的早晨》在敘事層面的裂縫以及批評家一致的批評態度恰恰說明這一方法使用的不恰當。和《紅旗譜》一樣，《上海的早晨》從另一個層面彰顯了中國文學現代性的複雜性。

小　結

改造故事在情節構成方面並沒有新的建樹，但是對人物類型的設置卻與奪權故事不同。由於時代語境的轉變，人物類型已由奪權故事中的"我們"與"敵人"的對峙轉變爲社會主義政權下"新人"和"舊人"的對照。在改造故事中，"舊人"同樣也承擔著重要的政治訓誡功能，因爲主流意識形態對新道德的具體要求恰恰是通過文本中對"舊人"的成功改造實現的。

此外，革命敘事的張力在十七年唯一一部反映資本主義工商業的社會主義改造的長篇小說《上海的早晨》中呈現出來。文本中意識形態敘事眼光與生活化敘事眼光在觀照點和敘事效果的體現方面存在明顯的差異，從而形成文本貫穿始終的一條敘事裂縫。裂縫的存在從與《紅旗譜》不同的側面折射出中國文學現代性的複雜特質。

第四章　準革命敘事對革命的講述

　　所謂準革命敘事是指文本在遵循革命敘事之成規的同時，也借用了非革命/非現代的藝術表現形式，從而在革命的敘事成規與非革命/非現代的藝術形式之間形成了敘事張力。

　　侯金鏡認爲，開國以來的文學作品在讀者中產生的"不能忽視也不可抹煞的事實"之一是："在描寫新英雄人物的作品當中，有一部分雖然思想性的深刻程度尙不足、人物的性格有些單薄，不成熟，但是因爲它們具有民族風格的某些特點，故事性強並且有吸引力，語言通俗、群眾化，極少有知識份子或翻譯作品式的洋腔調，又能生動準確地描繪出人民鬥爭生活的風貌，它們的普及性也很大，讀者面更廣，能夠深入到許多文學作品不能深入到的讀者層去"。[1]侯金鏡所說的"民族風格"指的其實是章回體小說的形式和創作方法，而"有一部分作品"也是本章要討論的主要作品，包括《呂梁英雄傳》、《新兒女英雄傳》、《敵後武工隊》、《鐵道遊擊隊》、《烈火金鋼》、《林海雪原》、《野火春風鬥古城》等。概括其共同特點，便是利用舊形式，創作新內容。

　　如何創作出讓能識字的勞動者閱讀的作品，如何能使這些作品達到喜聞樂見、深入人心的藝術效果，達到教育群眾、宣傳革命的現實目的一直都是投身於中國革命的作家們關注的問題。早

---

1 侯金鏡《一部引人入勝的長篇小說》，見《侯金鏡文藝評論選集》，人民文學出版社，1979 年版，第 106 頁。

在左聯時期，知識份子就開始了關於文藝大眾化的討論，而其中對舊形式的利用問題是當時討論的一個主要問題。魯迅在討論中就提出了"拿來主義"的觀點，指出對於中國古代文化、民間文化以及外來文化"我們要拿來。我們要或使用，或存放，或毀滅"，"沒有拿來的，人不能自成為新人，沒有拿來的，文藝不能自成為新文藝"[2]。魯迅"拿來主義"的觀點在理論建設方面對中國新文學的發展產生了深遠的影響，這種影響在 40 年代關於"民族形式"的討論以及毛澤東所提出的"新民主主義文化"的理論中都有所顯現。

隨著抗日戰爭的深入展開，社會語境的轉變要求文學必須滿足抗日宣傳的需要，而這種民族戰爭的性質也使文學的民族性成了文藝理論建設關注的焦點。1938 年毛澤東在《中國共產黨在民族戰爭中的地位》中要求"把國際主義的內容"與"民族形式"結合起來，創造"新鮮活潑的，為中國老百姓所喜聞樂見的中國作風和中國氣派"[3]。1940 年毛澤東又在《新民主主義論》中指出："民族的形式，新民主主義的內容 — 這就是我們今天的新文化"[4]，而什麼樣的形式是"民族形式"，"民族形式"與文藝大眾化討論中的"舊形式"之間是怎樣的關係等問題的討論也就此展開。

文學史在闡述 40 年代關於"民族形式"的討論時都提到了向林冰、葛一虹等人關於"民族形式"的"中心源泉"的論爭。向林冰強調民間形式就是民族形式，而否定五四新文學對西方經

---

2 魯迅《且介亭雜文·拿來主義》，見《新版魯迅雜文集》，朱正校注，浙江人民出版社，2002 年版。
3 毛澤東《中國共產黨在民族戰爭中的地位》，《毛澤東選集》第二卷，人民出版社，1991 年版，第 534 頁。
4 毛澤東《新民主主義論》，《毛澤東選集》第二卷，人民出版社，1991 年版，第 707 頁。

驗的成功借鑒，而葛一虹則將舊形式等同於封建文學而否定民間形式有合理的可以批判繼承的一面。這種對民族形式"中心源泉"的論爭非常類似於文藝大眾化討論初期關於如何看待舊形式的論爭。而隨著討論的深入，論爭也突破了所謂"中心源泉"的限制，文學史一再列舉的重要文章有：郭沫若《"民族形式"商兌》、茅盾《舊形式、民間形式與民族形式》以及胡風《論民族形式問題的提出和重點》[5]。這些文章的論點雖然各有側重，但核心依然是強調民族形式對傳統的民間形式以及外來經驗的繼承和吸收，在某種程度上也既是魯迅所說的"拿來主義"。但是不管批評家賦予"民族形式"怎樣的內涵和外延，賦予了"民族形式"與"舊形式"怎樣的辨證關係，對"民族形式"的討論還基本局限在理論層面。而在創作層面，承載"新民主主義"的"民族形式"卻依然是對"舊形式"的借鑒，比如為了抗戰宣傳而創作的秧歌劇、鼓詞、快板、評書以及章回體小說，而在北平解放後，文藝報的創刊號首先刊載的也是"舊的連載、章回小說作者座談會"紀要。畢竟"民族形式"是一個包含太多內容尚待理論完善的課題，而"舊形式"則是讀者、作家、批評家都非常熟悉的概念，因而所謂代表新文化的承載"新民主主義內容"的"民族形式"在很大程度上指稱的是"舊形式"。

　　新民主主義內容/現代內容完全可以用現代的形式去表現，為何一定要強調用"民族形式"呢？事實上，毛澤東在 1938 年提出"民族形式"時針對的是馬列主義中國化的問題。毛澤東希望能通過中國的民族的形式對西方的現代的革命理論進行重新改

---

5 相關史料見錢理群等主編的《中國現代文學三十年》（北京大學出版社，1998年版）以及黃修己主編的《20 世紀中國文學史》（中山大學出版社，1998 年版）等文學史教材。

寫，使西方理論能真正成爲適合中國革命實踐的指導理論。而在文學藝術領域強調 "民族形式" 更多的是爲了革命功利主義的目的，因爲舊形式的藝術實踐相對而言擁有更多的讀者。批評家陳企霞說： "不管哪一種文藝形式，當其被很多人所歡迎和注意時，我們就不能置之不問"[6]，而被看作是利用舊形式創作新內容的代表作家趙樹理則充分響應了毛澤東的號召： "哪一種形式爲群眾所歡迎，並能被接受，我們就採用哪種形式。我們在政治上提高以後，再來細心研究一下過去的東西，把舊東西的好處保持下來，創造出新的形式，使每一主題都反映現實，教育群眾，不再無的放矢"[7]。

　　"舊形式"或者說某種意義上的 "民族形式" 具體到小說創作的範圍內指的是章回體形式。

　　章回體小說是我國古典長篇小說的唯一形式，它是由宋元時期的講史話本發展起來的。講史話本的內容都是歷代興亡和戰爭的故事，事件複雜，篇幅也很長。將這樣的故事有頭有尾地一次講完有相當的難度，於是說書人便將故事分成若干次來講，每講一次就是一回。在每一回的講說之前說書人還要用題目向聽眾揭示主要內容，這題目就是回目。最初的回目只是一個單句，後來發展成參差不齊的雙句，最後演化成工整的對句[8]。本章所討論的文本都採用了章回體，除《野火春風鬥古城》外都有回目。《林海雪原》、《鐵道遊擊隊》等的回目是一個詞或者單句，比如 "血債"、 "王強夜談敵情" 等，而《呂梁英雄傳》和《烈火金鋼》這兩部作品的回目則採用了極爲工整的對句，如 "日本鬼興兵作

---

6 《爭取小市民層的讀者》，見《文藝報》第 1 卷第一期，1949 年 10 月出版。
7 《爭取小市民層的讀者》，《文藝報》第 1 卷第一期。
8 關於章回體小說的形式特點以及發展過程參見《中國文學史》第四卷，游國恩等主編，人民文學出版社，1964 年版。

亂康家寨全村遭劫"、"史更新死而復生　趙連榮捨身成仁"等。

章回體小說故事很長，爲了吸引聽書人或者"看官"有興趣聽/看下去，每一回結束前都設置一個小小的懸念，所謂"欲知後事如何，且聽下回分解"。因爲不是嚴格意義上的章回體小說，本章所討論的這些文本雖然也是以基本的情節發展來劃分章回，但每一回的結束處並非都留有懸念，只有部分章節吸收了章回體小說的這種敍述方式。比如"正在這節骨眼兒上，胡同裏噗咚噗咚的有人走動，三個人注意地一聽：啪啪啪，有人敲門"[9]，誰走動？誰敲門？讀者要知道答案就必須看下一回。"他那明亮的眼睛閃耀著興奮的光芒。'同志們！現在讓我們來計畫下一步'。"[10]下一步怎樣計畫呢？讀者只能看下一章。

本章討論的文本除了在形式上借鑒了章回體小說的格式，在具體的材料處理上也吸收了章回體小說的創作方法。批評家侯金鏡曾經總結了"幾位熱心閱讀長篇小說"的"農村讀者"對小說創作的幾個希望，而這些希望"差不多正是我國古典小說手法上的一些重要特點"：

第一，有頭有尾、有始有終，分章節、成段落。不要半截腰開始和戛然而止。不一定有回目，而是希望採用這種結構方法，讓人物有來龍去脈，故事有源頭和歸宿。第二，描寫人物、敍述故事的時候，人物關係要重疊錯綜，故事發展跌宕交叉，不喜歡簡單化、平淡。但是，總希望一波未平、一波又起，眉目分明，脈絡清楚。第三，著力在用行動來描寫人物 —— 要求強烈的行動和人物衝突的戲劇性。即使有大段的心理描寫，也不要突如其來的和孤立地出現，而希望把心理描寫當作人物行動的說明或補

9　劉流《烈火金鋼》，中國青年出版社，1958年版。
10　曲波《林海雪原》，人民文學出版社，1957年版。

充。側面的烘托人物是需要的，但不要完全代替了正面的對人物強烈的行動的描寫。第四，語言生動、明快、通俗。在描寫行動、心理和環境的時候，更能符合人物的身份。使小說不只爲了讀，而且還可以有聲有色、加上表情動作的講說。第五，到了節骨眼上，環境和人物關係比較複雜的時候，一件突然事變來了，讀者腦子跟不上、轉不過彎來的時候，只用描寫敍述還不夠勁的時候，要求作者從作品裏站出來，向讀者做交代，做解釋和鼓動性的發言。[11]

　　本章所涉及的這些文本在形式和創作方法上都或多或少地借鑒了古典的章回體小說。

　　在此類文本中《林海雪原》、《鐵道遊擊隊》等借鑒的是《水滸傳》這樣的英雄傳奇。與革命敍事相比，這類作品反映的主題雖然也是階級鬥爭、敵我鬥爭，但是意識形態的訓導力量在傳奇故事的演進過程中相對削弱，英雄主人公的思想感情傳達的雖然是政黨意志，卻也因爲這些傳奇的故事而被賦予了某種濃厚的浪漫主義色彩。一個最鮮明的對比也許可以說明這兩種類型的文本不同。如果說到《紅岩》，讀者能馬上聯想到的是江姐在獄中面對敵人的酷刑毫不屈服，以及她最能代表共產黨員堅韌和忠誠的名句：毒刑拷打是太小的考驗！竹簽子是竹做的，共產黨員的意志是鋼鐵。而說到《林海雪原》，讀者想到的也許是楊子榮一身土匪打扮上威虎山的情形，還有他和座山雕的黑話對白：天王蓋地虎。寶塔鎮河妖。/臉紅什麼？精神煥發。/怎麼又黃了？防冷塗的蠟……黃子平在文章中曾提到自己在一個偏僻農場中看電影《智取威虎山》後的情形："看完電影穿過黑沉沉的橡膠林回生產隊的路上，農友們記不得豪情激蕩的那些大段革命唱腔，反倒將這

---

11 侯金鏡《小說的民族形式、評書和〈烈火金鋼〉》，收入《侯金鏡文藝評論選集》，第 136 頁

段土匪黑話交替著大聲吆喝，生把手電筒明滅的林子吼成一個草莽世界"。[12]黃子平形象地表述在某種程度上反映了這類作品獨有的魅力。但是儘管讀者津津樂道的是作品講述的傳奇故事，此類文本反映的仍然是階級鬥爭的主題，要表現的仍然是意識形態宣傳的內容。本章將從敘事層面來分析這類文本中情節離奇的傳奇故事與意識形態的訓導目的相結合，人物的傳奇性格與政治對革命英雄性格的要求相結合而產生的敘事張力。

此外，還有一部描寫中國青年走上革命道路的長篇小說《三家巷》，這部作品在敘事結構、情節設置、人物處理等方面借鑑的是我國另一部優秀的章回體小說《紅樓夢》。小說注重通過三個家族之間錯綜複雜的關係展現當時的社會矛盾和革命狀況，文本所渲染的廣州民俗和知識青年的愛情故事在與其力圖表現的階級鬥爭主題相結合時也形成了敘事層面的張力。

第一節　傳奇故事與革命內容

《三國演義》和《水滸傳》是章回體小說中的優秀作品，雖然兩者在處理素材時有著中國古典小說的許多共同特點。比如在情節設置方面，構成情節的每個小故事都有頭有尾，形成一個個閉鎖的敘事環，整個故事環環相扣，單線發展；在人物處理方面，以人物的語言和行動來突出人物性格，比較排斥大段的心理描寫和內心獨白，而且五六十年代積極實踐民族形式的作家們也常常把他們相提並論，並且作為學習的摹本。但是二者的區別也非常

---

12 黃子平《"灰闌"中的敘述》，上海文藝出版社，2001年版，第69頁。

明顯。《三國演義》是歷史演義，歷史演義以展現一個朝代的興衰為主要的敍事框架，以帝王作為人物塑造的中心，軍事鬥爭帶有濃厚的政治意味。《水滸傳》則是英雄傳奇，英雄傳奇以反映社會危機為主要的敍事框架，以英雄為人物塑造的中心，比武較量更多地帶有個人英雄主義色彩。此外，歷史演義講究史實根據，起到的是通俗歷史教科書的作用，而英雄傳奇更加注重藝術想像和誇張手法的運用。從具體的環境渲染、情節設置和人物處理來看，准革命敍事的系列文本受《水滸傳》的影響更大。所以，曾有批評家指出《林海雪原》等同類型文本因為"比普通的英雄傳奇要有更多的現實性"，"又比一般的反映革命鬥爭的小說更富有傳奇性"，因而被稱為"革命英雄傳奇"。[13]

準革命敍事講述的雖然也是關於"奪取政權"的故事，但其中最引人入勝的卻是帶有浪漫主義色彩的傳奇章節。在同類型文本中，以《林海雪原》影響最大，擁有最多的讀者。根據《現代漢語詞典》的解釋，所謂"傳奇"指的是"情節離奇或人物行為超越尋常的故事"。[14]我們將以《林海雪原》為例來討論此類作品是如何借鑒古代英雄傳奇的創作方法來體現其傳奇性的。

首先，《林海雪原》有一個孤軍作戰，以弱對強的背景。當一個故事將敍事的框架限定在一明一暗，一強一弱相對峙的範圍之內，弱小的一方最終取得勝利才能為情節的離奇性創造條件。《林海雪原》中一支三十多人的小分隊要深入長白山區和綏芬草原清剿數倍於己的土匪和國民黨軍隊殘部。他們將要戰鬥的地方是"山峰插進了雲端，林梢穿破了天"、"入林仰面不見天，登

---

13 王燎熒《我的印象和感想》，《文藝研究》1958年第2期，轉引自洪子誠《中國當代文學史》，北京大學出版社，1998年版第129頁。

14 《現代漢語詞典》，商務印書館，1996年版。

峰俯首不見地＂的林海和＂狂風卷著雪頭，遮天蓋地，整個世界
混混沌沌螳螳茫茫＂的雪原。這樣的地理環境是有利於土匪隱藏
而不利於軍團清剿的，因爲面對大兵團的清剿，＂敵人在一個石
洞中，一片灌木叢裏，便可以安全地躲過去，或是漏掉＂。小分
隊要面對的敵人又是＂罪大惡極，過去血債累累，現在和將來更
必然是堅決與人民爲敵的反革命＂。兇殘而覓不著蹤影的敵人，
惡劣而不利於己的地理環境，還有一隻彷彿是從天而降的破膠鞋
構成了《林海雪原》傳奇故事的初始場景。

　　同類型的其他文本也有一個相近的我暗敵明，以弱對強的背
景。《呂梁英雄傳》、《烈火金鋼》和《鐵道遊擊隊》都是要在日本
人和漢奸的控制下暗中發展民兵或遊擊隊，《野火春風鬥古城》是
主人公隻身進入敵佔區做地下工作。這些已知和未知的危險構成
了整部作品的敘事基調。

　　其次，《林海雪原》在情節設置方面加入了許多傳奇故事的
敘事技巧。比如整個故事充滿了機緣巧合，應和了所謂＂無巧不
成書＂的俗語。揚子榮和孫達德爲了尋找那隻白色破膠鞋留下的
線索，在山林裏鑽了三天，乾糧都吃完了。恰巧這時他們發現了
一個地圖上沒有的小村子，並且在村裏的一個孩子的腳上看到了
另一隻膠鞋，這才順藤摸瓜找到了小爐匠；劉勳蒼正準備放棄＂樹
洞裏等土匪＂的想法，刁占一就哼著酸溜溜的小曲出現了；小分
隊原本並不知道許大馬棒的藏身之處，更不瞭解乳頭山的地形，
可正巧遇到了蘑菇老人，於是所有的難題都迎刃而解了；……。
總之，在《林海雪原》中偵察線索中斷之後往往都是通過這種機
緣巧合接續起來。而且文本在處理這些機緣巧合時也注重渲染巧
合出現前尋找線索的艱難，從而營造出一種＂山窮水複＂之後又
＂柳暗花明＂的藝術效果。在同類型的其他文本中，作者也設計

過類似的巧合，比如《野火春風鬥古城》中楊曉冬想知道韓燕來
的下落，正在苦苦尋覓毫無頭緒的時候就遇到了韓小燕，用楊曉
冬的話說就是"大海尋針，針在眼前"的巧事。不過相對而言，《林
海雪原》設置機緣巧合的手法更爲純熟，所以故事也更加吸引人，
《林海雪原》的情節設置強調轉危爲安，絕處逢生的波折。小說
裏給讀者印象最深的場面恐怕是揚子榮"逢險敵，舌戰小爐匠"
的場面。揚子榮化裝成土匪胡彪，通過了座山雕的重重考驗，終
於取得了座山雕的信任，當上了威虎山上的九爺。同時他的偵察
工作也取得了相當的進展，不僅摸熟了威虎山的地形而且安全地
將情報送下了山。此時正是萬事俱備，只等小分隊如約而至，直
搗匪巢，可偏偏半路殺出個程咬金，小爐匠上了山。小爐匠清楚
並且一定會揭穿楊子榮的身份，而兩人的見面又無法避免，於是
威虎廳上兩人的針鋒相對將矛盾衝突推上最高點。衝突的結局當
然是楊子榮憑著他的鎮定、智慧和氣勢壓倒了小爐匠，整個事件
轉危爲安，但是相對於這個意料之中的結局，人們更爲津津樂道
的是兩人鬥智鬥勇的過程。

　　可以說，轉危爲安的情節安排是製造故事傳奇色彩的最佳手
段，因此，在同類型的文本中，這樣的情節設計層出不窮。《烈火
金鋼》第一回講的就是"史更新死而復生"的故事；《鐵道遊擊隊》
中小坡被捕後卻能毫髮未傷地成功逃脫；《野火春風鬥古城》中楊
曉冬隻身會見並不傾向革命的敵僞省長……。讀者雖然知道這些
故事最終都有一個轉危爲安的結局，但仍爲這些孤膽英雄捏一把
汗。類似的轉危爲安的情節所營造的緊張、急迫、激烈的氛圍不
僅成爲全書最吸引人的章節，而且加重了作品的傳奇色彩。

　　另外，《林海雪原》的情節設置要使敘事走向以小勝多，以
弱勝強的敘事終點還要強調特殊戰術的運用。小分隊的作戰注重

"兵貴神速"的作戰方法。如同隊長少劍波所言："敵人的兵力要比我們多四五倍，也就是說我們一個要打敵人四五個，因此我們的手段要快的像閃電，猛的像霹靂"，小分隊"奇襲虎狼窩"靠得就是速度。除了速度之外，弱小的一方還要用智慧彌補實力上的不足，所謂"智取威虎山"用的就是智謀。不過在很多情況下，智謀都是速度的保障，"林海雪原大周旋"和"大戰四方台"這兩場戰鬥的勝利就是智謀與速度結合所達到的效果。而在同類型文本中，這兩種戰術也在不斷地演繹著以少勝多，以弱克強的戰鬥故事。比如：《鐵道遊擊隊》中的"老洪飛車搞機槍"，"票車上的戰鬥"；《烈火金鋼》中的"救婦女蕭飛獻智"、"三路民兵戰沙灘"；《呂梁英雄傳》中的"定巧計刑場救危急"、"奇謀營救眾夥伴"等等。

不論是智取還是飛奪指的都是正面交鋒，而在《林海雪原》中還涉及到內線／地下作戰。楊子榮一個人脫離小分隊，喬裝改扮成土匪進入威虎山。他將要遇到的所有的困難和考驗都是無法預知的，在沒有同志支援的情況下，楊子榮只能單槍匹馬地用自己的智慧和勇敢來與對手周旋。類似的孤膽英雄深入虎穴的故事可以加快敘事節奏，並且通過對人物性格大智大勇的渲染來增強故事的傳奇性。內線鬥爭的首要條件是喬裝改扮，不僅服裝相貌要做相應的調整，舉止行為，生活方式甚至語言都要符合新的身份。楊子榮在進山前就認真地演練了自己的土匪身份，所以讀者看到智取威虎山時的楊子榮是哼著酸溜溜的小調，滿口土匪黑話，還會講蝴蝶迷和鄭三炮的曖昧故事，渾身匪氣的假胡彪。人物造型和行為舉止的完全改變形成一種陌生化的藝術效果，同時也吸引人們緊張地關注事件的發展：假扮的人物會不會被揭穿，揭穿之後能不能完成任務並且全身而退。這樣的情節設置在營造了緊張的敘事氛圍的同時也增強人物的傳奇色彩和故事的傳奇性。在《新兒女英雄傳》和《野火春風鬥古城》中作者也設計了內線鬥爭的情節，但也許是爲了維護革命英雄的高大形象，在英雄隻身入虎穴之後，英雄依然保持著他們剛正不阿的氣節，因而情節設置就不如《林海雪原》這樣富有傳奇色彩。

對於《林海雪原》的情節設置，文學史也強調了其與"舊形式"的淵源："作品這種節外生枝，險象環生的故事處理方法，與民間說書藝術有異曲同工之妙，使故事大起大落，情節大開大闔，人物大忠大奸，情緒大悲大喜，把藝術各種要素都推向極致，產生了引人入勝的魅力"。[15]

第三，《林海雪原》中大手筆的環境渲染烘托了故事的傳奇性。《林海雪原》用了很多筆墨來展現小分隊戰鬥環境的兇險：鷹嘴山上吊懸的鷹嘴巨石、僅有一腳之路的十八台、絕壁岩上的三道關、山高冰滑終年不化的大冰嶺、上去下不來的四方台，⋯⋯。除了這些天險之外還有惡劣的氣候所造就的奇特現象，比如多天能捲起大雪，填平溝壑的穿山風；所謂"年年大雪崗不白，松樹禿頭鳥不來，白天北風刮日頭，夜晚南風吹門開"的庫倫比四大怪。險要的奇山、怪石、林海、雪原以及難以預測的狂風暴雪給小分隊的剿匪任務帶來許多意想不到的困難，不過正是對這些困難情境的渲染也增強了故事的傳奇性。爲了適應不同尋常的戰鬥環境，小分隊也採用了不同尋常的作戰形式。隊員們除了訓練日常的行軍打仗之外，還要苦練林中攀登技術和滑雪技巧。小說也多次渲染這些特殊的戰鬥技巧在戰鬥過程中取得的成效。此外，特殊的作戰環境也造就了英雄的傳奇本領：長腿孫達德能在雪地

---

15 陳思和《中國當代文學史教程》，復旦大學出版社，1998 年版。

地飛速前進幾天幾夜不停歇；攀登能手欒超家能從絕壁跳上距離很遠的樹梢等等。同類型的其他文本都很少像《林海雪原》這樣大篇幅地渲染自然環境，不過多少都有一些對戰鬥環境的描畫，比如《鐵道遊擊隊》中縱橫交錯的鐵軌，飛速賓士的火車和能像燕子一樣飛身上下的遊擊隊員。這些有異於常規的作戰環境和作戰方法都凸顯了作品的傳奇特色。

可以說，《林海雪原》和同類型文本成功地利用了舊形式，但對舊形式的利用僅僅是手段，真正的目的是要貫徹新內容，是要達到意識形態的宣傳目的。如何利用舊形式，如何在"民族形式"中注入"新民主主義內容"是歷次文藝論爭都討論的焦點問題。但是這些討論由於具體的歷史條件的限制始終局限在理論探討的層面。在與"與舊的連載、章回小說作者座談會"上，與會者一致強調了利用舊形式的重要性，但對如何利用舊形式提出建設性意見的並不多。趙樹理建議作者"詳讀每天人民日報的社論和新的文藝理論書籍"，柯仲平強調："在寫的時候我們應該再三考慮這篇作品寫出來對人民是有好處還是有害處，好處是大還是小；應該寫對人民有好處的作品，應該寫對人民好處大的作品"，丁玲強調要"用正確的人生觀來引導小市民讀者"，但這些與其說是對作者寫作的具體指導不如說是對他們創作的抽象要求，因為這些要求並沒有從方法論的角度給予利用舊形式創作新內容的作品以理論上的指引。於是，如何通過傳奇故事傳遞政黨意志的方法就只能通過具體的創作實踐來探索。從《林海雪原》的情節設置來看，小說展現的除了是一個新內容/階級鬥爭的主題之外，對政黨的意志的具體體現表現在三個方面：

首先是背景。正如傳奇故事要有一個孤軍深入，以弱對強的前提，表現階級鬥爭主題的故事也需要一個充滿階級壓迫、階級仇恨的背景。《林海雪原》開篇第一章的標題就是"血債",作者不厭其煩細緻地描述了土匪洗劫杉嵐站的血腥場面和洗劫過後的滿目瘡痍。土匪的暴行在每一個小分隊隊員的心中燃起的是階級仇恨的怒火,階級鬥爭的主題也得以就此展開。另外作品中的主要人物身上也都背負著血海深仇,少劍波的姐姐就犧牲在洗劫杉嵐站的土匪的刀下,而化裝成土匪進入威虎山的楊子榮也在吃飯餵馬的間隙裏想起了慘死在地主手中的父母和被賣掉的妹妹。當然,楊子榮並不是個狹隘的個人復仇者,他有著革命戰士共同的理想情操,"他的心已奔向仇人,這仇人的概念,在楊子榮的腦子裏,已經不是一個楊大頭,而是所有壓迫、剝削窮苦人的人。他們是舊社會製造窮困苦難的罪魁禍首,這些孽種要在我們手裏,革命戰士手裏,把他們斬盡滅絕"。在古代的英雄傳奇中,復仇的英雄十年磨一劍的目的一般都是殺死自己的仇人,而楊子榮將他的個人仇恨昇華爲整個窮苦人的階級仇恨,這樣就凸現出了整部作品階級鬥爭的主題。此外,在《鐵道遊擊隊》、《烈火金鋼》以及《呂梁英雄傳》中也都有一個相似的背景,開篇第一章描述的都是日本人對中國人民的盤剝和血腥殺戮,爲傳奇故事做好了意識形態宣傳的鋪墊。

其次是黨的代言人的設置。如同所有反映階級鬥爭主題的故事一樣,《林海雪原》和同類型文本都有一個沉著鎮定、堅毅果敢的黨的代言人,他們除了成功地指揮了一場場以弱勝強的傳奇戰鬥之外,還不斷地傳遞著政黨的意志。《林海雪原》中的這個形象是少劍波。少劍波是團參謀長,是進入林海雪原執行剿匪任務的小分隊隊長,作爲一支隊伍的指揮員,他的言談更多地代表政黨的意志。比如爲鼓舞士氣而進行的戰鬥動員、爲安撫當地老百姓而進行的政策解說、和定河道人鬥智時的意識形態宣傳,還有審

訊土匪時的政治教育以及剿匪取得階段性勝利後的戰鬥總結，所
有這些傳達的都是明白無誤的政黨的聲音。

在《鐵道遊擊隊》中，為了強化階級鬥爭的主題，作者在設
置了老洪、王強、小坡等飛車英雄之外，還特別設置了一個黨的
代言人：政委李正。李正是上級專門派來組建鐵道遊擊隊的，因
而文本用了很多篇幅來描寫李正對這些剛剛走進革命隊伍，身上
還帶有不少草莽氣息的遊擊隊員們的改造，以及鐵道遊擊隊奉命
進山接受正規的訓練。作品在刻畫遊擊隊員飛車殺敵的傳奇故事
的同時也一直在致力於描述組織對他們革命性質的改造，這種改
造的過程無疑是意識形態的傳導過程。

第三是內線作戰時的身份標明。孤膽英雄深入敵營開展鬥爭
往往需要從形象到行為舉止的喬裝改扮，《林海雪原》這樣描寫化
裝成土匪的楊子榮："他一忽兒哼著淫調；一忽兒狂野地獰笑；
一忽兒騎上馬大跑一陣；一忽兒又跟在馬的後頭吹口哨；一忽兒
嘴裏也不知道咕嚕些什麼；一忽兒又拉著道地的山東腔亂罵一
通……"。但楊子榮畢竟是個革命戰士，他只能表演得像土匪，
而不能讓讀者認為他真的變成了土匪。所以文本一再地為他加上
革命戰士的身份標識，他的外在表現雖然是個土匪，說的也是土
匪的黑話，但心裏始終裝的是革命、是任務："革命鬥爭沒有太
容易的事，大膽，大膽……"，"我會盡我的一切智慧，來完成
黨的委託"。而另一部描寫內線鬥爭的作品《野火春風鬥古城》
中，楊曉多沒有經過化裝而英勇沉著地進入敵佔區工作，人物從
內心到外形，從語言到行動表現出來的都是典型地共產黨員的形
象要求。

從內容上看，《林海雪原》及同類型文本充分利用了章回體
小說的舊形式，他們講述的雖然是帶有"個人英雄主義"色彩的

傳奇故事，但是構成故事的情節和人物始終都是為表現階級鬥爭這一主題服務的。從作家的立場上看，這些作家也都是立場堅定地"愛黨所領導的解放人民的偉大事業，愛黨所給予我們的光榮的任務"，因為"立場鮮明，愛恨分明，是對無產階級文藝戰士起碼的，也是最基本的要求"[16]。從讀者接受層面來看，這些作品擁有大量的讀者，而且許多章節還在讀者中間口耳相傳。但是批評界卻沒有給予此類文本很高的評價。文學史對此類文本的批評做了如下的總結："批評家雖然注意到這些小說的'傳奇小說'的'類型'上的特徵，卻不願意確立尊重這種小說的'敘事成規'的批評尺度。因而，在肯定這類小說'故事性強並且具有吸引力，語言通俗、群眾化'因而'普及性也很大，讀者面更廣'，它們'是可以代替某些曾經很流行然而思想內容並不好的舊小說的'的同時，也總是不忘批評它們這樣的'弱點'：'思想性的深刻程度尚不足，人物的性格有些單薄、不成熟'，'從更高的現實主義的角度來要求'，……這部作品雖然正確地反映了我們過去的軍事鬥爭的所向無敵、無堅不摧的總趨勢，然而對於當時的艱苦困難還是表現得不夠'等等。不只一位的批評家，還對書中'如此強烈'的'傳奇色彩'會'多少有些掩蓋了它的根本思想內容'表示憂鬱。"這些問題的提出既指向作品的某種欠缺，也反映了作者和批評家在寫作和批評上，對這類小說存在的合理性問題上的矛盾"[17]。

如果我們將這類小說放置進作者講故事的年代進行具體考察，或許可以在某種程度上理解批評家對這類小說的態度。此類小說對民族形式的借鑒更多地體現出"英雄傳奇"的敘事特徵，

---

16 曲波《關於〈林海雪原〉》，見《林海雪原》後記。
17 洪子誠《中國當代文學史》，北京大學出版社，1998年版。

從文學承擔的社會功能來看"英雄傳奇"的敘事成規並不擅長於
意識形態的宣傳，"英雄傳奇"中人們能口耳相傳，津津樂道的
往往是那些離奇的故事而不是故事所宣揚的"道"，所以當文學
必須作爲革命鬥爭以及宣傳教育的工具時，對"英雄傳奇"的借
鑒難免會被批評家看做是"思想性的深刻程度尚不足"；而在人
物塑造方面，"英雄傳奇"即使爲人物加上慷慨激越的意識形態
語言，加上忠於革命忠於黨的內心獨白，那些深入虎穴，盡顯絕
技的傳奇故事仍然被批評家認爲是不能"體現時代精神，寫出人
民的覺悟和成長"[18]。批評家爲何不願確立一種尊重此類小說的
敘事成規的批評尺度，爲何要質疑這類小說存在的合理性？洪子
誠先生解釋其原因是"在五六十年代，對小說的評價尺度，主要
來自'經典'的寫實主義小說；當時，並不認爲對不同類型的小
說，在尺度上應有所區分"[19]。洪先生的解釋立足於對史料的詳
盡分析，如果我們換一個角度，從中國文學所積極參與的中國現
代化進程中來反觀批評家的態度，會發現他們的觀點在某種程度
上折射出了中國文學現代性的複雜特質。

　　在二十世紀的社會文化語境中，毛澤東所宣導的"民族形
式"與"新民主主義內容"本身是互爲矛盾的兩個概念。"民族
形式"特別是表現在文學創作領域的"舊形式"代表的是相當傳
統的文化結構和文化心理。它所對應的雖然不完全是葛一虹所說
的"封建主義"，但至少是非現代的。而"新民主主義內容"卻
是包含著自由、民主、科學、進步這一系列現代概念，是反傳統
的而以追求現代爲旨歸的。毛澤東懷抱著革命的功利主義態度或

18　侯金鏡：《小說的民族形式、評書和〈烈火金鋼〉》，《侯金鏡文藝評論選集》
　　第 143 頁。
19　洪子誠：《中國當代文學史》，北京大學出版社，1998 年版

者說是魯迅所提倡的"拿來主義"的態度將這一組互爲矛盾的概念組織進他關於建構現代民族國家的宏大敘事中。不論是傳統的還是現代的，西方的還是民族的，只要有利於中國的革命實踐，有利於建構一個現代民族國家就可爲他所用。文學作爲革命的"齒輪和螺絲釘"也積極地參與這一宏大敘事的建構過程，並且忠實地反映出這一過程所包含的互爲矛盾的兩極，而這也是文本在敘事層面出現張力的原因。

文學創作可以展現那個充滿矛盾的領導中國革命的宏大敘事，但是對於同樣參與這一進程的文學批評來說，情形就大不一樣。因爲它不能象創作一樣來展現這一矛盾，而要用一個固定的批評標準來衡量反映出這一矛盾的創作，並且給以中肯的評價。雖然毛澤東早在 1942 年的"延座講話"上就已經明確了對藝術作品的要求是"政治和藝術的統一，內容和形式的統一；革命的政治內容和盡可能完美的藝術形式的統一"，但是當內容/"新民主主義內容"與形式/"民族形式"互爲矛盾時，毛澤東更強調的是"內容"，因爲在他看來："任何階級社會中的任何階級，總是以政治標準放在第一位，以藝術標準放在第二位的"，而這樣的政策導向不難讓批評家做出立場正確的選擇。於是，面對革命敘事和准革命敘事這兩類不同類型的文本，批評家雖然注意到了後者形式上的特色，但強調的依然是作品的政治性/思想內容，依然是英雄人物所體現出來的高大完美的革命性格。所以對於《林海雪原》這類內容與形式本身存在深刻矛盾，也如實地反映出毛澤東思想理論中深刻矛盾的文本，與其說批評家不願確立一種新的批評尺度，不如說批評家不能確立這樣一種新的尺度。而批評家對於此類文本的基本態度可以說體現出了二十世紀中國文學現代性的複雜特質。

第二節　傳奇人物與革命英雄

　　雖然敘事學理論傾向於認為"情節是首要的，人物是次要的，人物的作用僅僅在於推動情節的發展"[20]，但是在許多敘事作品，特別是英雄傳奇中，人物除了能夠推動情節的發展之外，其性格本身和情節一樣也是讀者欣賞的內容。英雄傳奇中能被人們加上動作表情表演的章節往往是最富傳奇性，同時也是英雄性格展現得最充分最吸引人的部分。比如《水滸傳》中流傳頗廣的武松打虎、楊志賣刀、宋江怒殺閻婆惜，在革命英雄傳奇《林海雪原》中則是揚子榮智取威虎山，等等。這些故事充滿了豐富的戲劇衝突，而在這些衝突中表現出來的英雄性格也同樣給讀者/聽眾留下了深刻的印象。

　　應該說，人物在英雄傳奇中的重要性不亞於情節。英雄傳奇中事件的展開和連接更多地是圍繞著人物這一核心進行的。作為英雄傳奇的典範性作品，《水滸傳》就是通過魯智深、林沖、楊志等一個個英雄人物的相繼出場，通過圍繞他們展開的一個個奔向梁山的故事串起了一百零八將聚義梁山泊的整個情節，而這些性格迥異的好漢們分別走上梁山的故事佔據了全書近三分之二的篇幅。《林海雪原》和其同類型文本也借鑒了這種以人物帶動情節發展的創作手法。在《林海雪原》中"楊子榮智識小爐匠"和"劉勳蒼猛擒刁占一"為小分隊在林海雪原展開搜索找到了線索，同時也是小分隊剿匪故事的起點。隨後，欒超家修"天道"，楊子

20　申丹《敘述學與小說文體學研究》，北京大學出版社，1998年版，第56頁。

榮扮土匪，少劍波智鬥定河道人，姜青山"導跳絕壁岩"等圍繞每一個人物展開的小故事串起了小分隊深山剿匪的一場場戰鬥，並使情節最終走向了剿匪鬥爭的勝利。而在充分學習舊形式的評書體小說《烈火金鋼》中，人物帶動情節的設置更爲明顯。故事以"史更新死而復生"開始，中心人物從史更新過度到丁尚武再到蕭飛，中心人物的位移推動著情節的不斷發展。

英雄傳奇的敘事結構雖是以反映社會矛盾爲主要框架，但卻是以塑造英雄人物爲中心的，這一點得到了文學史家的肯定，他們認爲《水滸傳》的藝術成就"最突出地表現在英雄人物的塑造上"，而在人物塑造方面"最大的特點是作者善於把人物置身於真實的歷史環境中，扣緊人物的身份、經歷和遭遇來刻畫他們的性格"[21]。當然，《水滸傳》是否將人物放置在"真實的歷史環境中"尚待商榷，但作者把人物放置在具體的矛盾衝突中去考量的創作方法卻極大地影響了五六十年代致力於學習"民族形式"的作家們。同時《林海雪原》對於這種創作方法的借鑒也得到了文學史的充分肯定："小說的成就首先在於作者從特定的情境出發，成功地塑造了性格突出而又具有傳奇色彩的人物形象"，並且深入地分析了作者如何通過智取威虎山的過程來突出楊子榮的智勇雙全；通過兵分三路的奇妙部署來突出少劍波的多謀善斷；通過與敵人的正面交鋒來突出劉勳蒼的驍勇威猛，以及通過艱險惡劣的自然環境來突出欒超家、姜青山非凡的攀登本領和孫達德的長途奔襲[22]。《烈火金鋼》雖然更多地採用了評書的表現手法，在很多情況下都由作者直接從作品中跳出來向讀者/聽書人交代

---

21 游國恩等《中國文學史》第四卷，人民文學出版社，1964 年版，第 50 頁
22 華中師範學院編寫組《中國當代文學》，上海文藝出版社，1984 年版，第109 頁。

情節變化或是人物性格，比如"諸位：你可別看丁尙武的脾氣粗魯莽撞，打起仗來他可並不胡幹"。但是作者同樣也注重通過具體的戰鬥場面的描寫來突出人物的性格，比如救婦女蕭飛隻身入虎穴、史更新單身出重圍、捉二虎楞秋鋤漢奸等章節都是讓讀者通過具體的鬥爭環境去把握人物的性格特徵。

英雄傳奇雖然塑造出了生動的具有傳奇色彩的人物形象，但這些傳奇人物卻有著明顯的性格定型化的特點或者說人物的性格缺少發展。《水滸傳》中通過多個事件從多個側面極力描寫和展現的都是人物早已定型的性格特徵，比如宋江，書中稱他爲"孝義黑三郎"，在整部《水滸傳》中涉及宋江的部分都在表現他對朋友的"義"和對父親的"孝"。《三國演義》也是一樣，書中曹操的奸、劉備的忠、關羽的義、張飛的勇還有諸葛亮的智都給讀者留下了難以磨滅的印象。但是文本中的人物似乎與這些性格特徵形成了與生俱來的一一對應的關係，沒有足夠的空間讓性格繼續發展。這兩部古典小說對人物性格定型化的處理方法與其搜集整理的素材相關：一方面《三國演義》和《水滸傳》都經歷了很長的成書過程，書中的許多故事早已在民間流傳了很長時間，並且爲人們所耳熟能詳。民間流傳的過程是一個不斷被重複同時也不斷被創新的過程，在這個過程中，人物和情節都一再被提煉，進而形成一個固定的範式，而參照這個範式創作出來的作品難免在人物性格上有定型化的特點；另一方面這類文本要處理的是一段充滿社會矛盾，充滿鬥爭和權力關係置換的複雜歷史，而不是英雄人物的個人成長故事，所以只要將人物的性格特徵揭示出來，帶動情節的發展，就已經達到了作者對人物的要求，而將所涉的人物處理成個人性格成長史顯然是不現實也不必要的。《林海雪原》及其同類型文本在處理人物性格方面也有這個特點，在所涉及的英雄人物都保有對革命的忠誠之外，通過事件主要體現的也是人物的定型化性格，比如少劍波的智謀、劉勳蒼的勇猛、楊子榮的沉著等。這一方面與作者主動學習古典小說的創作方法有關，另一方面也與這類小說的創作過程有關。《林海雪原》、《鐵道遊擊隊》、《呂梁英雄傳》等所描寫的故事都有真人真事作為藍本[23]，情節是確定的，推動情節的人物性格也自然是確定了，這在某種程度上決定了作品中人物性格的定型化。

《林海雪原》及其同類型文本在人物塑造方面除了對古典小說創作方法的借鑒之外，還充分體現出了傳奇中人物形象的傳奇性，這種傳奇性主要表現在以下三個方面：

首先：傳奇故事大都包含著復仇的母題，而傳奇人物便是那個"十年磨一劍"的復仇者。《林海雪原》及其同類型文本無一例外地演繹著關於復仇的故事，《林海雪原》是小分隊的剿匪／復仇故事，因為這些土匪血洗杉嵐站，破壞土改；《烈火金鋼》、《鐵道遊擊隊》和《呂梁英雄傳》描寫的是遊擊隊、武工隊的奮起反抗／復仇的故事。因為日本人燒殺劫掠，同樣這些故事的主人公都與地主惡霸或是土匪有著深仇大恨，他們的的父母或是兄弟姐妹皆被仇人迫害致死，這樣的敍事基調為英雄人物個人復仇的傳奇故事做了鋪墊。但與傳奇故事不同的是，被稱為"革命英雄傳奇"的這些文本並沒有將個人的復仇故事繼續下去，而是將個人仇恨昇華為階級仇、民族恨，從而超出了個人復仇的狹小範圍，為傳奇故事注入了意識形態宣傳的內容。

其次：傳奇人物往往要經歷九死一生的艱險磨礪，但總是能夠轉危為安甚至是安然無恙。如果《林海雪原》中圍繞楊子榮展

---

23 參見附在這些作品單行本後的作家創作談。

開的故事更多的是用人物自己的智慧和鎮定來體現故事的傳奇性，那麼圍繞欒超家、姜青山、李勇奇等人展開的在雪山、怪石、斷崖、叢林中穿梭攀緣，一次次完成艱險而旁人無法代替的任務的故事更多的是借助"如有神助"的運氣來體現故事的傳奇性。文本中姜青山在講述絕壁岩的地形時曾提到幾十年前有三個經驗豐富的老獵手在征服絕壁岩時不幸摔死，但是遇到同樣艱險的攀登和跳躍時，小分隊的全體成員卻是有驚無險，就連衛生員白茹也成了翻山越嶺的行家裏手。《烈火金鋼》中的史更新身負重傷，連行走都很困難，被困在橋頭鎮，可他卻能將日本人的大部隊牽扯住，然後用僅有的一顆手榴彈突了圍。在這些傳奇故事中，英雄人物犧牲的可能性等於零，即使《林海雪原》中涉及到欒超家不小心中彈的情節，事件的結局也仍然是英雄平安無事，敵人被最後消滅。

　　第三：傳奇人物往往有超出常人的技巧、膽識和智謀。這一點在《林海雪原》及其同類型文本中表現得最爲充分，也最能體現出傳奇故事中人物形象的特點。《林海雪原》中面對地理環境的險峻，無人能夠征服的奇山怪石，欒超家像一顆小彈丸一樣彈射在鷹嘴石和乳頭山之間，用繩索建成一條十五六米的"天道"；姜青山跳下數十丈的高臺，指導小分隊經過"跳三跳、貼三貼、爬三爬"通過絕壁岩；姜青山用匕首刺進冰山，用"移樹攀岩法"幫助小分隊登上四方台；《鐵道遊擊隊》中老洪像個"大"字把自己緊貼在飛速賓士的列車車壁上；《烈火金鋼》中史更新在被重重包圍的"通牆"裏與日本兵周旋……，在這些傳奇故事中，我們看到的是那些不可能完成的任務全都被傳奇人物以超人的技巧、膽識和智謀完成了。

　　除了通過艱險的外部環境來烘托人物的傳奇形象之外，此類文本還借用人物的直接引語將主人公傳奇化。在《林海雪原》中，"工人和家屬紛紛傳說：劍波和楊子榮會'鉤魂釘神法'，讓土匪到哪里他就得到哪里……又傳說：劍波有'掌心雷'，他的手一揮，地雷就開花，這是李勇奇十三歲的小兒子親眼看到的，他說的有枝有葉，說是就在他家炕頭上跪著揮的"。在《烈火金鋼》中也有類似的例子："許多人都知道他（蕭飛），都說他是飛毛腿，說他的身子比燕子還靈巧，躥房越脊如走平地。說他的腿比馬還快，人們好像真的見過似地，說他的腳心裏長著兩撮紅毛，一跑起來毛兒就炸開，腳不沾地，就像飛起來一樣，火車都趕不上他"。在此，傳奇人物被賦予了"神"性，"神"性的注入增強了人物的傳奇性。

從這些文本中我們可以看出，塑造傳奇人物最常用最有效的手法是誇張。但是這一手法並沒有得到堅持現實主義創作態度的批評家的肯定，魯迅早年就曾批評過《三國演義》中"欲顯劉備之長厚而似偽，狀諸葛之多智而近妖"，而對於《林海雪原》這樣反映革命鬥爭題材的現實主義作品，批評家對此更是批評有加，"對於他（少劍波）諸葛亮式的神機妙算，作者做了過分的誇張，在某種程度上離開了現實主義的土壤，顯得矜持、不自然。讀者只能佩服他，但不能使讀者感到更親切、更可愛。於是這個人物在和讀者的感情的交流上，形成了一段不小的距離"[24]。除此之外，批評家還對此類文本中的人物提出了另一種要求，即：政治思想方面的要求，因為如果"離開了政治品質，過分地稱頌他們的爽朗、莽撞和蠻幹，就形成了作品的思想缺陷，與舊時代

---

24 侯金鏡《一部引人入勝的長篇小說》，見《侯金鏡文藝評論選集》，人民文學出版社，1979 年版。

的英雄人物之間不能有鮮明的分界了"[25]。批評家的意見應和的
是時代對文藝作品的實際要求的。《林海雪原》及其同類型文本的
確在學習"民族形式"方面取得了一定的成績，也達到了一定的
讓老百姓喜聞樂見的藝術效果，對此批評界也給予了充分的肯
定，但這類文本最根本的目的仍然和革命敍事的系列文本一樣，
要體現政黨的意志。於是正如此類文本在講述傳奇故事的同時要
注入意識形態宣傳的內容一樣，在刻畫傳奇人物的同時也要刻畫
出人物革命的性格。於是文本在用誇張手法表現人物傳奇性的同
時，也用大量筆墨來描寫人物堅定的革命意志，賦予這些人物與
舊有的傳奇人物不同的先進的現代的革命品格。這當然也是意識
形態對革命英雄性格的要求。從批評家對此類文本中人物處理的
評述來看，這種要求主要體現在兩個方面：

　　首先，要求覺悟高。傳奇人物雖然身懷絕技，膽識過人，但
他們首先是對革命、對政黨無限忠誠的革命戰士，而只有這種忠
誠才是革命的動力，才是智慧和膽識的真正源泉。《林海雪原》中
何政委對小分隊成員的要求可以看作是意識形態對這類傳奇人物
的共同要求，也是他們必須在文本中體現出來的共同特徵："今
天的作戰，突出地要求孤膽。膽的因素有三：一是覺悟高，二是
武藝高智謀廣，三是體格強力氣大"。"孤膽"是展開文本傳奇
故事的前提，"覺悟高"又是成為孤膽英雄的首要條件，由此不
難看出，在傳奇人物的塑造中"覺悟高"所處的核心位置。《林海
雪原》中小分隊的行動就不時地體現著這一標準：少劍波的足智
多謀來源於從首長教導中吸取的力量，獲得的幫助，而正確、果
斷、審慎的首長無疑是黨的形象的代表；楊子榮喬裝改扮進入匪

---

25 侯金鏡《小說的民族形式、評書和〈烈火金鋼〉》，見《侯金鏡文藝評論選
　　集》，人民文學出版社，1979 年版。

穴,危急的情勢下的膽略來源於對黨和革命的忠誠,"革命鬥爭沒有太容易的事,大膽、大膽……"。《烈火金鋼》中對傳奇人物的覺悟要求更是簡單而直接地物化爲黨員身份的確認。選派民兵執行任務時首先強調的是黨員的身份;蕭飛藝高人膽大是鄉里鄉親的共識,但也必須表露自己預備黨員的身份才獲得了最初的信任;至於丁尚武雖然奮勇殺敵,立了不少戰功,但是因爲受了"留黨查看"的政治處分,因此一直被作者當作有缺點的人物來處理。《鐵道遊擊隊》中的隊員們像燕子一樣在飛馳的列車上飛上飛下,爲山裏部隊供應藥品、衣物和軍火,他們最大程度地支持著革命,可是也只有等到政委李正對他們進行了不斷地改造,等到他們進山整頓之後才獲得了革命的性質。如同批評家所說:由此可見,傳奇人物存在並活躍於此類文本中的條件首先必須依賴其忠於革命忠於黨的政治思想。

其次,要求沒有草莽氣。草莽,舊指民間[26]。傳奇人物大都出自民間,社會底層的政治地位和並不十分優越的生活的環境造就了傳奇人物忠義、豪爽、好打抱不平的性格,同時也多少會讓他們沾染上民間的草莽氣。《鐵道遊擊隊》中政委李正這樣概括來自民間草莽性格的特徵:"他們豪爽、義氣、勇敢、重感情。有錢時就大吃大喝,沒錢寧肯餓肚子。……好喝酒、賭錢、打架。有時把勇敢用到極次要而不值得的糾紛上(指不以大局爲重,盲目地見義勇爲)。他們可貴的品質,使他們在窮兄弟中間站住腳,而取得群眾的信任;但是那些習氣,也往往成了他們壞事的根源"[27]。人物形象中英雄氣概與草莽習性的融合在《水滸傳》的人物塑造中有著充分地體現。梁山好漢們是鋤強扶弱、替天行道的英

---

26 《現代漢語詞典》,商務印書館,1996 年版。
27 知俠《鐵道遊擊隊》,上海文藝出版社,1978 年版。

雄，同時大多數又是殺人越貨、喝酒賭錢的強人。《水滸傳》中對出自民間的草莽英雄的塑造成爲這類人物的形象範式。在《林海雪原》及其同類型文本中都有這樣的人物，比如舉止粗俗，喜歡說些不雅笑話的欒超家、愛賭錢的林忠、飲酒無度的魯漢、鹵莽蠻幹的丁尙武等。這些人物雖然有堅定的革命意志，但在舉止上卻保留了很多民間的草莽習性。事實上，對人物進行這樣的處理並不是完全借鑒《水滸傳》的形象模式，而是立足於對現實的反映。因爲這些戰士出自社會底層，自然會沾染上民間的草莽習性，而且這些形象都有真實的人物做對照，形象的性格特點多少體現的都是真實人物的性格特徵。但是，堅定的革命意志與民間的草莽習性是相矛盾的，因爲革命是一個相當現代的概念，中國革命的目的是建構一個現代民族國家，因而所謂“堅定的革命意志”體現的是一種現代精神；而民間指稱的卻是一個非常傳統的概念，出自民間的心理體驗和文化結構都是非現代的，是要被現代進程所擯棄的，所謂“民間的草莽習性”也在被祛除之列。中國共產黨是代表先進性和革命性的政黨，革命戰士身上的民間草莽的習性顯然與其革命身份不相符，於是爲了調和其中的矛盾，也爲了英雄人物不脫離“現實的土壤”，這類文本不約而同地剔除了主要人物身上的草莽氣，卻將其保留在其他人物身上。

　　在《林海雪原》中楊子榮被塑造成智勇雙全的理想人物，他是受戰友敬重人民愛戴的革命英雄，所以作者只是讓他在特殊情況下，出於完成任務的需要才表現出草莽氣，比如愛喝酒、唱淫調，說粗話等。不過雖然讀者知道楊子榮只是個假土匪，但作家依然不厭其煩地向讀者表明其革命戰士的身份，比如在寫到楊子榮要酒喝的時候，作者說“楊子榮本來酒量大，……在部隊時楊子榮是遵守軍紀的模範，從未喝過酒，可是在這個節骨眼上，他卻要來他八大碗，在土匪面前要表表他的氣派"。這種"氣派"顯然不是革命者的氣派，而是草莽英雄的氣派，不過，有意思的是在《水滸傳》裏與英雄氣概並存的草莽習性在《林海雪原》中被放大到土匪的身上，這在某種程度上也反映出革命意志與草莽習性的矛盾。被同樣處理的還有《鐵道遊擊隊》中的老洪、《新兒女英雄傳》中的牛大水等。而《烈火金鋼》卻是由於沒有將主要人物身上的草莽氣剔除乾淨而"缺乏那種崇高的使人景仰的力量"，"多少影響了作品的思想意義"[28]

　　如此看來，作家在處理這些帶有傳奇性質的革命英雄人物時有兩個共同點，一是突出人物忠於革命忠於黨的政治思想，二是將主要人物身上的民間草莽性格轉移到其他人物身上以強化主要人物的高大形象。作者對人物如此處理基於兩方面的原因：

　　其一是與這類作品的創作過程有關。《林海雪原》的扉頁的題字是"以最深的敬意，獻給我英雄的戰友楊子榮、高波等同志"，楊子榮和高波是作者的戰友，書中所寫的小分隊林海雪原剿匪的故事是作者親歷的事件。這些人物和事件一直感動並激勵著作者，作者創作這部作品的直接想法是"應該讓楊子榮等同志的事蹟永垂不朽，傳給勞動人民，傳給子孫萬代"[29]。出於為革命英雄樹碑立傳的直接原因，再加上作家對政黨的文藝政策的學習和把握，榜樣式的英雄形象便應運而生了。《鐵道遊擊隊》、《呂梁英雄傳》等作品的創作過程也與《林海雪原》相似，他們的作者雖然沒有直接參加遊擊隊或是民兵的武裝鬥爭，但都是在一些真實的並且已經在群眾中間廣泛流傳的材料的基礎上進行的藝術

---

28 侯金鏡《小說的民族形式、評書和〈烈火金鋼〉》，見《侯金鏡文藝評論選集》，人民文學出版社，1979 年版。

29 曲波《關於〈林海雪原〉》，附在單行本《林海雪原》之後，人民文學出版社，1978 年版。

加工，其目的都是宣傳和介紹英雄們克敵制勝的傳奇經歷和感人故事。作者後期的藝術加工是一個依照確定規則和指導思想進行刪創和添加的過程，而經過這一過程塑造出來的英雄無疑是革命英雄的性格示範。示範自然應該是政治軍事都過硬，而且沒有落後、粗俗的草莽氣息的。

其二是毛澤東矛盾的思想理論的體現。正如前一節已經論述過的那樣，舊形式/民族形式與新內容/新民主主義內容這組矛盾被毛澤東組織進他關於建構現代民族國家的宏大敘事中，而文藝創作也積極地參與並反映著這一宏大敘事的建構。此類文本中對舊形式的借鑒使人物富有傳奇特色的性格也被同時塗抹上一層民間草莽的色彩（這雖然也是基於對現實的反映），但是對新內容的追求卻要求革命英雄“是能夠體現時代精神，體現人民的覺悟和成長的新人物”[30]。這就使新的革命英雄不僅要有堅定的政治信念，而且還不能沾染民間的草莽性格，同時還要有一定的現實基礎。於是爲瞭解決這一矛盾，書中就只能出現兩種英雄，一種是繼承了舊形式，將傳奇性格與民間草莽氣質一併接受下來的革命英雄；另一種則是體現新內容要求的，被剔除了草莽氣質的英雄榜樣。

即使作家爲了利用好舊形式創造出新內容做了許多努力，在人物設置方面也努力地處理好舊形式與新內容之間的矛盾關係，但是這種努力仍然沒有得到批評家的充分肯定。這並非由於作家藝術水準的局限而不能達到批評家的要求，也並非由於批評家面對一種新的敘事成規而沒有建立起相應地批評標準以發現此類創作新的文本意義。正如前一節所分析的，文學創作可以展現毛澤

30　侯金鏡《小說的民族形式、評書和〈烈火金鋼〉》，見《侯金鏡文藝評論選集》，人民文學出版社，1979 年版。

東充滿矛盾的現代民族國家的宏大敘事，但對於同樣參與這一進程的文學批評來說卻必須用一個穩定的標準來衡量反映出這一矛盾的創作，並且給予中肯的評價。此類文本在人物層面所進行的努力以及批評家對此的評述都充分地展現了中國的現代民族國家敘事中的內在矛盾性，展現了中國文學現代性的複雜性。

第三節　愛情故事與革命主題

在五六十年代作家自覺地利用舊形式創作新內容所完成的作品中，除了曲波《林海雪原》這類借鑒古代英雄傳奇的敘事成規創作的作品之外，還有一種借鑒古代家族小說的敘事方法創作的作品，比如《三家巷》[31]。批評家注意到了《三家巷》對中國古典小說創作手法的借鑒："書中許多塑造人物和寫景狀物的技巧，都可以看得出是師承於我國古典文學作品"，並且指出"作品中的部分章節也不得不使我們聯想到《紅樓夢》的某些篇章"[32]

在中國文學史上，《紅樓夢》是描寫家族興衰、世態變遷最優秀的古典小說。在五六十年代批評家的眼中，《紅樓夢》同樣也是一部愛情故事與革命主題相結合的典範文本。1964 年版的《中國文學史》如此評價《紅樓夢》的思想內容："小說的巨大的社會意義在於它不是孤立地去描寫這個愛情悲劇，而是以這個戀愛、婚姻悲劇爲中心，寫出了當時具有代表性的賈、史、王、薛四大家族的興衰，其中又以賈府爲中心，揭露了封建社會後期的種種黑暗和罪惡，及其不可克服的內在矛盾，對腐朽的封建統治

---

31 歐陽山《三家巷》，廣州：廣東人民出版社，1959 年版。
32 昭彥《革命春秋的序曲 —— 喜讀〈三家巷〉》，《文藝報》，1960 年第 2 期。

階級和行將崩潰的封建制度作了有力的批判，使讀者預感到它必然要走向覆滅的命運"[33]。文學史家對《紅樓夢》中革命主題的解讀在某種程度上體現了通過愛情故事表達革命主題的可能性與合理性。

　　《三家巷》是十七年長篇小說中爲數不多的涉及到家族之間複雜關係和男女之間情感糾葛的作品，但這並不是說《三家巷》是脫離當時創作主潮的一次文本實踐，恰恰相反，作爲歐陽山力圖"反映中國革命來龍去脈"[34]這一宏偉創作計畫的第一卷，《三家巷》同樣是一個奪權故事，也同樣是一部體現政黨意志的作品。它"以具有光榮革命傳統的廣州爲背景，通過三個家庭錯綜複雜的關係，反映出當時的階級矛盾和階級力量的消長，真實地再現了震撼中外的省港大罷工、沙基慘案、廣州起義、'四·一二'反革命政變等歷史事件，表現出中國無產階級及其政黨由小到大、由弱到強、由幼稚到成熟的過程，組成了一幅廣闊而豐富的社會生活畫卷"[35]。

　　《三家巷》當然不是一部描寫家族興衰的家族小說，歐陽山自己也否認《三家巷》與《紅樓夢》之間的相似性，因爲"第一，紅樓夢裏沒有鬧革命，也不談打仗；第二，紅樓夢裏也沒有那麼多廣州話"[36]，但就青年之間的愛情故事服務於革命主題這一點卻是相似的，不同之處僅僅在於《紅樓夢》中的革命主題是被批評家解讀出來的，而《三家巷》中的革命主題卻是作家主觀的創作意圖。

33　游國恩等《中國文學史》，人民文學出版社，1964 年版。
34　《歐陽山談三家巷》，羊城晚報，1959 年 12 月 5 日。
35　《中國當代文學》，華中師範學院編寫組，上海文藝出版社，1984 年版，第136 頁。
36　《歐陽山談三家巷》，羊城晚報，1959 年 12 月 5 日。

　　從中國小說發展史來看，講述愛情的故事和講述革命/戰爭的故事屬於兩種不同的文學系統，正如《紅樓夢》裏沒有"鬧革命"，《水滸傳》和《三國演義》中也沒有寫愛情故事，甚至連女性形象都很少一樣。但是愛情故事與革命主題並不具有內在的排斥性，相反，愛情故事所表達的浪漫、激情以及對不完美的現實的抗爭恰恰應和了革命的某些特質，所以愛情故事與革命故事的聯合或是分離很大程度上取決於故事講述人對材料的處理。

　　早在晚清梁啓超宣導"小說界革命"的時候，愛情故事與革命主題就有了最初的聯合。"小說界革命"時對小說主要是依照其表達的思想內容分類的，比如政治小說、社會小說、歷史小說、寫情小說等，由於梁啓超們過分關注小說的社會功用，將小說作爲"改良社會、開通民智"[37]的工具，因而"新小說批評家在區分不同小說類型時，將其劃歸不同等級，有大力提倡的（如政治小說），有一般讚賞的（如社會小說），也有嚴格控制的（如言情小說）"[38]。但是被革命家大力提倡的政治小說往往被讀者做了言情小說的讀解，書中的男女主人公成了人們的擇偶標準"娶妻當娶蘇菲亞，嫁夫當嫁馬志尼"，而被革命家所貶斥的言情小說卻不可遏止地流行起來，而且爲了取得流行的合法性，這些小說"大都採取林紓所說的 '拾取當時戰局，緯以美人壯士' 的敍事策略暗度陳倉，以兒女私情寫天下興亡，'英雄血' 反而成了 '美人淚' 的點綴"[39]。由此看來，在愛情故事與革命主題的最初聯合中，革命是虛，言情是實，言情因爲有了革命外衣的保護才被

37　《月月小說》發刊詞，《月月小說》，1906 年吳趼人等主編。
38　陳平原《"新小說"類型理論》，《小說史：理論與實踐》，北京大學出版社，1993 年版。轉引自黃子平《"灰闌"中的敍述》。
39　黃子平《革命·性·長篇小說》，《'灰闌'中的敍述》，上海文藝出版社，2001 年版，第 43 頁。

堂爾皇之地廣泛流傳。

　　愛情故事與革命主題的再度聯合是 1928～1930 年普羅文學運動中的“革命+戀愛”的小說模式。茅盾曾分析並總結了這一模式：

　　　　我們這“文壇”上，曾經風行過“革命與戀愛”的小說。這些小說裏的主人公，幹革命，同時又鬧戀愛；作者借這主人公的“現身說法”，指出了“戀愛”會妨礙“革命”，於是歸結於“為了革命而犧牲戀愛”的宗旨。

　　　　有人稱這樣的作品為 ——“革命”+（加）“戀愛”的公式。

　　　　稍後，這“公式”被修改了一些了。小說裏的主人公還是又幹革命，又鬧“戀愛”，但作者所要注重說明的，卻不是“革命與戀愛的衝突”，而是“革命與戀愛”怎樣“相因相成”了。這，通常是被表現為幾個男性追逐一個女性，而結果，女性挑中了那最“革命”的男性。如果要給這樣的“結構”起一個稱呼，那麼，套用一句慣用的術語，就是“革命決定了戀愛”。這樣的作品已經不及上一類那樣多了。

　　　　但是“革命”決定了“戀愛”這樣的“方式”依然還有“修改”之可能。於是就有第三類的“革命與戀愛”的小說。這是注重在描寫：幹同樣的工作而且同樣努力的一對男女怎樣自然而然成熟了戀愛。如果也給這樣的“結構”起一個稱呼：我們就不妨稱為：革命產生了戀愛。[40]

　　“革命+戀愛”這一模式的始作俑者蔣光慈的作品“在當時

---

40 茅盾《“革命”與“戀愛”的公式》，《茅盾全集》第 20 卷，人民文學出版社，1990 年版。

（1928-1930 年間）有相當的影響，一些青年是在讀了蔣的小說後踏上革命征途的"[41]。而在蔣光慈的影響下，一大批作家從事著"革命+戀愛"式的小說創作，雖然批評家對依照這種模式創作出來的作品評價不高[42]，但是對其在文學史上的價值卻給予了中肯的評判，因爲在這一模式中"'五四'戀愛和個性的主題轉變成爲了革命和政治的主題。這一公式典型地反映了三十年代意識形態以及社會生活的轉型，反映了三十年代青年普遍的政治化和左傾的規律"[43]。三十年代茅盾和巴金的創作雖然不能納入"革命+戀愛"的模式，但《蝕》、《虹》以及《家》卻是都是以愛情故事表達革命主題的集大成者。人們從這些作品中讀到的不僅是青年人情愛的挫折和不幸、青年人追求自由愛情的激情和勇氣，還有對舊的社會秩序的控訴和反抗。從某種程度上來說，愛情故事與革命主題的再次聯合，不僅起到了鼓勵青年參加革命的宣傳作用，而且賦予小說以廣闊的社會內容和激情壯闊的審美力度，使中國現代小說開始走向成熟。

　　但是到了四十年代，愛情故事卻漸漸從革命主題中淡出。分析其原因大致有二：其一是由四十年代的社會文化語境決定的。四十年代的中國是戰爭頻仍的中國，抗日戰爭結束後繼之而起的是全國內戰，民族仇恨爲階級仇恨所置換，文學作爲革命的工具自然要發揮其宣傳的功效。四十年代的革命依然飽含著激情和抗爭，依然應和著愛情故事的某些特質，但愛情故事畢竟是過於私人性的話題，它雖然能通過"戀情的悲劇與不幸以反襯舊世界的

---

41 黃修己《二十世紀中國文學史》（上卷），廣州：中山大學出版社，1998 年。
42 對這類小說的批評有："過度的主觀情緒損害了原已不足的現實主義"，"普遍存在標語口號化、公式化等缺點"等。見黃修己《二十世紀中國文學史》。
43 曠新年《1928：革命文學》，濟南：山東教育出版社，1998 年版。

墜落、醜惡和罪行"，也能通過"反抗的激情以折射未來新時代的陽光"[44]，但愛情故事中所體現出來的個人性的反抗並不足以承載民族仇和階級恨，更何況毛澤東早在 1939 年連續寫的紀念五四運動二十周年的文章中就已經指出：包括五四運動在內的革命運動失敗的原因是沒有"喚起民眾"[45]。此時的文學創作如果仍然以愛情故事中的個人性反抗來揭示革命主題，不僅不能達到文學宣傳革命的作用，反而會因為落後於時代而被拋棄。

其二是鼓勵作家深入農村和戰爭的現實生活，提出了"文章下鄉、文章入伍"的口號。這一口號有兩個層面的含義：一是要求作家表現如火如荼的革命戰爭和階級鬥爭；二是要求作品為普通民眾所接受。這不僅是政黨對知識份子的要求，也是時代對知識份子的要求，所以作家不能"仍停留在知識份子所習慣的比較狹小的圈子裏"[46]，要改造自己的思想感情，用勞動人民/工農兵的思想感情而不是知識份子/小資產階級的思想感情來認識世界、反映世界。相應的，愛情故事中特有的溫婉、細膩、浪漫的二人世界帶有濃厚的小資情調，這與無衣無食、受盡剝削壓迫、背負重重血債的勞苦大眾的思想感情確實有一段不小的距離。於是，四十年代的解放區文學以及依此為基本文學範式的十七年文學中都鮮見愛情故事的表述，即使有，也只是革命主題的點綴，並不承擔主要的敘事功能[47]。

從革命主題表現愛情故事這一層面來看，《三家巷》用大量

44　林崗《私情與革命文學》，《邊緣解讀》，香港：天地圖書有限公司，1998 年版。
45　這兩篇文章是《五四運動》和《青年運動的方向》。毛選第二卷。
46　周揚《新的人民的文藝》，《周揚文集》（第二卷），人民文學出版社。
47　梁斌在《紅旗譜》中加入運濤、江濤的愛情故事是為了吸引讀者。《青春之歌》中的愛情故事實際上是一個奔向革命的故事，雖然有著明確的意識形態主題仍在出版後受到批評。

篇幅來處理青年之間情感糾葛,這在十七年文學中非常少見。

　　《三家巷》設計了兩種愛情模式。一種是"五四"式的以追求個性解放和獨立自由爲旨歸的愛情。陳文雄與周泉、周榕與陳文婷之間的愛情故事就屬此類。書中寫陳文雄與周泉這對戀人走在一起時是"手臂扣著手臂,身體靠著身體,一爐火似地",這樣的舉止在 1921 年的中國無疑是反封建、追求個性的具體表現。而在周泉的婚禮上,陳文婷就總結他們的愛情是"'五四'精神的真正勝利";周榕與陳文婷私奔去上海,旅行一個月後回了廣州,他們平時各住各家,週末一起看場電影或是在旅館開個房間,絲毫沒有結婚的意思,而且在周榕看來"重要的是愛情本身,不是社會的承認或者不承認"。可以說,支撐他們兩人這種蔑視家庭、蔑視禮數的行爲是宣導個性解放、自由獨立的"五四"精神。周家和陳家的這兩對青年人將愛情當作他們實踐"五四"精神的方式,愛情在他們或者說在五四時期青年人的眼中就如黃子平所描述的那樣,"是信念、旗幟、屏障,是射入黑暗王國的一線光明,是社會和政治進化烏托邦的情感對應物,惟獨不是愛情本身"[48]。

　　另一種是純粹的愛情,它祛除了愛情身上的眾多標籤,通過周炳、區桃和陳文婷之間的情感糾葛將"愛情本身"的幸福與痛苦演繹得最爲生動感人。在這二女一男的三角關係中,性格倔強、不服輸的陳文婷承受著因愛而生的嫉妒、委屈、悔恨等諸多感情的折磨。她愛慕漂亮憨直的周炳,希望周炳能和她一起讀書,因爲在她看來,只有讀書能讓周炳成爲上等人。但周炳總是與她的希望背道而馳,不但書讀不好,心裏還只有一個桃表姐。在區桃

---

48 黃子平《命運三重奏:〈家〉與"家"與"家中人"》,《"灰闌"中的敍述》,第 146 頁。

去世之前，陳文婷始終都是一個使著小姐性子卻時時被嫉妒咬嚙心靈的角色，所以總是不鹹不淡地用言語來刻薄區桃，在公眾場合搶區桃的風頭。區桃去世後，陳文婷主動承擔了區桃的角色，她鼓勵周炳振作起來為區桃報仇，甚至願意為了周炳而參加革命。在《三家巷》中陳文婷的行為基本上是受愛情驅動的，這在十七年文學史中可以說是絕無僅有的人物形象。

《三家巷》雖然有近一半的篇幅是在講愛情故事，但這些愛情故事仍然是為了革命主題服務的。這也表現在兩個方面：

第一，作者在處理愛情故事時完全是依照毛澤東所論述的在階級社會裏沒有“超階級的愛、抽象的愛”[49]這一觀點來安排結局的。《三家巷》是以階級的觀點來結構每個家庭以及家庭之間的關係的，周家和區家是工人階級、陳家是買辦資產階級、何家是官僚地主階級，因而周家與陳家之間的愛情故事都以悲劇結束。周泉雖然與陳文雄走進了婚姻，但這婚姻是以周泉犧牲個性自由、精神獨立，臣服于陳文雄的專制自私為前提的。婚禮上，陳文娣曾說她在周泉身上看到了“五四”精神的真正勝利，但周泉的婚姻恰恰是以犧牲“五四”精神為代價的。“五四”精神可以說是周泉愛情的靈魂，沒有靈魂的愛情是沒有生命力的。周榕與陳文娣、周炳與陳文婷都是還沒來得及走進婚姻，感情就破裂了，原因只有一個：政治上的分化導致感情上的分化。因為沒有“超階級的愛”，他們的愛情故事只能在同一階級裏繼續，陳文娣選擇了何守仁、陳文婷後來做了國民黨的縣長夫人、周榕和區蘇投緣、周炳以後的愛人是胡柳（胡柳是貧苦農民）。青年男女感情上的分分合合完全對應的是中國二十世紀上半葉不同政治集團的聯

---

49 毛澤東《在延安文藝座談會上的講話》，毛選第三卷，人民出版社，1991 年版。

合或是分化，而作者處理愛情故事的態度也完全是與其擁護中國共產黨、歌頌工農兵的創作立場相一致的。

第二，愛情是主人公參加革命的直接原因和根本動力。《一代風流》要表現的是"中國革命的來龍去脈"，作為《一代風流》的第一卷，《三家巷》敍述的是主人公周炳最初走上革命道路的過程。任何一部表現中國革命的文學作品都有一個敍述的邏輯起點，即投身革命的原因，在幾乎十七年所有"革命歷史題材"的作品中，這一敍述都是以階級仇恨、階級壓迫為起點的。但《三家巷》中愛人的犧牲所導致的愛情的突然終止卻承擔了這一敍事功能。周炳最初只是一個誠實、憨厚、正直、同情革命的青年，他身上有工人階級的革命要求，同時也有資產階級的動搖和怯懦。周炳最初參加遊行多半是受哥哥姐姐們革命激情的感染，但區桃在遊行中的犧牲激起了他的憤怒和仇恨，才是他義無反顧踏上革命征程的直接動力。陳文婷的革命雖然缺乏對革命的明確認識，也由於她本人的階級屬性必然被作者處理成最終離開革命隊伍的那一類人，但陳文婷投入革命的直接原因也是為了愛情，"區桃表姐沒有做完的事情，我都願意替她做完"。我們此前已經論述過五十年代的社會歷史語境已經使作為革命動因的愛情無法承載中國革命的宏大敍事，而且《三家巷》出版後受到的批評也證實了這一點。但是歐陽山畢竟依照毛澤東所要求的正確的階級立場和革命態度將愛情處理成服務於革命主題的情節。

《三家巷》以及隨後的《苦鬥》出版後，引起了批評界的廣泛關注，並且圍繞這兩部作品的思想傾向展開了討論。有意思的是，不論認為這部作品是革命的還是反革命的，思想傾向是正確的還是錯誤的，批評家都對小說中的愛情描寫持一致的批評態度。蔡葵在批評了周炳形象的小資產階級性格特點之後進而論述了"在關於他（周炳）的愛情生活的描寫中，宣洩得更多的卻是人物不健康的思想感情。比如外貌俊美的互相吸引在他們的戀愛中佔著很重要的位置"[50]；繆俊傑等人在駁斥蔡葵並強調歐陽山無產階級創作立場的同時也指出"應該說，周炳在愛情生活中確實流露了一些不健康的情調，而作者對這些缺點不僅批判得不夠，往往還有些欣賞、溺愛，這是作品一個很大的缺陷"[51]……。從六十年代相關的批評文字中我們可以看出，批評家並不反對作者寫愛情，而是反對作者表現人物"不健康"的愛情。但至於什麼樣的愛情是"健康"的愛情，批評家並沒有做出明確的界定。

如果我們對比三十年代茅盾反映革命主題的情愛描寫會發現《三家巷》僅僅是對愛情的淺嘗輒止，而批評家對歐陽山卻比對茅盾苛刻得多。對於茅盾在《蝕》、《虹》中的情愛描寫，左翼批評家幾乎都採取認同或是讚賞的批評態度。黃子平在分析茅盾小說中的"性"和"欲"的描寫時列舉了錢杏邨和瞿秋白的評述，並解釋左翼批評家讚賞的原因是"在這種真正的長篇小說中，'革命'不再是泄私憤揭陰私的所謂'譴責'，'性'也不再是肉麻淺薄的'風流自賞'，而是交織在一幅有機的廣闊社會圖景之中，每一個局部和細節都因了置身其中而深蘊'時代性'和'社會性'"；"高舉'濃鬱的社會性'的革命大纛，寫'性'說'欲'的合法性於焉建立"[52]。

愛情故事與革命主題本身並不具有內在的排斥性，相反在某種前提下還可以相互補充。對此，林崗有一段精闢的分析："文學裏的所謂'革命'，無非就是一種眼光，一種思想觀念。它在

---

50 蔡葵《周炳形象及其他》，《文學評論》，1964 年第 2 期。
51 繆俊傑等三人《關於周炳形象的評價問題》，《文學評論》1964 年第 4 期。
52 黃子平《革命・性・長篇小說》，《"灰闌"中的敘述》，第 52 頁。

那個時代表現爲對既成社會秩序的不滿，需要以暴力來推翻這種社會秩序以建設理想社會。舉凡 '壓迫'、'剝削'、'黑暗'、'下層人民的痛苦和不幸'，都是包含在 '革命' 這個概念裏的主要內容。而性愛題材與這些內容並無不相容之處。'革命' 走進文學中來恰恰依賴了戀愛題材本身所具有的浪漫和反抗特徵。人類的戀情總有浪漫激情的一面，而浪漫激情所映照的總是世俗的殘缺不圓滿。任何時代的戀情故事一定會涉及到浪漫激情的一面和現實不圓滿的一面。但是否將私情題材敍述成一個 '革命' 的故事，則存乎講敍人對題材的處理"[53]。批評家對茅盾情愛描寫的認可一方面取決於講敍人（茅盾）對題材的處理，即黃子平所說的茅盾賦予題材以 "濃鬱的社會性"，另一方面是因爲具體的社會歷史語境賦予了茅盾如此處理情愛題材的合理性。三十年代中國革命的歷程已由 "五四" 時期的思想革命轉向社會革命，"從對人的個人價值、人生意義的思考轉向對社會性質、出路、發展趨向的探索"[54]。文學的社會歷史使命要求創作與歷史變遷同步，作品反映社會全貌。茅盾的《蝕》和《虹》都是通過個人走向社會的歷程來體現廣闊的社會內容。個人的經歷、遭遇以及成長史在很大程度上與愛情的私人性相融合，因而愛情故事與其所要表達的革命主題是相容的。

　　《三家巷》反映的也是革命主題。《三家巷》中青年人的革命也具有浪漫、激情以及反抗性的特徵，但是歐陽山再將愛情故事做革命性的處理卻不再具備合理性了。原因是五十年代的社會歷史語境已與三十年代大不相同。文學的任務已經不是反映廣闊而深刻的社會矛盾、體現時代的全貌，而是表現階級鬥爭、歌頌

<hr />

53 林崗《私情與革命文學》，《邊緣解讀》，第 227 頁。
54 錢理群等《中國現代文學三十年》，北京大學出版社，1998 年版第 208 頁。

工農兵、歌頌共產黨；文學對革命主題的反映已經由個人與社會的矛盾抗爭轉變爲階級之間嚴酷而激烈的鬥爭；主人公的成長過程是一個將個人仇恨昇華爲階級仇恨，將個人英雄行爲提升爲革命英雄行爲的過程，是一個由被壓迫階級的一員成長爲黨的好兒子、人民的好戰士的過程。此時文學作品所塑造的主人公（主人公應該是工農兵）基本是臉譜化的，因爲主人公體現的是政黨的意志、階級的情感、革命英雄的性格而並非是人物獨有的、鮮明的形象魅力。換句話說，五十年代革命故事中的主人公是屬於革命屬於黨而不屬於家庭的、是體現革命集體主義的精神而不講私人感情的，而圍繞愛情故事體現出來的人物個人的情感波折不符合時代對人物的要求。由於革命主題的階級性與愛情故事的私人性並不相容，因而在五十年代用愛情故事來表達革命主題也不具有合理性，這也是十七年主流經典作品避免涉及愛情題材的一個主要原因。批評家當然沒有明確反對寫愛情，但這愛情必須是“健康”的愛情。何謂“健康”的愛情呢？從被譽爲“經典”的十七年的文學作品中，我們似乎可以看出批評家和作家所達成的共識：婚前的戀愛基本上是“不健康”的，是應該被刪除的，因爲談戀愛會影響革命工作；婚姻裏的夫妻感情在不影響革命工作並且能服務於革命工作的前提下是“健康”的，若是爲了革命而犧牲了的感情也是“健康”的。

經過多次政治運動淘洗和多次思想改造的批評家早已對文藝批評的標準有了清醒地政策性把握，也早已意識到在具體的時代要求下愛情故事與革命主題的不協調，所以在重新評論茅盾的《蝕》時也做了如下的修正：“要求男女關係的解放在那個特定歷史階段中是具有積極意義的，作者勇於暴露的男女關係，基本上符合於那個時代的要求。只是作者對性愛的場面做了較露骨的描寫,對青年讀者可能有些副作用,"而且"切不可抱著不正確的態度去'欣賞'這些戀愛場面的描寫,這是今天閱讀《蝕》時應當注意的"[55]。所謂時過境遷,當年倍受左翼批評家讚賞的情愛描寫在五十年代也受到了客氣地指摘,倘若以此爲參照,也不難理解《三家巷》中的愛情故事受批評家指責的原因了。

但歐陽山本人一直以來都不是一個遠離政治/革命中心的邊緣作家,1942年他在延安參加了文藝整風,而《一代風流》這一長篇小說的構思也開始於整風運動之後,但作者爲什麼還要固執地堅持用愛情故事來處理革命主題呢?也許合理的回答還是作者要寫一部反映"中國革命來龍去脈"的小說,《三家巷》中所講述的二十年代正是一個青年人借用愛情的浪漫激情和反抗精神來追求革命的時代,作家只是用了現實主義的手法將其表現出來而已。但是問題在於:作者強調用現實主義手法來展現故事講述的年代,卻忽略了講述故事的年代的具體語境。在後者的語境中,革命是充滿血腥和暴力的階級仇恨、是激越而亢奮的戰鬥和抗爭,而此時的革命主題與人們熟知的愛情故事之間已經呈現出了巨大的敘事張力。在這樣的語境下出現的作品自然免不了被塗抹上時代的色彩,我們從歐陽山在《三家巷》的後半部對革命故事的處理可以清晰地看到這一點,但是作者精心構築的俊男美女之間的情感糾葛、愛情世界中的細膩曲折不僅爲作品帶來了詬病,也形成了文本內部前後兩部分之間明顯的敘事裂縫。

中國文學的現代性進程一直隨著中國社會文化語境的變遷而變化。從話語層面來考察,"五四"時期"個性"和"民族"二位元一體的話語系統終因無法承擔中國現代性之路的沉重和艱

---

55 張白山《談茅盾的〈蝕〉》,《文藝學習》,1955年第11期。

辛而被“階級”話語所替代。主流話語的不斷變化彰顯出中國文
學現代性的複雜特質。在以“階級”話語為主流話語的時代中使
用任何一種其他話語來講述故事都有悖於時代的要求，即使作者
站在一個正確的階級立場上。《三家巷》出版後所受到的批評顯然
不能簡單地理解為極“左”思潮的干擾和影響[56]，從某種程度上
看，這恰是中國文學現代性的複雜特質在批評上的顯現。同時《三
家巷》文本內部明顯的敘事裂縫，不僅說明了語過境遷後的不合
時宜，也從創作的層面上印證了這一點。

小　結

　　準革命敘事在情節設置和人物塑造等方面都與革命敘事構
成張力。準革命敘事吸收了章回體小說的形式和敘事技巧，因而
故事性和趣味性都勝過革命敘事。但是由於所講述的仍然是也必
須是革命的故事，所以又努力在傳奇性的故事和傳奇性的人物身
上貫徹既定的敘事成規，努力地用所講述的愛情故事體現革命的
主題。這樣就形成了兩個層面的敘事張力，即：與革命敘事這一
敘事類型之間的張力和文本內部的張力。但是，作家在張力之間
尋求平衡的努力並沒有得到批評家的認可，因為批評家並不認為
針對不同的敘事類型應該建立不同的批評標準，而用既定的唯一
的革命敘事的批評標準來衡量，準革命敘事顯然存在“思想內容
上的不深刻”和人物形象（正面英雄人物）不典型、不模範的問
題。“革命英雄傳奇”在思想內容和人物塑造方面的“缺陷”與

---

56 華中師院的《中國當代文學》以及黃修己主編的《二十世紀中國文學史》
　都對《三家巷》所受到的批評如此評價。

其在藝術形式方面的喜聞樂見、讀者甚眾之間的反差是十七年小說中的一個有趣現象；左翼批評家對革命文學和左翼文學中的經典模式"革命+戀愛"的首肯與建國後批評家對《三家巷》中青年愛情"不健康"的批評之間的反差是十七年小說中又一個有趣現象。兩個反差從不同層面反映了中國文學現代性的複雜性，同時批評家對於與革命敘事不同的敘事類型無法確立新的批評尺度也從批評上印證了這一點。

第五章　變異的革命敘事之太陽黑子的故事

　　本論文所論述的變異的革命敘事是指敘事的精神核心雖然同是履行文學爲政治服務的職責，但其在很大程度上偏離了革命敘事的成規。於是，迎合主流意識形態的精神內核與偏離革命敘事的敘事成規之間形成了敘事張力。此外，變異的革命敘事中還有一類反映歷史題材的小說文本，這些文本在敘事元素的設置上與同類型文本不同，構成了類型之中的敘事張力。

　　當十七年的敘事完成了關於奪取"敵人"的政權，完成了關於按照政黨的理想和意願實現政權的社會主義改造的敘述之後，關於這個現代民族國家的宏大敘事似乎應該走到了它的終點。然而事實並非如此，那些自覺宣傳主流意識形態，自覺以主流意識形態眼光作爲敘事眼光的敘事人開始將視線投入到這個他們曾熱情歌頌的太陽般的帶給人民光明、溫暖和幸福的政權內部。從慣常的階級鬥爭、敵我鬥爭、兩條陣線的鬥爭轉向了代表理想的政治制度和理想的道德情操的"我們"，敘事人非常失望地發現，這個"太陽"般的光明政權中也有人與人之爲了爭奪利益的複雜矛盾，也有上級幹部的官僚主義、教條主義這些阻礙社會主義建設的消極思想，也有政治經濟體制方面存在的弊端。這些與美好理想有著相當距離的客觀現實就像太陽上的黑子一樣現實而頑強地存在著。於是，敘事人懷著理想的激情和積極干預現實生活的批判精神開始講述不完美現實的故事。我們暫且將這些故事稱爲

“太陽黑子”的故事。

敍事人依然自覺地宣傳主流意識形態，依然自覺地以主流意識形態眼光爲首要的敍事眼光來講述故事，但是，關於“太陽黑子”故事與“奪權故事”和“改造故事”存在著兩點明顯的不同：其一是主題不同，後者不論講述怎樣的故事，其主旨都是在歌頌“我們”的光榮和偉大，而前者卻是在暴露“我們”工作中存在的問題和不良的思想傾向；其二是體裁不同，後者講述著一個光明政權的誕生過程，歌頌一個政權的光榮和偉大，這樣的主題是自《講話》以來主流意識形態一貫地宣傳要求，作家有相當長的時間來構思符合這一要求的鴻篇巨制，因而多採用長篇小說的形式。而前者“暴露”的主題之所以成爲可能是由於 1956 年“雙百方針”的提出，提倡“在文學藝術工作和科學研究工作中有獨立思考的自由，有辯論的自由，有創作和批判的自由，有發表自己意見、堅持自己意見和保留自己意見的自由”[1]。這一方針的提出接續的是 1955 年大規模的對“胡風反革命集團”的批判以及在全國範圍內展開的“肅清反革命”的運動。這兩場政治運動所造成的緊張氣氛與“雙百”方針提倡的相對自由的創作空間讓作家們難以把握政治的風向標，正如洪子誠分析的那樣，“作家精神展開的程度，尙不足以將這種調整，容住進規模較大的作品中”[2]，因而多採用短篇小說的形式。

“雙百方針”給予的“自由”是“人民內部的自由”，其前提是“政治上必須分清敵我”[3]。一個人如果被判定爲“敵”，他自然失去了“雙百方針”中的“自由權利”。但是如何判定一個人是“敵”是“我”卻沒有明確的政治或法律上的標準。這就意

---

1 陸定一：《百花齊放，百家爭鳴》，見《人民日報》，1956 年 6 月 13 日。
2 洪子誠：《中國當代文學史》，北京大學出版社，1998 年版，第 141 頁。
3 陸定一：《百花齊放，百家爭鳴》，見《人民日報》，1956 年 6 月 13 日。

味著這些關於“太陽黑子”的故事出現在一個仍然需要認真把握“歌頌”與“暴露”之間複雜的“度”的語境中，仍然需要在“敵”與“我”的邊緣作危險的平衡遊戲。1957 年夏，政治形勢的突然逆轉使“雙百方針”重新變成了兩個階級的政治鬥爭。規模巨大的反右鬥爭讓這些關於“太陽黑子”故事以及故事的作者都失去了“自由權利”，直到二十年後才成為《重放的鮮花》由上海文藝出版社結集出版[4]。

這些文本主要由《在橋樑工地上》、《爬在旗杆上的人》、《本報內部消息》、《組織部新來的青年人》、《入黨》、《改選》等等。本章將對這些文本的情節安排、人物設置等進行類型分析，還將討論這些文本如何在講述“太陽”般的政權與對“黑子”的敍述中達到敍事的平衡，進而分析兩者之間彰顯出的敍事張力。

此外，本章也將六十年代初出現的一些歷史小說歸入“太陽黑子”的故事中進行討論，這是因為，這些小說雖然沒有觸及現實生活，但從題材的選擇和作家對歷史人物和歷史事件的處理中，我們能清晰地感受到作家對現實的感悟和評判。這些文本主要有《海瑞之死》、《魯亮儕摘印》、《杜子美還鄉》等。本章也將從敍事的層面討論這些歷史小說在所謂“借古喻今”中所呈現出的敍事張力。

第一節　“太陽黑子”故事中情節與人物模式的重新確立

不論是奪權故事還是改造故事，其講述故事的主旨是相同

---

4 上海文藝出版社編：《重放的鮮花》，上海文藝出版社，1979 年版。

的，如果用一個詞來概括，那便是"歌頌"。歌頌廣大人民艱苦卓絕的鬥爭、歌頌中國共產黨的英明和正確、歌頌社會主義政權的偉大和光榮，因而這兩個故事類型在情節設置和人物類型上是相近的。從敍事邏輯上看，情節的發展不論經歷怎樣惡化與改善的組合，都將走向"我們"勝利的敍事終點；人物無論有多少種形象設計，都能按照主流意識形態的道德標準簡單而粗略地劃分爲所謂"正面人物"、"反面人物"和"中間人物"。

但是，當敍事完成了對革命和鬥爭激情洋溢地講述，進入了"我們"已經建立並且承載著美好理想的政權內部，敍述的主題卻由"歌頌"變成了"暴露"。暴露政治經濟體制出現的弊端，暴露領導幹部的官僚作風和教條思想，暴露個體與個體之間的複雜矛盾。講述主題的改變使情節模式與人物類型必須做出相應的調整。

關於"太陽黑子"的故事，依然可以按照佈雷蒙地敍事邏輯理論來分析。我們在第一章中曾經提到，佈雷蒙將敍事作品的事件分爲兩個基本類型，其中一個情節鏈是：

得到改善

要得到的改善 ——→ 改善過程 ——→ 沒有得到改善

沒有改善過程

並且也分析了十七年革命敍事主要採用的一種亞類型的情節鏈是：

要得到的改善 ——→ 改善過程 ——→ 得到改善

奪權故事和改造故事的情節發展雖然有惡化/改善的多種組合方式，但都是在情節鏈"改善過程"這一環節內部進行的組合變化，並且最終都會運行到"得到改善"的敍事終點。但在"太陽黑子"的故事中，情節設置明顯地複雜化了，概括起來有以下四種結構情節的方式，用圖表可以表示如下：

①看到改善的希望

改善過程——▶②對改善表示憂慮

要得到的改善——▶

沒有改善過程——▶③看到改善的希望

④看不到改善的希望

　　需要說明的是：第一，情節鏈中的過程環節也是以事件的惡化/改善首尾接續構成情節，但是由於短篇小說的容量限制，惡化/改善的迴圈不會象長篇小說那樣經歷多次的更替過程。第二，由於這類小說涉及的題材特點使作家不容易將故事處理成一個封閉的敘事，也就是說在情節鏈的結局環節中所呈現的敘事終點僅僅是某個具體事件的結果，而不是文本中所反映的"要得到的改善"的最終結局。所以我們只能從敘事人的措辭和語氣對其進行推測。

　　下面我們將具體分析"太陽黑子"這一故事類型的情節構成方式：

一、要得到的改善經歷改善過程後看到改善的希望：《組織部新來的青年人》（王蒙）

　　《組織部新來的青年人》講述的是一個滿懷青春理想與工作熱情的青年人林震進入區委組織部工作的故事，林震在新的工作崗位上所遭遇到的理想與現實之間的巨大反差成為敘事的邏輯起點。情節鏈中"要得到的改善"是劉世吾凡事"就那麼回事"的工作態度，韓常新習慣下命令的官僚作風等等組織部工作中出現的消極因素。由於青年人林震的熱情和執著，事件向著改善的方向發展。改善的過程依然是由惡化/改善首尾接續構成，惡化的原因是林震工作經驗欠缺，並且受到來自上級主管的壓力；改善的原因則是林震對理想和信念的堅持，"看到了不合理的事情，不能容忍的事情，就不要容忍，就要一次兩次三次地鬥爭到底，一直到事情改變了爲止"。麻袋廠事件的解決以及林震在工作和愛情方面的成長可以看作文本的敍事終點。但這個敍事終點並沒有交待劉世吾、韓常新的工作方法、工作態度是否得到改善。所以，我們只能從敍事人最後的措辭和語氣中進行推測。在情節鏈的結局環節，敍事人這樣表述，"隔著窗子，他（林震）看見綠色臺燈和夜間辦公的區委書記的高大側影，他堅決地、迫不及待地敲響領導同志辦公室的門"。從敍事人的描述"夜間辦公"和措辭"高大側影"可以推測出區委書記所代表的認真的工作態度和領導幹部的理想人格，同時也可以推測出事件將要得到改善的希望。

與《組織部新來的青年人》在情節設置上屬於同一類型的還有《入黨》（耿龍祥）、《鄉下奇人》（歐陽山）等。

二、要得到的改善經歷改善過程後卻對改善表示憂慮：《本報內部消息》（劉賓雁）

《本報內部消息》在情節設置方面與《組織部新來的青年人》非常相近，也是以一個滿懷社會理想和工作熱情的青年記者黃佳英在工作中遇到"不合理的事情"作爲敍事的邏輯起點。情節鏈中"要得到的改善"是主編陳立棟脫離實際的官本位、主任馬文元的唯命是從、黨總支委員張野的明哲保身讓報紙成了政策單純的傳聲筒而失去了活力。情節鏈中的"改善過程"依然遵循同一事件以惡化/改善的首尾接續構成情節，事件的惡化是由於部門領導依靠行政權利對事件改善的干預；事件的改善一方面得益於省委政策的調整，另一方面得益於編輯部的記者們對部門領導工作方法和處世態度的批評。事件雖然向著改善的方向發展，比如，陳立棟、馬文元都意識到自己工作存在的問題，但敘事人對情節的最終安排並沒有顯露出事件得到了改善。比如，關於黃佳英的入黨問題，雖然在討論黃佳英入黨的支部會上，不滿意黃佳英工作方法的主編陳立棟改變了態度，但"政治熱情高，敢於維護黨的利益，工作積極"的黃佳英最終也沒有被組織接受；比如，陳立棟被公認是報社發展的最大阻力，但他仍然沒有被調離工作崗位；比如，張野依然懷抱明哲保身、收支平衡的處世態度，在"仔細地核算一回今天在一些事情上耗費的精力是不是浪費，認為不是才安心地閉上了眼睛"。敘事人這樣結束一個故事，讓讀者也對"要得到的改善"的最終改善表示懷疑和憂慮。

與《本報內部消息》在情節設置上屬於同一類型的還有《沉默》（秦兆陽）等。

三、要得到的改善沒有經歷改善過程，但能看到改善的希望：《改選》（李國文）

《改選》的敘事起點是一屆已經任職期滿的工會委員按照工會的既定章程需要改選。由於工會主席希望能在改選中連任，於是問題出現了。工會主席好大喜功，對上級主管幹部惟命是從，不顧及群眾利益，不為群眾辦事的工作作風成為情節鏈中"要得到的改善"。但事件並沒有如同我們已經習慣的敘述那樣向著改善的方向發展。工會的好幹部老郝不計個人得失，一心想著工人們，卻一再地被工會排擠，從工會主席降為副主席、再為幹事、最後連被提名的權利也被剝奪，事件就這樣一路發展下去。工會的改選大會是《改選》的敘事終點，事件以最高的支持率當選為新一屆的工會主席的好幹部老郝在歡騰的人群中辭世結束。但這個略帶悲劇性的結局卻使"要得到的改善"看到了改善的希望，因爲"按照工會法的規定，改選是在超過人數的三分之二的會員中舉行的。這次選舉是有效的，新的工會委員會就要工作了"。從敘事人的語氣中，讀者有理由相信新的工會將能夠代表工人的願望和利益。

與《改選》在情節設置上屬於同一類型的還有《灰色的帆蓬》（李准）等。

四、要得到的改善沒有經歷改善過程也看不到　改善的希望：《在橋樑工地上》（劉賓雁）

《在橋樑工地上》以第一人稱敘事人"我"來到橋樑工地上採訪曾工程師作爲敘事的邏輯起點，隨著對工地具體情況的瞭解，"我"逐漸發現工人作業特別是隊長羅立正在工作方法和思想觀念方面存在的問題。問題的出現預示著情節鏈中"要得到的改善"出現。顯然，在文本中需要改善的是羅立正保守、安於現狀的性格特徵和時時處處領會領導意圖的工作方法。但事件始終沒有向改善的方向發展，這是由於不墨守成規，積極實踐技術革新的工程師曾剛不斷地被排擠，被壓制，最終調離橋樑大隊。曾剛的調離意味著事件不僅沒有得到改善，而且也失去了改善的希望，所以敘事人在文本結尾只好充滿感慨地說："春風啊，你幾時才能吹進這個辦公室呢？"

與《在橋樑工地上》在情節設置上屬於同一類型的還有《爬在旗杆上的人》（耿簡）、《被圍困的農莊主席》（白危）等。

關於"太陽黑子"的故事雖然都是短篇小說，但是在情節構成方式上卻比奪權故事和改造故事這些長篇小說豐富，這種豐富主要表現在事件的邏輯發展過程並不全是向著改善的過程演進，

“要得到的改善”也並不全是改善的圓滿完成。於是，整個情節
設置就被賦予了多種可能性：情節可以向改善的方向發展，也可
以向惡化的方向發展；結局可以是得到改善，也可以是沒有得到
改善。多種情節設置的可能性使“太陽黑子”的故事不必像奪權
故事和改造故事那樣單一，有章可循。這種故事類型之所以會在
情節設置上出現這樣的變化與敘事要表現的主題有著必然的聯
繫。當文學作品不再以“歌頌”爲己任，而擁有了一定的自由表
現的空間時，敘事同時就擁有了偏離既定敘事軌道，呈現豐富變
化的可能性，當敘事的核心因素 —— 情節做出調整時，另一核心
因素 —— 人物也會相應地做出調整。

　　在奪權故事和改造故事中，不管人物有多少種身份，多少種
形象，被細分爲多少個亞類型，其實都可以粗略地歸納爲兩類，
第一類是符合主流意識形態審美要求，能夠體現政黨意志，能夠
成爲主流意識形態宣傳的典型和樣板的人物；第二類則剛好相
反，他們的功能除了作爲反面教材幫助文本完成意識形態的宣傳
任務之外，還作爲第一類人物的陪襯出場，用自己卑微、陰暗、
醜惡的一面來陪襯前者的高大、光明和美好。奪權故事和改造故
事之所以會這樣處理人物，最重要的一點是它們講述的都是關於
革命的故事，而誰是“我們”，誰是“敵人”顯然是敘述革命時
首先要確立的人物類型。

　　在關於“太陽黑子”的故事中，雖然沒有劍拔弩張、你死我
活的關於政權或政治立場的鬥爭，但是，在同一陣線裏，同一立
場下關於工作態度、工作方法等方面的矛盾依然存在。有矛盾衝
突就會相應地有兩種不同類型的人物。我們暫且將其命名爲“太
陽型”和“黑子型”。所謂“太陽型”是指那些有工作熱情，有
正義感和責任心，不唯上也不唯書的人物形象。所謂“黑子型”

則是指那些有一定的行政權力，或惟命是從，或不思進取、或明哲保身、或官僚教條的人物形象。在"太陽型"與"黑子型"之間還有一種過渡型的人物，或者是由"太陽"向"黑子"過渡，或者相反。敘事的演進過程往往是此類人物的轉變過程。下面我們將對這些人物類型逐一進行論述。

"太陽型"人物從敘事功能上看，是主流意識形態所要宣傳的模範式人物，在他們身上體現出的是社會主義建設中理想的工作態度和思想作風。"太陽型"人物可以分為兩類：

一類是進取型。這類人物的共同特點是：年輕，有理想有熱情有激情，不安於現狀，不能容忍太陽般的光明政權中有陰暗，於是堅持著自己的理想和信念，與這些陰暗鬥爭。比如《組織部新來的青年人》中的林震、《本報內部消息》中的黃佳英、《入黨》中的韓梅等等。以往的批評並沒有將人物形象看作是有"主體性"的元素，而是將他們物化為某種概念的符號，人物的存在僅僅是為了揭示干預生活或"揭露社會陰暗面"的主題。在爭論主題是否反映正確的創作立場，主題是否有利於維護政黨、政權的高大形象時，人物本身被忽略了。於是我們看到在關於此類文本的批評史上，文本受到批判的原因是因為作品"是站在敵視社會主義立場上提出問題的，它打著所謂'干預生活'的旗號，好像社會主義社會同他們是對立的，他們要從外面來'干預'一下"[5]。二十多年後文本受到重新肯定原因也是因為這些"反映人民內部矛盾，揭露社會陰暗面"的作品表現出作家"面對現實、大膽探索"的"藝術家的膽識"，從而"給當代文壇帶來了新的變化

---

5 姚文元：《文學上的修正主義思潮和創作傾向》，載《人民文學》1957 年第11 期。

和突破"[6]。批評揭示出人物行爲對"社會陰暗面"的揭露符合文學批評的一貫準則。作爲推動中國現代化進程一支不可忽視的力量，文學批評一直致力於闡發作品主題的深刻意義，放大文學干預現實的社會職能，因而，批評很少能進入文本，對敘事的諸因素作技術上的分析和藝術上的闡釋，人物形象自然也得不到有效的藝術解讀。

如果我們換一個角度進入，會發現這些關於"太陽黑子"的故事可以解讀成青春進取型人物的成長故事。不論是林震、黃佳英還是韓梅，他們與官僚作風、教條主義作鬥爭的過程也是他們個體心靈的成長過程。之所以這樣說，是因爲這類人物不像奪權故事或是改造故事中的"正面人物"那樣對革命有一種先在的先進性和符合意識形態審美標準的優越性，他們本身具有相當的可塑性，與現實的衝突過程也是自我得以確立的過程。這類人物在十七年的小說文本中具有相當的特殊性，那些在十七年文學中能夠被歸入"正面人物"的人物形象幾乎都是在一個限定好的空間中展現性格，唯有此類人物擁有一個相對自由的空間去發展性格。從這個層面上看，此類人物其存在的意義和價值是顯在的。

第二類是實幹型。這類人物的共同特點是腳踏實地，不貪慕虛榮，把群眾、集體和國家的利益放在首位。比如《爬在旗杆上的人》中的耿社長、《改選》中的老郝、《被圍困的農莊主席》中的葉主席等等。與進取型人物總是與不合理的社會現實對抗不同，實幹型人物雖然沒有對這些"不合理的事情"妥協，卻始終被官僚、權勢以及不合理的制度要求壓制著。《爬在旗杆上的人》中的耿社長面對工作組組長朱光的"冷笑"、"警告"、"發火"

---

6 華中師院；《中國當代文學》（1），上海文藝出版社，1984 年版，第 141 頁。

從來都是"低下頭去",而不是據理力爭,直到文本結束也還是
"心裏有一股說不出來的痛苦的味兒"。《被圍困的農莊主席》葉
柏壽面對稅務局、食品廠、書店等單位的"外來幹部",從來都
是耐著型子"周旋","周旋"的結果也只是"但願有一天縣委
會能夠下決心來整整他們"。《改選》中的老郝甚至可以說是忍辱
負重,"熱心腸待人極好",一心關心工人生活和福利的老郝不
斷地受到"懲罰",雖然最終應群眾的呼聲,當選爲工會主席,
卻安靜地死在沸騰的人群中間。

被處理成實幹型的人物都是一些基層幹部,他們的樸實踏實
的工作作風和一心爲公的工作態度符合主流意識形態的審美要
求,但與十七年其他小說文本中"正面形象"明顯不同的是,這
些人物沒有遵循"善有善終"的敘事成規,而是或多或少的帶有
一些無力抗爭的悲劇色彩。從審美效果來看,"正面"形象最終
的失敗無疑比成就英雄的勝利結局更具有震撼人心的力量,同時
也是對現實更深刻的批判。

"黑子型"人物在敘事功能上是作爲"太陽型"人物的對
照點出現的。他們具有一定的權力,卻不能履行相應的義務,承
擔相應的責任。他們是偉大的社會主義建設事業中"不合理事
情"的主要責任人,是被揭露的"社會陰暗面",被"暴露"的
對象。他們的身份多是一些基層幹部。"黑子型"人物也大致可
以分成兩類,並且分別與"太陽型"的人物相對應。

與"進取型"相對應的是"保守型"。比如《組織部新來的
青年人》中的劉世吾,《本報內部消息》中的陳立棟等。這些人物
在工作方面存在的缺點和錯誤是文本極力刻畫的地方,同時也是
批評家深入分析的地方。在功能上,"保守型"人物是"進取型"
的陪襯,用他們的官本位思想、他們的固執保守、他們的唯命是

從和教條主義來襯托“進取型”人物與這些“不合理的事情”作鬥爭的勇氣和魄力。和“進取型”人物一樣，他們也被批評抽象成某種觀念的符號而沒有得到相應的藝術分析。事實上，此類人物在文本中的表現遠比批評的分析複雜的多。比如劉世吾，他在文本中並不是一個簡單的官僚主義的代名詞，他有很強的工作能力，有過輝煌的過去和如火的激情，只是平凡瑣碎的現實生活壓抑了他的理想和激情。在十七年的文本中，很少有處於“反面”位置上的人物形象被賦予複雜的性格特徵。從這個意義上看，“保守型”人物形象的塑造具有相當的價值。

　　與“實幹型”相對應的是“浮華型”。比如《爬在旗杆上的人》中的朱光，《改選》中的工會主席，《組織部新來的青年人》中的韓常新等。這些人物的共同特點是工作脫離實際，喜歡形式主義。朱光就很自然地認爲工作“一半靠做，一半靠宣傳”；韓常新也能很輕易地將存在著缺點和問題的實際情況塗抹成一篇成績卓著的工作總結。在文本中，此類人物承擔非常重要的敘事功能，他們不僅是“實幹型”人物的陪襯，而且人物的具體行爲往往是影響事件向改善方面發展的主要阻力。但是，這類人物的功能雖然重要，形象卻塑造得不夠成功，敘事眼光很少能關注到人物心理，人物行爲也表現得比較簡單和誇張，比如朱光對耿社長的不滿就總是用“冷笑”和“發火”來表現。

　　雖然“黑子型”人物是文本中批評和“暴露”的對象，但敘事人並沒有像對待奪權故事或是改造故事中的“反面人物”那樣完全用敵視的態度來審視他們。敘事人對他們的態度僅僅是客觀的批評，同時也注重對人物性格複雜特徵的表現。這種人物的處理方法與“百花文學”出現的背景密切相關，在 1955 年底，毛澤東對中國具體情況的估計是，大規模的階級鬥爭已經基本結束。

既然社會的基本矛盾已經不是階級矛盾，而是人民內部矛盾，文本中涉及的批評對象又都是黨內幹部，當然沒有必要像處理地富反壞右那樣簡單化、臉譜化。

"過渡型"人物體現的是人物形象的轉變過程，此類人物或者是由"太陽型"向"黑子型"過渡，或者反之。過渡型人物的敘事功能在於干預事件的發展方向。

《本報內部消息》中的馬文元是一個典型的由"黑子型"向"太陽型"過渡的人物形象。在敘事的初始階段，他是一個不願發表意見，唯上級之命是從的官僚。他的工作方法就是"承上啓下"，把上級的指示變成自己的指示，把下級的彙報變成自己的彙報。無論工作和生活都缺少激情，在情節推進中算是個可有可無的人物。但是，隨著敘事的演進，馬文元的形象開始轉變，"他說話更多，聲音更響了，有些下垂的眼皮底下的那雙眼睛也更亮了"。他開始有了自己的意見和主張，並且將這些付諸行動。人物形象的改變增強了人物承擔的敘事功能，《本報內部消息》的情節能夠走向改善的過程，很大程度上是由於馬文元形象由"黑子型"向"太陽型"過渡時推進的。

《組織部新來的青年人》中的趙慧文是另一種過渡型的人物，即由"太陽型"向"黑子型"過渡的形象。有批評曾指出，趙慧文在某種程度上是"比林震先到一步的'組織部新來的青年人'"[7]。她剛來組織部時也有很多事情看不慣，也喜歡提很多意見。但是，漸漸的，她變得沉默，面對那些"散佈在咱們工作的成績裏邊，就像灰塵散佈在美好的空氣中"一樣的缺點，她覺得自己"力不勝任"。當然，趙慧文並沒有變成一個"黑子型"的

---

7 陳思和：《中國當代文學史教程》，復旦大學出版社，1998年版，第100頁。

人物，她仍然保有“太陽型”人物的激情和理想，這一形象所承擔的敘事功能也沒有影響事件的改善過程。如果按照以往批評對此類文本干預生活的主題分析，趙慧文形象的文本意義就不能得到很好的闡發。但如果我們將此類文本當作青年人的成長小說來解讀，就會發現趙慧文與林震的情感交流是促使林震成長的催化劑。從這個層面來看，趙慧文形象的敘事功能仍然在於推進情節的發展。

過渡型人物似乎與六十年代曾引起激烈批判的“中間人物”在人物鏈中處於相同的位置，都是出於正反兩類人物形象中間，但是兩者在敘事功能上卻完全不同。“中間人物”並非真正意義上處於“正面人物”與“反面人物”中間的人物，因爲按照主流意識形態的審美要求，這些“中間人物”並不符合意識形態的宣傳訴求，他們在功能上是作爲“正面人物”陪襯出現的，從這一點上看，“中間人物”似乎與“反面人物”更相近。當然“中間人物”在功能上還可以調節敘事氛圍，但他們對情節的演進起不到有效的干預作用。過渡型人物則不同，他們的行動直接影響到情節的推進方向，進而影響到整個事件的敘事終點。

顯然，關於“太陽黑子”的故事在人物類型上也比奪權故事和改造故事豐富。這種豐富表現在兩個方面：一是原有的人物類型突破了以往的敘事成規，表現出其存在的獨特價值。比如“進取型”人物的成長過程、“實幹型”人物的悲劇命運、“保守型”人物的複雜性格等。二是確立了一種新的人物類型——過渡型。從某種程度上說，過渡型人物的出現改變了文本的敘事動力。人們熟悉的十七年文本的敘事動力幾乎全都是中國共產黨的英明領導和優秀共產黨員的模範作用，但是在“過渡型”人物活動的文本中，敘事動力卻直接來自人物的轉變過程，而這一過程與政黨、英雄、模範並沒有直接關係。

雖然，關於"太陽黑子"的故事在敘事層面比反映革命鬥爭主題的鴻篇巨製表現得豐富而富於變換。但是，不管文本如何干預生活，如何"揭露社會陰暗面"，其敘述仍然是無產階級立場下的敘述，其敘事眼光仍然是主流意識形態的敘事眼光。至於敘述如何在"光明"的政權與"陰暗面"的敘述中達到平衡，我們將在下一節中進行詳細的討論。

第二節 "光明"的政權與"黑子"的敘述

本節所討論的是那些五十年代在"雙百方針"影響下出現的所謂干預生活，"揭露社會陰暗面"的短篇小說（包括特寫），為了敘述的方便，我們暫且稱其為干預生活的小說。

陳思和版的文學史分析了干預生活的小說兩方面的成因："文藝界這一新氣象的出現，一方面是來自對'五四'精神的復活，提倡現實主義的真實性和對現實生活的積極干預，提倡寫人性，都是來自'為人生的文學'、'人道主義文學'的'五四'新文學主題；另一方面，揭示社會主義矛盾的文學創作和反對教條主義的理論鬥爭，雖然是由文學新生代提出，但依然是延安時代王實味、丁玲等一部分知識份子反省和批判革命陣營內部不良傾向的思想延續[8]。洪子誠版的文學史雖然沒有做這樣概括性的總結，但在具體分析"百花文學"的創作特點時也提到了作者懷有的"承擔'社會責任'的'傳統'"和四十年代初延安的文學

---

8 陳思和：《中國當代文學史教程》，復旦大學出版社，1998年版，第94頁。

創作[9]。如果對照"五四"時期的"問題小說"和四十年代初的延安雜文(包括少量小說),我們會發現文學史家如此概括和分析五十年代的干預生活的小說是有道理的。

"問題小說"對干預生活的小說的影響體現在兩個層面,一是作家的精神層面:五四的思想啓蒙運動引領當時的知識份子開始思考有關人生和社會的各種問題,開始關注現實生活的缺陷。1921 年成立的文學研究會,就公開宣導"文學應該反映社會的現象,表現並且討論一些有關人生一般的問題"[10],於是,"問題小說"成爲"五四前後三四年間一股小說的'題材熱'",以至"當時幾乎所有的新小說家都寫過'問題小說'"[11]。從干預生活的小說所體現出來的對"不合理的事情"的批評,對"壞事"的"不容忍"來看,作家們顯然從前輩作家身上繼承了批判現實的文化傳統。二是文本的內容層面:從事"問題小說"創作的新小說家大多是青年,青年人對社會的壓抑和制度的束縛最爲敏感,因此他們所關心的包括家庭問題、婚姻問題、婦女問題、勞工問題等反映社會制度中諸多矛盾的問題都成爲小說描寫的題材。干預生活的小說的作者們也大多是青年,他們在青少年時期的革命教育中接受了政治信仰和理想社會的美好圖景,那些理想與現實之間的裂痕,包括政治以及經濟體制中的不完善,上級領導的官僚作風,個人與組織之間的矛盾等反映新的社會制度中存在的諸多問題也成了他們小說所描寫的題材。

"延安雜文"與干預生活的小說的影響主要體現在寬鬆自由的文化語境中批判現實精神的延續。李書磊在他的專著《1942:

9　洪子誠:《中國當代文學史》,北京大學出版社,1998 年版,第十章第三節"百花文學"

10　茅盾:《中國新文學大系·小說一集導言》,上海文藝出版社,1981 年版。

11　錢理群等:《中國現代文學三十年》,北京大學出版社,1998 年版,第 61 頁。

走向民間》中詳細地論述了延安雜文出現時，延安那種"思想活躍、感情解放"的文化氛圍[12]。寬鬆自由的文化語境使知識份子展露其批判現實的社會責任感成爲可能，延安社會中客觀存在的"汙點"和"病症"又爲這種批判現實精神的實現準備了材料，延安文人幾乎不假思索地當起了"鏡子"和"醫生"，將批判現實的衝動指向延安新社會中的"黑暗"部分。干預生活的小說的出現同樣也有一個自由寬鬆的文化背景，那便是 1956 年"雙百方針"的提出，以及對干預生活，"大膽地揭露生活中的矛盾和衝突"[13]的作品的呼籲。政策的宣導和批評的鼓勵使久被壓抑的知識份子批判現實的精神得以復甦。不過，在關於干預生活的小說的系列史料中，我們發現當時的批評界對要揭露的"社會陰暗面"有不同的理解：有人認爲應該是"敵視社會主義的階級敵人"對新社會的"暗地裏的破壞活動"[14]，這種觀點延續的是主流意識形態始終強調的階級鬥爭和敵我矛盾。有人則認爲應該是新社會內部的矛盾[15]，這種對新社會內部不良現象的揭露和鬥爭無疑是延安雜文精神的延續，事實上，歸屬於干預生活的小說的所有文本，針對的都是新社會內部的矛盾。但是，在對揭露新政權/新社會內部矛盾題材的具體處理中，延安雜文將筆觸伸向延安生活的方方面面，大到青年的思想動向、小到日常的衣食住行，只要被作家認爲是"陰暗面"，都成爲雜文批評的對象。干預生活的小說涉及的問題卻不及延安雜文廣泛，反映的多是黨員幹部的工作態度和工作作風。延安雜文繼承的是魯迅雜文的批評主

---

12 李書磊：《1942：走向民間》，濟南：山東教育出版社，1998 年版。
13 語出林默涵爲 1953.9-1955.12《短篇小說選》所寫的序言。
14 姚文元：《文學上的修正主義思潮和創作傾向》，見《人民文學》1957 年第 11 期。
15 這從秦兆陽在 1956 年 4 月號《人民文學》上編發特寫《本報內部消息》的編者按中可以看出。

旨，辛辣而尖銳，干預生活的小說對現實的批評中仍然保有對新社會的頌揚。

當然，我們討論“問題小說”和延安雜文對干預生活的小說的影響，並不能忽略他們之間明顯的差別。

我們先來看五四時期的“問題小說”。孔慶東對“問題小說”有這樣的解讀：“以冰心、王統照等人爲代表的問題小說家，以他們的藝術之筆，生動地把廣大青年的現實苦悶移到紙上，引起了廣泛的共鳴。但是他們對這些苦悶沒有開掘，沒有拓展，留下的只是依舊苦悶、依舊歎息”[16]。這種苦悶和歎息所體現出來的身處其中的青年人的精神狀態，甚至從那些著名的“問題小說”的題目中就可以看出：《斯人獨憔悴》、《一個憂鬱的青年》（冰心）、《或人的悲哀》（廬隱）、《沉思》（王統照）等。

五四青年這種苦悶、歎息的精神狀態在五十年代的干預生活的小說中是不存在的。“問題小說”和干預生活的小說的作者雖然都是青年人，有著青年固有的熱情、衝動和改造世界的理想，但他們所處的社會文化語境是完全不同的。五四青年面對的是一個尚待改造的舊世界，在他們看來，這個世界裏蘊藏著太多的不合理因素，他們意識到了這些不合理，卻沒有辦法改變，於是憂愁、苦悶成爲他們最普遍的情緒。五十年代的青年面對的卻是一個欣欣向榮、正在建設的新社會。這個新社會承載的是青年人的理想和激情。他們雖然不能夠接受這美好的社會理想中不完美的現實，但在批評那些“不合理的事情”時懷抱的仍然是青年人的理想主義精神和樂觀、積極、向上的生活態度。

至於延安的雜文運動，投身於其中的作家基本上都是在文壇

---

16 孔慶東：《1921：誰主沉浮》，濟南：山東教育出版社，1998 年版，第 61 頁。

上已經建立威望的老作家，像丁玲、艾青、蕭軍等。他們大多是歷經千難萬險從國統區走到解放區的，因為延安承載著他們關於自由民主的理想。正如李書磊分析的那樣，"他們中間的相當一部分人認同延安乃是基於這樣一種判斷，即延安是新民主主義制度真正實行的地方，在這裏不僅下層人民獲得了民主權利，而且作家們也擁有充分的創作自由。也就是說，他們之所以肯定延安是因為他們可以自由地批評延安"[17]，或者說，他們相信在延安能夠重建文學批評現實的權利；其次他們深受五四精神的浸染，對延安的批評懷抱的是一種近於狂熱的啟蒙熱情。他們單純地認為藝術家的責任是"務求盡可能消除黑暗"[18]，主動把自己當作治病的大夫或者是照見汙點的鏡子，繼承的是魯迅"揭出病痛，引起療救的注意"的批判態度，因而對延安社會中存在的問題的批評不遺餘力。

延安文人這種希望重建文學批判現實的權利的願望，以及懷抱啟蒙理想"揭出病痛"的批判力度在干預生活的小說中也沒有出現。因為干預生活的小說的作者大多是青年人，在青少年時期所接受的革命教育中，他們獲得了政治信仰和實現理想社會的堅定信念；在如火如荼的社會主義建設事業中，他們始終堅持這一信仰和信念。所以他們面對工作和生活中的"不合理的事情"除了批評之外更多的是鬥爭，相信通過鬥爭，那個理想社會一定會實現。因此，在鬥爭的過程中，不論結果如何，他們始終保有理想主義的熱情和朝氣。所以，干預生活的小說在處理題材時往往是有批評、有鬥爭、更有理想主義的激情。

不過，干預生活的小說中洋溢的理想主義激情一直被批評家

---

17 李書磊：《1942：走向民間》，第 198 頁。
18 語出王實味：《政治家‧藝術家》，載 1942 年 4 月《穀雨》（延安）。

所忽視，他們始終關注的是文本中批判現實的具體內容。批評家通過對這些具體內容的臧否使文學獲得了契合時代語境的意義。

從某種程度上說，干預生活的小說作為一種創作潮流的興起正是為了迎合批評家對批判現實的內容的具體要求。早在 1956 年 1 月中國作協創作委員會小說組的討論中，批評家就已經表示了對當時創作情況的不滿。康濯認為 "我們創作中存在的嚴重問題之一，正是粉飾生活和迴避鬥爭"，馬烽進而分析其原因是 "一方面由於作家生活不深入，思想水準不高，感覺不敏銳，因而看不到生活中主要的，複雜的矛盾鬥爭；另一方面有些人雖然模模糊糊看見了，但怕捅漏子，怕受批評，不敢大膽地去正視這些矛盾，或者是不知道怎樣處理才好，於是只好繞開走"，並且希望作家學習蘇聯作家 "大膽的揭露了生活中的矛盾，從尖銳的鬥爭中描寫新的人物，而且採用特寫、短篇小說的形式及時地反映現實生活" [19]。

應聲而出的特寫《在橋樑工地上》刊登在 1956 年 4 月號的《人民文學》上，主編秦兆陽在編者按中說： "我們期待這樣尖銳提出問題的，批評性和諷刺性的特寫已經很久了，希望從這篇 '在橋樑工地上' 發表以後，能夠更多地出現這樣的作品"。在同一期中，編者還大力提倡 "偵察兵式的特寫"， "在現實生活裏，先進與落後，新與舊的鬥爭永遠是複雜而又尖銳的，因此我們就十分需要 '偵察兵' 式的特寫。我們應該像偵察兵一樣，勇敢地去探索現實生活中的問題，把它們揭示出來，給落後的事物以致命的打擊，以幫助新的事物的勝利" 。[20]

於是，在批評家的大力宣導下，反映社會內部矛盾的作品越

19　《勇敢地揭露生活的矛盾和衝突》，見《文藝報》1956 年第 3 期
20　《人民文學》1956 年 4 月號

來越多,從 1957 年 9 月的一篇批評文章中,我們可以清楚地瞭解到經過批評家對批判現實的具體內容的宣導之後,創作界所形成的以揭露社會陰暗面爲主要內容的創作潮流。"只有在他(劉賓雁)的'在橋樑工地上'發表,並受到'文藝報'、'人民文學'等大肆捧場以後,所謂'揭露生活的陰暗面',和歌頌黃佳英之流的'青年勇士'的作品,就大量出現了。'組織部新來的青年人'裏的(主要是通過人民文學編者修改的)林震,實際上是黃佳英的男性翻版。另一個右派分子劉紹棠的'田野落霞'和'西苑草',是攻擊我們社會的更加惡劣的作品。直到反右派鬥爭開始了很久以後的人民文學第七號,還發表了那樣惡毒攻擊社會主義社會的特別陰暗的作品'改選',公開宣揚資產階級戀愛觀點的'紅豆',而人民文學的編者還向廣大讀者推薦了它們,至於在全國其他刊物上,這種作品也不在少數"[21]。

上述引文中所提到的《人民文學》編者對《組織部新來的青年人》的修改,雖然在此後受到了很多批評,但在修改的當時卻是因爲批評家認爲作品未能達到深入反映社會矛盾,充分發揮文學的批評性的要求。《人民文學》編者秦兆陽認爲"'人民文學'的方針是,發表示範性的作品,指導性的理論,並且要樹立良好的文風",《組織部新來的青年人》刊發於《人民文學》1956 年 9 月號,當時正是他宣導所謂"偵察兵式的特寫",希望文學作品能充分發揮其批判性的時候,他自然會要求刊發的作品能在這方面起到示範的作用,並且樹立或鞏固這種批判的文風。因此編者對王蒙作品的修改除了文字細節之外,多少都涉及對作品批評效果的考慮。王蒙說,"(修改)除了文字細節上的一些更動之外,

---

21 李希凡:《從'本報內部消息'開始的一股創作上的逆流》,載《中國青年報》1957 年 9 月 17 日第 3 版。

我覺得主要是從這麼一個考慮出發的：使作品的意思更明確些」。[22]

從《人民日報》1957 年 5 月 9 日刊登的《"人民文學"編輯部對"組織部新來的青年人"原稿的修改情況》來看，編者對原稿的修改集中在三個方面：一是對文字的修改，這些修改並不改變原稿的內容；二是對林震和趙慧文感情關係的修改，這些修改將兩人的關係"明確"了；三是使原本"光明"的描寫變得不那麼"光明"了，比如：

（第八節）18，稍後，劉世吾談到公安局長參加常委會批准黨員時打瞌睡，原稿中寫，"林震大聲說，他像本人受了侮辱一樣……'真奇怪！我們的組織部長看不見壯麗的事業，而只看見某某在打瞌睡！……也許您也瞌睡了吧？您瞧不起我們的生活，生活也不會原諒您！'林震怒衝衝地說完，跑出了辦公室。"其中自"真奇怪"以下也全被編者刪去了。

原稿批評的雖然是劉世吾對生活缺乏熱情，凡事都漫不經心的生活態度，卻也在同時讚頌了社會主義建設事業的繁榮和壯麗。編者將原稿中讚頌的部分刪去，就等於刪去了原稿中"光明"的敘述。

（第十節）24，稍後，原稿中又寫到林震的發言："林震小聲說：'是的我參加了那個會（指麻袋廠處理王清泉問題的大會），群眾無限地信任我們的黨委機關，我們在黨的英明的政策指導下面，在黨報和群眾的支持推動下面，是給群眾解決了問題的，群眾用歡呼、鼓掌和熱淚對待我們的党工作者，因為他們把我們看作党的代表……正因為這樣，我才覺得我們工作中的麻木，拖

---

22 秦兆陽和王蒙的發言見《加強編輯部同作家的團結》，《人民日報》，1957 年 5 月 8、9、10 日連載。

延,不負責任,是對群眾的深深的犯罪。'……"其中自"我參加了那個會"至"他們把我們看作黨的代表"一段話被編者刪去了。又"深深的犯罪",被刪去"深深的"三個字。

原稿中表達出了"我們"對黨的深厚感情,這是十七年主流敍述中最普遍也最必要的表達。編者將其刪去同樣等於刪去了原稿中貼近主流意識形態的"光明"敍述。

……

類似的刪減還有不少,編者雖然沒有刻意增強原稿對現實的批判力度,但對"光明"敍述的刪減在一定程度上卻彰顯了其中對"陰暗面"的敍述。我們僅從這兩段引文中便可以體會出編者所做的修改對文本主題表達的影響,而這樣的修改主要是爲了貫徹文學勇猛地干預生活的理論主張。

隨著揭露新社會的陰暗面,暴露黨內工作的缺點和問題的干預生活的小說日漸增多,並逐漸形成一股創作潮流,有批評家開始對此提出批評,認爲干預小說也必須"劃清維護社會主義制度和打擊社會主義制度的界限"[23],到了 1957 年 4、5 月間作協書記處召開的北京地區文學期刊編輯工作座談會上,秦兆陽對王蒙小說的修改被批評家一致認爲是錯誤的,而其錯誤在於加強了作品中的缺點、錯誤的部分。作者王蒙自己也說,編者對原稿中"反映了作者思想上的一些模糊、矛盾"的地方的修改,"使作品的不健康情緒更加'明確'了,是有某些不恰當的地方"[24]。到了 1957 年夏秋,配合政治形勢的變化,干預生活成了修正主義思想最主要的構成[25]。干預生活的小說也全部變成"毒草"被禁。

---

23 陳其通等四人:《我們對目前文藝工作的幾點意見》,《人民日報》,1957 年 1 月 7 日。
24 《加強編輯部同作家的團結》,《人民日報》,1957 年 5 月 9 日。
25 姚文元:《文學上的修正主義思潮和創作傾向》。

　　當時的批評家對干預生活的小說批評態度的轉變，追隨的固然是政治的風向標，但其批評的著眼點都集中於文本的內容，而忽視了文本的形式。任何創作都離不開具體的社會文化語境，也離不開作者的主觀願望。我們此前論述過，干預生活的小說的作者大都是在青少年時期就已經接受了政治信仰和美好生活理想的青年人，因而他們的創作帶有青年特有的積極向上的生活態度和理想主義激情。這種寫作態度使他們在處理題材時表現出比以往批評家單純強調干預生活、"揭露社會陰暗面"的具體內容更豐富的內涵。恰恰是這種寫作態度使干預生活的小說獲得了順應主流意識形態的形式，從而獲得了歌頌光明政權與暴露社會陰暗面之間的敍述平衡。

　　從敍事層面來看，這種敍述平衡分別從情節、人物和敍事眼光三方面表現出來。如果我們選取"問題小說"、延安雜文運動時期的小說與干預生活的小說進行對比，便能更清晰地看出這一點。我將選取冰心的《斯人獨憔悴》、丁玲的《在醫院中》與王蒙《組織部新來的青年人》三部小說進行對比論述，因爲《斯人獨憔悴》是"問題小說"的典範作品，《在醫院中》充分體現了延安的雜文精神，《組織部新來的青年人》在同類作品中也極具有代表性。

一、情節構成中的"光明"設置

　　《斯人獨憔悴》與《在醫院中》所敍述的事件在"要得到的改善"出現後，基本沒有改善過程，在敍述的邏輯終點也沒有看到改善的希望。《斯人獨憔悴》中，代表"光明"的學生運動被當局鎮壓已經是敍事的起點，但事件仍然向惡化的方向發展，參加學生運動的穎銘兄弟不斷地被封建家長壓制、最後終於連讀書的權利都被剝奪。敘述在主人公穎銘"低徊欲絕地吟道：'……冠蓋滿京華，斯人獨憔悴'"中完成。《斯人讀憔悴》基本可以代表"問題小說"普遍的情節構成。在《去國》、《沉思》等"問題小說"的典範作品中，事件的發展總是離"光明"越來越遠。

《在醫院中》的敘事從年輕醫生陸萍來到邊區醫院開始，陸萍本人對"光明"懷有的僅僅是微茫的希望，這已經爲"光明"蒙上了些許陰暗。隨著敘述的推進，她那些微茫的希望一個個破滅。敘述分別從陸萍的窯洞、同屋、鄰居、同事、醫院、領導、謠言等各個方面一步步地讓事件惡化，在敘述的終點，一步步地走向無望的陸萍最後只好離開。當然，《在醫院中》講述的畢竟是代表新政權的延安故事，事件雖然在敘述中沒有改善，但陸萍並沒有像"問題小說"的主人公那樣陷入"苦悶"和"歎息"的深淵，她仍然能夠離開那個"惡劣"的環境，有了開始新生活的希望和可能。

但是，在干預生活的小說的系列文本中，事件多向改善的方向發展，而即使沒有改善的過程，也存有改善的希望。這些有關改善的過程和希望便是"社會陰暗面"中的"光明"所在。在所謂"惡毒攻擊社會主義社會的特別陰暗的作品"《改選》中，好幹部老郝雖然不斷受排擠，使事件不斷向惡化發展，但在敘述的終點卻暗示了新的工會能代表工人的利益，讓人們看到改善的希望。"偵察兵式的特寫"的範文《本報內部消息》雖然在敘述的終點沒有帶上一個"光明"的尾巴，官僚主義的幹部依然故我，但情節構成中卻有改善的過程。《組織部新來的青年人》更是使敘述不僅具有改善的過程而且也表達出了改善的希望。林震堅定不移的信念和鬥爭精神使事件不斷地向改善的方向發展，而結尾處深夜辦公的區委書記高大的背影更使人們看到了希望。我們在本章第一節對干預生活的小說的結構分析中已經論述了構成情節的四種模式，其中有三種都帶有這樣"光明"的設置。這種"光明"的設置使敘事在情節層面達到了歌頌與暴露、光明與陰暗的平衡。

二、人物構成中的"光明"設置

《斯人獨憔悴》中的人物構成大致可以分爲兩種，一種是社會習慣勢力的維護者或認同者，比如父親化卿；一種是社會習慣勢力的反抗者或揭露者，比如穎銘兄弟。後者可以類比做帶有"光明"因素的人物。但是在《斯人獨憔悴》以及其他"問題小說"中，這類人物無法施展報復、改變現實，所以只能"苦悶"和"歎息"。類似的還有《去國》中的英士、《沉思》中的瓊逸女士。在"問題小說"中，"光明"的人物往往被"黑暗"壓制著。《在醫院中》講述的是延安故事，人物構成已經沒有敵我之分，文本中出現的都應該是"光明"的人物。但是我們在以往文學作品中熟悉的那些高大的、光明的黨員形象在文本中卻不再"光明"了，醫院的院長和指導員不僅沒有業務知識，而且不負責任；醫院的同事工作沒有責任心，謠言卻滿天飛。能夠類比做"光明"人物的陸萍、鄭鵬也和"問題小說"一樣被"陰暗"壓制著，所以他們不是選擇離開，就是選擇沉默。在這些文本中，我們幾乎看不到人物構成中的"光明"部分。

但是在干預生活的小說中，人物構成的"光明"設置在其任何一種人物類型中都有表現。太陽型人物的存在，本身就表明人物構成中的"光明"設置。在《組織部新來的青年人》中，太陽型人物林震雖然不斷地經受挫折，但他始終懷有與"不合理的事情"鬥爭和不容忍"不能容忍的事情"的勇氣。文本所敘述的事件能向改善的方向發展，使情節具有"光明"的元素，很大程度取決於這種人物的推動。黑子型人物具有"光明"的一面，無疑也是人物構成中的"光明"設置。劉世吾雖然缺乏工作和生活的熱情，但他有很強的工作能力，只要他下決心，組織部的工作就有起色，有成效。過渡型人物即使是由"太陽"向"黑子"過渡的趙慧文，也只是不再提意見，而仍然懷有太陽型人物的責任心和正義感。而且《本報內部消息》中還有一種由"黑子"向"太陽"過渡的馬文元，這種人物的出現至少說明"光明"的力量大到足以改變一個人曾經被"陰暗"迷失的性情。分別存在於三種人物類型中的"光明"設置使敘述在人物層面達到歌頌與暴露、光明與陰暗的平衡。

三、順應主流意識形態的敘事眼光

我們一直討論的主流意識形態有一個明確的限定，那便是代表共產黨意志，體現共產黨政策主張的意識形態。由於"問題小說"並沒有出現在這樣一個文化語境中，因而在討論敘事眼光是否符合主流意識形態標準時可以不將其作為參照對象。我們可以對比同樣是出現在共產黨新政權下的《在醫院中》和《組織部新來的青年人》，就會發現後者的敘事眼光與前者完全不同，前者對其觀照的對象始終是一種批評的態度，而後者則順應著主流意識形態，有批評更有讚揚。

敘事眼光在敘事人的語氣和措辭中表現的極為明確，我們可以將兩個文本對相應對象進行描述的措辭作一個比較：

> 那位管理科長不知怎樣一搞，床卻垮在地下了。他便匆匆
> 地走了……。陸萍又把那幾根柴柱拿來敲敲打打，怎末也
> 安置不好，她只好把鋪開在地上，決心熬過這一夜。（住宿
> 條件很艱苦，同志不熱情也不熱心）

她帶林震到男宿舍，把行李放好，揭開，把濕了的毯子晾
上，再鋪被褥。……。趙慧文端詳著林震的床鋪，搖搖頭，
大姐姐似的不以為然地說：“小夥子，真不講衛生！瞧那
枕頭布，已經由白變黑；被頭呢，吸飽了你脖子上的油；
還有床單，那麼多摺子，簡直成了泡泡紗……”（同志是親
切而且細緻的）

　　主流意識形態要求同志之間都是互相關懷、鼓勵、幫助、協
作的，像《紅岩》中的許雲峰和成綱、《鐵道遊擊隊》中的老洪和
王強、《山鄉巨變》中李月輝和鄧秀梅等等。可以說，在反映主流
意識形態的經典文本中，凡是同志之間總是洋溢著志同道合的團
結和默契。《在醫院中》顯然沒有體現出同志般的溫暖，《組織部
新來的青年人》卻明白無誤地體現出了這一點。

院長是一個四川人，種田的出身，後來參加了革命，在軍
隊裏工作很久，對醫務完全是外行。他以一種對女同志並
不需要尊敬和客氣的態度接見陸萍，像看一張買草料的收
據那樣懶洋洋的神氣讀了她的介紹信，又盯著她瞪了一
眼……他很忙，不能同她多談。對面屋子裏住得有指導員，
她可以去找他。於是他不再望她了，端坐在那裏，並不動
手作別事。（領導對本職工作並不熟悉，但也不注意學習，對工作懶
散而缺乏責任心，不重視新同志）

他帶著一種節日的興奮心情跑著到組織部第一副部長的辦
公室去報到……在林震心跳著敲門的時候，他（劉世吾）
正仰著臉銜著煙考慮組織部的工作規劃。他熱情而得體地
接待林震，讓林震坐在沙發上，自己坐在辦公桌邊，推一
推玻璃板上疊得高高的文件，從容地問……（領導的工作繁
忙卻秩序井然，有計劃有部署，重視新同志）

　　主流意識形態對黨員幹部要求很高，因而出現在經典文本中的黨員形象通常都有很強的工作能力，或帶兵打仗、或指導社會主義建設和改造，常常是廢寢忘食、身先士卒；同時，他們也具有符合主流意識形態道德規範的優秀品質，大公無私，寬容嚴謹，對待下屬或新同志也是友善、謙虛、熱情的。這類人物的功能往往在於承擔意識形態宣傳的主要責任，起著良好的榜樣和示範作用。《在醫院中》中的黨員幹部既沒有工作能力，也沒有共產主義道德情操，自然也無法起到宣傳意識形態和示範的作用。《組織部新來的青年人》雖然沒有具體地刻畫出標準的黨員形象，但文本中有一個預設的前提，那便是區委書記是個優秀的幹部，標準的黨員。同時，即使是對"官僚主義"的劉世吾，文本也強調他的工作能力。

> 房子裏依舊很髒，做勤務工作的看護沒有受過教育，把什麼東西都塞在屋角裏。洗衣員幾天不來，院子裏四處都看得見用過的棉花和紗布，養育著幾個不死的蒼蠅。（工作疏懶，工作人員沒有責任心）
>
> ……這時，人聲嘈雜，人影交錯，電話鈴聲斷斷續續，林震仿佛從中聽到了本區生活的脈搏的跳動，而區委會這座不新的，平凡的院落，也變得輝煌壯觀起來。（工作繁忙而緊張，工作人員熱情高）

　　主流意識形態要求從事革命事業的人們對工作都是懷有無限的熱情和高度的責任心的，在經典文本中，投身革命事業的人從來都是熱情高漲，激情澎湃的，或者軍歌嘹亮，或者全身心地投入生產競賽中。《在醫院中》從院長、醫生、到護士、看護身上都到看不到這一點，幾乎所有的人對待工作都是疏懶而不用心的。《組織部新來的青年人》雖然批評了組織部工作有時的拖遝和低效率，但是仍然描寫出了黨委機關的繁忙和新政權下萬象更新的氣氛。

> 她聲辯過，說她的性格不合，她可以從事更重要或更不重要的，甚至她流淚了……可是'黨'，'黨的需要'的鐵箍套在頭上，她能違抗黨的命令嗎？能不顧這鐵箍麼？這由她自願套上來的，她只有去，但她卻說只去一年。（黨員服從命令聽指揮並不是心甘情願的無條件的）

> 這時，接到調動工作的通知，"當我二十二歲的時候，我成了黨工作者……"也許真正的生活在這裏開始了？他抑制住對於小學教育工作和孩子們的依戀，燃燒起對新的工作的渴望。（黨員對待組織的安排仍然是堅決服從並且對未來躊躇滿志）

黨的意願是至高無上的，主流意識形態要求個人應該也必須是無條件地服從組織的安排。組織給予的任務是光榮的，是考驗個人是否對組織忠誠，是否值得組織信任的準繩。因此，在經典文本中個人總是熱情而堅定地接受組織上交給的任務，並且克服重重困難，完滿地完成了這些任務。《在醫院中》陸萍是很委屈很無奈並且是帶著條件接受了組織的安排。《組織部新來的青年人》林震則是帶著工作熱情和奮鬥理想無條件地投入新的工作和生活中。

……

從以上的對比描述中，我們可以看出《組織部新來的青年人》處理題材時順應主流意識形態的敘事眼光。這樣的敘事眼光使光明與黑暗、歌頌與暴露獲得了某種程度的平衡。

綜上所述，干預生活的小說雖然描述的是干預生活"揭露社會陰暗面"的具體內容，但是其在情節、人物以及敘事眼光的選擇和處理上仍然體現出順應主流意識形態的形式。這種形式與十七年反映主流意識形態的經典文本並沒有太大的不同，干預生活的小說正是通過內容與形式的協調獲得了歌頌與暴露、光明與陰暗之間的敘述平衡。

第三節　百靈鳥與孺子牛

五十年代末六十年代初，出現了一些以歷史人物、歷史事件爲題材的短篇小說，這些小說雖然數量不多，但借古喻今、借歷史浮沉寄託現實情懷的主題並不趨同。有讚揚勞動人民偉大力量的，比如《白髮生黑絲》、《顧母絕食》；有寄託知識份子個體情懷的，比如《廣陵散》、《陶淵明寫〈挽歌〉》；也有諷諫當時政權，屬於"黑子"敘述的，比如《杜子美還家》、《魯亮儕摘印》、《海瑞之死》等。本節所討論的是第三種。

歷史小說的出現與當時具體的社會文化語境緊密相連。50 年代末，以干預生活，"揭露社會陰暗面"爲主題的作品不斷受到批判。即使作家懷抱著美好的願望和崇高的理想，堅定不移地站在無產階級立場上寫作，即使敘述在對現實的批判中仍保有對光明政權的頌揚，但對這類作品的批評卻在不斷升級。最後，作家終於被打成"右派"，作品終於被認定爲"毒草"，干預生活的創作理論終於被定性爲"修正主義的主要來源"。於是，新的寫作禁區出現了。對作家來說，作品多少都體現出他們的現實感受和精神理想，當現實生活無法把握，無法承載他們的精神寓寄，將創作期望轉向歷史題材便是一個非常自然的選擇。因爲在歷史與現實之間，畢竟有一段相對安全的時空距離，這段距離的存在使知識份子個體精神空間的存在和批判現實精神的延續成爲可能。於是，在五十年代末六十年代初的中國文壇上，出現了一股歷史小說創作的小潮流。

其實，不論是對歷史題材的處理，還是對現實題材的處理，在五六十年代具體的社會文化語境中，文學都是服務於政治的。吳晗曾說："正確的歷史劇可以普及歷史知識，是進行歷史主義、愛國主義教育最有效的工具"[26]。吳晗懷抱的是一種知識份子的啓蒙熱情來解讀歷史劇。事實上，除了教育功能之外，歷史劇在當時更重要的功能是實現歷史與現實的對接，或借古喻今，或借古頌今、或借古諷今，成爲主流意識形態宣傳的最有效的工具。歷史劇的功能如果套用在其他體裁的歷史故事中也同樣適用，但是相較於歷史劇，歷史小說更具有講述"黑子"故事的潛質。這是因爲，從宣傳的效率和效果來看，以文字爲媒介的小說遠不及融合文字、音樂、舞蹈、美術等多種表現形式的戲劇更直接。因此，相應的，國家文化管理部門對歷史小說的審查就不及歷史劇嚴格。這就給歷史小說的創作留下了一定的、相對自由的空間。這一空間的存在使"黑子"的敘述成爲可能。

歷史小說並非全部可以歸屬於"黑子"的敘述，但是爲了敘述的方便，本節將那些可以歸爲"黑子"敘述的文本也稱爲"歷史小說"。這些文本包括《杜子美還家》、《魯亮儕摘印》、《海瑞之死》[27]。它們之所以被稱爲"黑子"敘述是因爲其在以下三個方面體現出"黑子"敘述的特色。

26　吳晗：《論歷史劇》，載《文學評論》1961 年第 3 期。
27　《杜子美還家》和《魯亮儕摘印》，作者黃秋耘，見《黃秋耘自選集》，花城出版社，1986 年版。《海瑞之死》，作者李束絲，見《北方文學》1962 年第 10 期。

一、對主人公的選擇

在十七年的革命敘事中，敘述的主題是歌頌那些爲建立和建設新政權無私付出的人們，進而歌頌新政權。因而主人公的唯一功能在於宣傳這一主題。所以主人公如果是舊政權以外的，他必定是奪取政權的英雄，在主流意識形態的干預下，他的身份必定是工人、農民、革命戰士和共產黨員；主人公如果是新政權之內的，他必定是建設新政權的模範，而他的身份必定是黨的各級領導人、工廠農村社會主義建設事業第一線的積極分子。這些人物符合主流意識形態的舉手投足完成了文本的宣傳職能。

我們在對歷史故事的講述中也找到了類似的"光明"敘述。這些故事的主人公大多是被中國歷代正史所貶斥的人物，比如武則天、曹操、李自成等。武則天的女性身份，曹操的雄才大略卻窺視皇權本身是某種程度上對封建統治的挑戰；李自成領導的農民起義更是對封建皇權的直接打擊，他們身上對舊有規範和秩序的反抗色彩成爲新政權下歷史題材宣傳主流意識形態的媒介。當然，作爲在新的時代語境中誕生的歷史故事，作家賦予了這些歷史人物以符合主流意識形態的現代意識，比如姚雪垠讓李自成擁有了無產階級革命者的英雄氣概，而歷史劇《蔡文姬》和《武則天》在塑造統治者形象時也"有明顯的借古頌今色彩，是一種間接的對新政權及其領導者的歌頌"[28]。

歷史小說中的"黑子"敘述在主人公的選擇上卻有著明顯的不同。主人公身處政權之中，卻不再是政權的代言人，反而表現出對周邊人物和環境的不滿和對抗。比如杜甫，一生大部分時

---

28 陳思和：《中國當代文學史教程》，復旦大學出版社，1998 年版，第 110 頁。

間生活在亂世當中，顛沛流離，寫了大量批評統治者，哀憐民生的詩作；海瑞是歷史上著名的清官，因爲爲政清廉，批評權貴，屢次被貶。由於主人公的行動更接近於"暴露"統治的弊端，所以不能有效地承擔主流意識形態所要求的"歌頌"功能。

此外，在十七年的革命敘事中，主人公都具有完善的性格，比如堅強、執著、勇敢、機智、謹慎等等，同時還具有完美的道德情操，比如憂國憂民、身先士卒、大公無私等等。但是這些主人公精神層面最核心、最本質的元素是忠誠，因爲忠誠是政黨對其成員的基本要求，也是主流意識形態的主要宣傳目的，因而其他所有的完善性格和完美道德皆是由忠誠所派生的。但是在歷史小說的"黑子"敘述中，我們沒有解讀出主人公對政權的忠誠，文本所極力刻畫的是他們性格中正直、剛正的一面。《杜子美還家》中的杜甫不滿皇帝昏庸和偏聽偏信，他因爲自己不能仗義執言，內心充滿了矛盾和不安；《魯亮儕摘印》中的魯亮儕深知上司田文鏡嚴刑峻法、專橫獨斷，依然堅持伸張正義；《海瑞之死》中的海瑞更是對禦史的貪贓枉法怒不可遏，力主嚴懲。因爲正直多少都與對同一社會集團內部的主流、強勢和權力的批評對抗有關，因而對主人公的讚頌更接近於對政權中弊端的"暴露"。

二、對故事的選擇

在十七年的革命敘事中，講述的故事都服務於主流意識形態所宣傳的主題。或者選擇英勇的指戰員們浴血奮戰、或者選擇機智的地下工作者敵後鬥爭、或者選擇堅強的共產黨員獄中不屈、或者選擇社會主義建設的積極分子忘我的工作和勞動……，每一個故事都在以不同的形式重複著同一個主題——歌頌勞動人民的偉大、共產黨的正確以及新政權的光明。

在歷史題材的講述中，雖然沒有現代的革命的政黨，也沒有現代的人民當家作主的政權，但是我們仍然可以讀到對勞動人民偉大力量的歌頌。長篇小說《李自成》直接表達出對農民起義以及起義領袖英勇頑強和富於反抗精神的歌頌；《白髮生黑絲》通過講述漁民給予杜甫無私幫助的故事，表達出對普通百姓善良品質的歌頌；《顧母絕食》通過講述瘦弱的顧老太太絕食報國的故事，表達出對普通民眾堅強不屈的歌頌。這些以歌頌為主題的故事符合主流意識形態的宣傳要求。

歷史小說中的"黑子"敘述在故事選擇上有著明顯的不同。比如，同是講述關於杜甫的故事，《白髮生黑絲》講述的就是杜甫儘管"貪官汙吏到處橫行，混亂的局面還沒有止境，他內心卻充滿了力量和希望"的一段生活[29]。但是《杜子美還家》卻選擇"安史之亂"後，仕途失意的杜甫回鄉探家的一段，文本描述了杜甫在歸途中看到的戰爭頻仍、民生凋零，以及對皇帝"蔽塞聰明，杜絕言路"，朝中"權臣弄奸、邊將跋扈、吏治腐化"的批評。海瑞和包拯一樣同是歷史上被人稱頌的清官，但《海瑞之死》沒有選擇海瑞像包公那樣威嚴審案，而是選擇了他欲整頓吏治，卻受到多方抵制，最後抑鬱而終的一段，文本描述了海瑞雖是御史之長，卻迫於各種壓力無法有效行使權力的無奈和悲憤。《魯亮儕摘印》選擇的雖然是一個與專橫上司鬥爭並且最終勝利的故事，但文本中描述的那個專橫獨斷的地方官卻是一個繞不開的磁場。對這些故事的選擇，顯然與"歌頌"的主題無關。

三、對敘事眼光的選擇

在十七年的革命敘事中，敘事人對文藝政策中歌頌與暴露、

---

29 馮至：《白髮生黑絲》，載《人民文學》1962 年 4 月號。

讚揚與批評的對象和標準把握得一絲不苟。對"我們"，對人民群眾、黨員幹部、新政權新政府應該歌頌，對"敵人"，對地富反壞右、對陰謀破壞者應該暴露。因而文本中，我們不僅可以通過人物的語言和行動還可以通過敘事人的語氣和措辭辨認出誰是"我們"，誰是"敵人"，清晰地感受到主流意識形態的基本態度。因此，敘事人的眼光就是主流意識形態的眼光。

對歷史題材的講述同樣也能體現出主流意識形態的敘事眼光。不論是《李自成》、《白髮生黑絲》還是《顧母絕食》，在敘事人的語氣和措辭中都表現出對蘊藏在人民中的偉大力量的歌頌；不論是《蔡文姬》、《武則天》還是《膽劍篇》，在敘事人的語氣和措辭中也都表現出對優秀的領導者的讚頌。同時，敘事人也賦予了這些歷史人物現代的符合主流意識形態的思想感情、道德觀念。使這些歷史人物更具有借古喻今或是借古頌今的功能。

歷史小說中的"黑子"敘述由於所選擇的主人公和故事都沒有迎合主流意識形態，因而敘事眼光也沒有體現出主流意識形態的特質。《杜子美還家》中，因為敘事人的眼光常常與主人公的眼光重合，因而體現出一種特有的知識份子式的敘事眼光。與主流意識形態眼光處處體現出政黨的意志和要求，宣傳政黨所認可的標準和規範不同，知識份子式的敘事眼光體現出的是知識份子憂國憂民、兼濟天下的歷史使命感。於是，在這種敘事眼光的觀照下，《杜子美還家》表達出的情緒是對戰爭頻仍、生靈塗炭的哀傷，是對皇帝昏庸、吏治腐化的憤慨，是對個體無力伸張正義、重振國勢的無奈。此外，文本也表達出了對知識份子批判現實的鬥爭精神的讚譽。這種非主流意識形態的知識份子式的敘事眼光也同樣出現在《魯亮儕摘印》和《海瑞之死》中。

對比干預生活的小說和"歷史小說"，我們發現，兩者雖然同被歸屬在"黑子"敘述中，但有著明顯的不同。這種不同表現在三個方面：

第一，**敘事基調不同**。干預生活的小說的敘事基調是明亮的。干預生活的小說雖然批評了"光明"政權中存在的各種矛盾和問題，但在人物、情節以及敘事眼光等敘事層面上都有體現"光明"的設置。文本中表現出的人物對"不合理事情"的批評和鬥爭不是在指責新政權的不盡人意，而是在按照作者心目中早已樹立的社會理想修正現實。所以在干預生活的小說的文本中始終洋溢著理想主義激情。"歷史小說"的敘事基調卻是灰暗的。"歷史小說"講述的故事雖然與現實無關，但文本在對歷史人物、歷史事件以及敘事眼光的選擇和處理上都偏重於對當時吏治腐敗的批評，對耿介正直的人物命運的擔憂。文本中人物與習慣勢力的對峙往往以個人的失利而結束。文本表現出的是執著卻有些悲壯的知識份子批判精神。

第二，**敘事動機不同**。干預生活的小說批評現實是為了完善現實，讓現實更貼近共產主義理想，因而文本在批評現實的同時也在讚頌偉大的政黨和新生的政權。從這一角度來看，干預生活的小說的敘述是符合主流意識形態對文學的要求的。"歷史小說"批評古人卻是在不同程度的借古諷今。"諷"的目的是為了古為今用，讓"今"能吸收"古"的經驗和教訓。由於從所"諷"之人、之作風、之行徑、之品質、之思想中，多少都能看出今人與古人的相似之處，"諷"這一手段的運用往往容易與影射或批評政黨以及新政權相聯繫，因而借古諷今的"歷史小說"的敘述在某種程度上與主流意識形態對文學的要求有偏差。

第三，**敘事目標指向不同**。干預生活的小說的目標依然指向符合主流意識形態的宣傳，而"歷史小說"的目標則指向讚揚或呼喚知識份子的批判精神。這一點從兩類文本都保有的“光明”設置中表現出來。

　　我們此前分析過，干預生活的小說在情節、人物和敘事眼光三個層面批判現實的同時也在歌頌政黨的偉大和新政權的欣欣向榮，這些歌頌可以看作是“黑子”敘述中的“光明”設置。顯然，這些“光明”的設置是符合主流意識形態要求的表達。

　　“歷史小說”的敘事人在描述民生凋零、吏治腐敗的同時，始終沒有放棄對知識份子批判現實、爲民請命的精神的敘述。這種精神的存在爲灰暗的敘述基調添上了一抹亮色，可以看作“黑子”敘述中的“光明”設置。比如《杜子美還家》雖然一直在渲染人民生活的淒慘和杜甫心中的悲涼，但在文本的結尾，敘事人卻讓杜甫在家鄉父老的疾苦面前重新振作起了知識份子的戰鬥精神：“他知道，有時候，諫官之筆寫不出來的，詩人之筆倒可以寫得出來，作爲一個諫官所辦不到的事情，作爲一個詩人卻可以辦得到”。於是敘事在燦爛的秋陽下，孩子的笑聲裏，以及杜甫稍微開朗的心情中結束。《魯亮儕摘印》裏雖然魯亮儕最終失去了上司的賞識，個人前途變得暗淡，但是敘事人始終讓他振作著爲民請命的精神，並且最終獲得了與田文鏡鬥爭的勝利。顯然，“歷史小說”中的這些“光明”設置與干預生活的小說中的“光明”設置並不具有相同的內涵，它們並沒有體現出主流意識形態的宣傳要求，表達的卻是知識份子重新振作起來的批判現實，爲民請命的社會責任和與“陰暗”現實不懈鬥爭的精神。

　　干預生活的小說與“歷史小說”在敘事層面表現出的不同，在某種程度上反映出政黨對文學的要求和知識份子對文學的要求之間的差異。

　　政黨要求文學爲政治服務；要求文學有明確的無產階級立

場；要求文學宣傳政黨意志和主流意識形態；……。所有這些要求表明在文學所參與的中國現代化進程中，在關於建構現代民族國家的宏大敘事中，政黨的關注點在"政權"。關於這一點在十七年體現政黨意志的革命敘事中表現得十分明確。

我們在分析"奪權故事"和"改造故事"時，曾將其敘事過程分爲三個邏輯階段：奪權/改造的原因、奪權/改造的過程以及奪權/改造的結局。在關於"奪權故事"的三段敘述中，文本花大量篇幅講述的是爲什麼奪取政權。這部分內容不僅出現在敘事的起點處，而且在講述主人公身世、開各種形式的憶苦會、動員會、批鬥會等各種場合都有涉及，幾乎出現在文本的各個角落。其敘述目的在於強調政黨領導革命奪取政權的合理性。文本花同樣篇幅講述的政黨如何奪取政權，這部分通過事件惡化/改善的多種形式的搭配來渲染革命過程的艱辛和勝利結果的來之不易，其敘述目的在於塑造政黨光輝偉大正確的形象。在敘事的終點處用太陽升起、紅旗飄揚等意象概括出奪權的勝利結局，完成了奪權故事的講述。在關於"改造故事"的三段敘述中，同樣被著重描述的是政權改造的過程，敘述同樣通過事件惡化/改善的多種形式的搭配來渲染改造的艱難，其敘述目的同樣也是宣傳政黨的方針政策，塑造政黨的高大形象。至於改造政權的原因則按照政策精神簡單處理了：因爲土地改革會造成新的貧富差異，農業合作社的建立會使這種差異的消除成爲可能；因爲資本家會剝削工人，資產國有會使工人擺脫資本家的剝削。這樣處理是因爲無論是土地改革還是對資本家私有財產的保護都曾經是政黨爲奪取政權而採取的聯合革命同盟者的政策。隨著時代語境的轉變，政策當然也要相應地轉變，但是如果依然按照奪權故事那樣對事件的原因做過多地渲染顯然有否定以往政策之嫌。改造故事的敘事終點當然也是改造的勝利完成。從革命敘事對政權改造故事的講述可以看出，其敘事目的是為了使新生的國家更具有社會主義的性質。革命敘事中這樣的情節設置說明，符合政黨要求的文學敘述更為關注的是政權，是政權的建立是否具有合法性，是政權是否具有社會主義性質，而新政權將帶給人民幸福成為一個想當然的敘事終點被忽略。

　　知識份子卻要求文學能夠反映民生疾苦。黃秋耘在他的文藝隨筆《啓示》中飽含激情地對藝術和藝術家提出了要求：

> 假如藝術不能把真理的火種傳播於人間，假如藝術不能為人類的現在和未來而戰鬥，假如藝術不能拂拭去人們心靈上的鏽跡和灰塵，假如藝術不能給予人民以支援和裨益，這樣的藝術就毫無價值，也毫無意義。這是我在二十多年前第一次讀到魯迅先生的作品時所得到的信念。
>
> 二十多年來，這樣的信念在我底心中與日俱增。我越來越強烈地感到：缺少對人民命運的深切關心，缺少對生活的高度熱情，缺少"己饑己溺、民胞物與"的人道主義精神，缺少"死守真理、以拒庸愚"的大勇主義精神，就沒有崇高的人格，也沒有真正的藝術，剩下來的只不過是美麗的謊言和空虛的偶像。失去了同生活同人民的聯繫，失去了"注視著世界的真面目，並且愛世界"的心，就勢必陷入於一種冷淡麻木、無所作為的卑下的精神狀態中去，這對於一個藝術家來說，不僅是精神的危機，而且是致命的痼疾。[30]

　　概括地說這些要求體現在兩個方面，一是要關心人民疾苦，

---

30 黃秋耘：《啓示》，收入《黃秋耘自選集》，1986年版，第423頁。

二是要有獨立的人格和堅持真理的勇氣。前者是目的，後者是手段。因爲"只要是常常深入到生活中去的人，誰都會看到人民群眾還有這樣或那樣的困難和痛苦。今天在我們的土地上，還有災荒，還有饑饉，還有傳染病在流行，還有官僚主義在肆虐，還有各種各樣不愉快的事情和不合理的現象。作爲一個有高度政治責任感的藝術家，是不應該在現實生活面前，在人民的困難和困苦面前心安理得地保持緘默的"，所以他認爲，"一個真正的藝術家必須勇於干預生活。……，既要肯定生活，也要批判生活。肯定有利於人民的東西，批判不利於人民的東西"[31]。

從知識份子對文學的要求可以看出，在文學所參與的中國現代化進程中，在關於建構現代民族國家的宏大敘事中，知識份子與政黨的關注點有著明顯的不同。相對與政黨更加關注政權，知識份子似乎更關注政權下具體的人，人的權利、人的自由和平等的訴求，這也是知識份子一直以來所秉承的啓蒙理想。這一點可以從新政權下的非主流敘述中得到顯現。

所謂新政權下的非主流敘述包括兩類文本，一類是四十年代的延安雜文，另一類是六十年代的"歷史小說"。

對於延安雜文，其最明確的特點是標明知識份子批判現實的精神和態度，對此批評家已經作了充分的闡釋和深入的分析。但是雜文所反映的具體內容背後的深刻含義卻被批評家有意無意地忽視了，那便是對新政權下人的權利的關注。在延安雜文的標誌性文本《野百合花》中，王實味首先將批評的矛頭指向領導人對下屬和群眾缺少關心與愛[32]，緊接著的幾篇雜文涉及到青年人的

---

31 黃秋耘：《不要在人民的疾苦面前閉上眼睛》，收入《黃秋耘自選集》，1986年版，第429頁。
32 王實味：《我們生活裏缺少什麼》，《野百合花》之一，載《解放日報》，1942年3月13日。

牢騷和延安的等級制度。他在《平均主義與等級制度》中寫道：
"我並非平均主義者，但衣分三色，食分五等，卻實在不見得必
要與合理 —— 尤其是在衣服問題上（筆者自己是有所謂 '幹部服
小廚房' 階層，葡萄並不酸），一切應該依合理與必要的原則來解
決。如果一方面害病的同志喝不到一口湯，青年學生一天只得到
兩餐稀粥（在問到是否吃得飽的時候，黨員還得起模範作用回答：
吃得飽！）另一方面有些頗爲健康的 '大人物'，作非常不必要
不合理的 '享受'，以致下對上感覺他們是異類，對他們不惟沒
有愛，而且 —— 這是叫人想來不能不有些 '不安' 的"[33]。王實
味這樣的批評不僅有些極端，而且有些幼稚，但對這些日常生活
問題的提出至少說明他關注的是具體的人的生活。其實不僅是王
實味，丁玲在她的《三八節有感》中對女性作爲一個性別群體所
受到的非議和不公平的待遇也表示不滿，從而體現出她對新政權
下已經獲得解放的婦女生活的關注。

　　對人的自由平等權利的訴求是非常現代的意識，"歷史小
說" 中的人物當然不可能脫離歷史語境，表現出如此現代的意
識，但是 "歷史小說" 所選擇的歷史事件卻都與民生相關。《杜子
美還家》中渲染著杜甫對民生凋零的哀憐，這種哀憐使杜甫重新
振作起了爲民請命的社會責任感；《魯亮儕摘印》中描述的雖然是
魯亮儕與上司田文鏡的鬥智鬥勇，但其鬥爭的目的卻是爲了保住
深受鄉民愛戴的父母官；至於《海瑞之死》讚頌的也是海瑞不顧
個人利益得失，爲民除害的精神。

　　當然，不論延安文學還是 "歷史小說" 都自覺地承擔著文學
爲政治服務的責任，所以延安雜文批判現實的根本目的是 "務求

---

33 王實味：《平均主義與等級制度》，《野百合花》之四，載《解放日報》，1942
　年 3 月 23 日。

盡可能消除黑暗",是使光明的政權更光明;而"歷史小說"借古諷今的根本目的也是爲了能使新政權吸收古人的經驗和教訓。但是從這些文本所批判的具體現實以及所選擇的歷史事件來看,它們都表達出共同的對人,對民生的關注。由於這兩類文本體現的不完全是政黨意志而是知識份子關注現實的內在要求,因而它們在某種程度上說明,在關於建構現代民族國家的宏大敘事中,知識份子的關注點在"人",在"民"。

在建構現代民族國家的宏大敘事中,雖然政黨和知識份子具體關注點各有不同,但是兩者在一定的條件下卻存在著結合的基礎。黃秋耘對知識份子要求的那段表述如果發表在新政權建立以前,便與政黨的意志非常契合。因爲知識份子對現實生活的干預有助於政黨奪取政權,改造政權。但是,當新政權建立以後知識份子再強調"不要在人民的疾苦面前閉上眼睛"時,就與政黨的要求不相符了。因爲政黨始終關注的是政權,是如何動員社會上所有可以動員的力量來鞏固新生政權,此時政黨要求知識份子歌唱新政權而不是干預生活。於是,在新的時代語境下政黨對知識份子與知識份子對自身的要求之間就出現了偏差。政黨要求知識份子做艾青所比喻的"百靈鳥",而知識份子卻以魯迅的"孺子牛"精神作爲自身的榜樣。

所以,在中國具體的社會文化語境中,百靈鳥與孺子牛之間是對立統一的辯證關係。它們統一於建設現代民族國家的總目標中,它們的聯合是由於具體的時代語境,它們的對立也是由於語境的轉變。在追求這一目標的具體過程中它們始終堅持著各自的關注點:政黨更爲關注"政權",而知識份子更爲關注政權下的"人"和"民"。所以我們會看到,在中國的現代化進程中,政黨不斷地調整對知識份子的態度和政策,而知識份子也在他們認為可能的時候發出自己的聲音。

　　孺子牛與百靈鳥之間對立統一的辯證關係對應的是五四以來啓蒙與救亡兩大主題的辯證關係。在追求中國現代化的進程中，受五四精神浸淫的知識份子熱衷於啓蒙，而共產黨人則投身於救亡，但啓蒙與救亡並非是一組二元對立的概念，而是現代性二位一體的表現形式，啓蒙與救亡都是手段，它們共同服務於建設現代民族國家的最終目的[34]。啓蒙與救亡或者說孺子牛與百靈鳥之間的對立統一凸顯出中國文學現代性的複雜性，而"歷史小說"包括延安文學的出現恰好在中國文學的敍事軌跡中標明了這一複雜特質。

小　結

　　變異的革命敘事在情節與人物層面都與革命敘事構成張力。干預生活的小說雖然篇幅短小，卻確立了新的情節和人物模式，改變了革命敘事單一走向的敍事類型和單一的敵我對立的人物類型。但干預生活的小說仍然堅持"文學爲政治服務"的社會責任，其干預生活，批評現實的目的是爲了讓"光明"的政權更"光明"，而且作家們始終堅持的理想主義信念使文本在情節、人物和敍事眼光等敍事層面都保留著"光明"的設置。作家主觀精神上的理想主義信念和文本敍事層面的"光明"設置爲原本存在於文本內部的"光明"的政權和"陰暗面"的揭露之間的敍事張力找到了敍述的平衡。這是十七年小說敍事中對敍事張力平衡

34　關於這一點，在李揚《抗爭宿命之路》中有詳細論述。在此不贅述。

較好的一組文本。

以借古諷今主要敘事目的的"歷史小說"也因其對既定敘事成規的偏離而與干預生活的小說歸爲一類。但與干預生活的小說不同的是，"歷史小說"借古諷今體現的不是主流意識形態對文學的要求，而是知識份子對文學的要求。兩種要求反映出變異的革命敘事這一敘事類型中存在著張力，而他們之間的對立統一指向的仍然是中國文學現代性的複雜特質。

第六章　變異的革命敘事之大時代中的小故事

　　十七年的敘事雖然在具體內容上可以分成若干個故事類型，但由於其創作的指導思想和主題要求受到嚴格的規範，那些不同的故事類型實際上是在以不同的方式講述著相同的故事 ——時代的故事。在時代的故事中，主人公是工農兵和各級優秀的共產黨員幹部，情節發展的過程是革命的過程，也是成就英雄的過程，敘事眼光是體現主流意識形態的眼光，而敘事最根本的動力是革命。顯然，體現時代要求的故事毫無疑問是十七年敘事的絕對主潮，但它並不是唯一的敘事類型。因為在十七年敘事中仍然存在著少量的，以個體情感發展作為敘事動力的故事。在這些故事中，情節發展的過程不是一個成就英雄的過程，而是個體情感的經歷過程。與時代故事相比，這些故事裏沒有宏大的主題、遠大的理想、豪邁的激情和頂天立地的英雄；有的只是平凡普通的小人物，小人物的日常生活和細膩敏銳的個體情感。我們暫且將這些故事稱為大時代中的小故事。

　　事實上，當中國的現代性敘事一走進十七年，類似的“小故事”就已經出現了。1950 年發表在《人民文學》上的短篇小說《我們夫婦之間》就是以夫妻之間發生的小摩擦來推動情節的。到了1956 年，在“雙百方針”的政策鼓勵下，又出現了一批以描寫個體情感為主，體現愛情家庭生活的短篇小說，比如：《在懸崖上》、《小巷深處》、《西苑草》、《紅豆》、《美麗》等。由於愛情並不是一個人情感生活的全部，所以除了這些愛情故事是之外，還有借助歷史人物寄託個人對世事、對命運感慨的故事，比如：《陶淵明寫〈挽歌〉》、《廣陵散》等。這些文本將是本章的研究對象。

那些描寫愛情家庭生活的"小故事"雖然是以情感發展作爲敘事動力的，但其反映的主題仍然是應和時代主潮的，本章要討論的問題便是：這些"小故事"如何在敘事層面達到個人情感與階級情感、小故事與大時代的敘述平衡。至於以歷史人物寄託個人情感的小故事，本章主要想討論其如何在時代主旋律中體現個人的精神寓寄，以及這類文本存在的價值和意義。

第一節　紅色·戀情

在十七年的革命敘事中，愛情故事是不能作爲承擔重要敘事功能的情節主線的。《青春之歌》中，敘事人雖然講述的是知識份子只有跟黨走才有出路這樣一個宣導主流意識形態的故事，但是由於借助於愛情故事的表達，仍被批評家認爲文本具有不健康的小資產階級思想感情。梁斌倒是認爲愛情故事在文本中必不可少，他在《漫談〈紅旗譜〉的創作》中說："書是這樣長，都寫的階級鬥爭，主題思想是站得住的，但是要讓讀者從頭到尾讀下去，就得加強生活的部分，於是安排了運濤和春蘭，江濤和嚴萍的愛情故事，擴充了生活的內容"[1]。顯然，梁斌認爲愛情故事只是革命敘事的點綴，是必要的吸引讀者的元素。在描述和平年代社會主義改造的主流敘事中，比如《創業史》和《三裏灣》中，

---

1 梁斌：《漫談〈紅旗譜〉的創作》，見《紅旗譜》序言，中國青年出版社，1958年版。

愛情故事仍然是點綴，只不過成了並非必要的點綴。敍事人對梁生寶與改霞、王玉生與靈芝之間的情感故事惜墨如金，刪去這些並不會影響文本的敍事氛圍。而在戰爭題材的革命敍事中，愛情故事基本上退出了人們的視野，只剩下志同道合的戰士爲了共同的革命目標英勇向前。

　　1956 年，黃秋耘他的文藝隨筆中提出了這樣的質問：

> 作家們寫工人一回到家裏就跟妻子談技術革新，寫農民在新婚的晚上通宵達旦地跟愛人談改良土壤，寫黨委書記聽到愛人病重的消息卻處之泰然，無動於衷。我們可不知道，當作家和愛人在一起的時候，是不是言必稱魯迅或高爾基？當作家在工作的時候，是不是連愛人和孩子生病都不去看看？假如不是這樣的話，作家有什麼理由一定要強迫他筆下的人物那樣做呢？有什麼理由把人物處理得那麼不近人情呢？如果在我們的生活中，愛情與工作基本上是並不矛盾的話，那麼，我們有什麼理由常常在作品裏把愛情和工作處理成為矛盾狀態並以此來刻畫人物的所謂高貴品質呢？反之，如果在生活裏愛情問題的確曾經引起過某些社會關係的錯綜複雜的衝突，並因此而深深地激動著人們的心靈，影響著人們的生活，表現了人們的性格，那麼，我們有什麼理由在文學作品裏迴避這些描寫呢？[2]

　　"我們"的確沒有理由迴避文學作品中的愛情描寫，也沒有理由把人物處理的"不近人情"。但革命敍事的敍事成規卻要求作家必須如此處理。其原因有二：

　　其一，我們在分析《三家巷》時曾經論述過，愛情故事與革

2　黃秋耘：《談"愛情"》，收入《黃秋耘自選集》，花城出版社，1986 年版，第 447 頁。

命主題雖然沒有內在的排斥性，但對愛情故事的處理卻必須符合當時的社會文化語境。十七年文學依據的是四十年代在解放區建立起來的基本的文學規範。在四十年代，一方面，政黨要求作家"文章下鄉、文章入伍"，這不僅要求作家表現如火如荼的革命戰爭和階級鬥爭，同時要求作品為普通群眾所接受。因而，作家必須用工農兵/勞動人民的思想感情，而不是知識份子/小資產階級的思想感情來認識世界。因此，愛情故事因為特有的溫婉、細膩以及浪漫的二人世界所帶有的濃厚的小資情調與無衣無食、受盡剝削壓迫、背負重重血債的勞苦大眾的思想感情有著相當的距離而被時代捨棄；另一方面，在四十年代的文化語境中，描寫階級仇，民族恨，鼓勵勞苦大眾的鬥志是文學必須承擔的社會責任。而愛情故事由於其私人性及其表現出來的個人的反抗都不足以承載厚重的階級的、民族的仇恨同樣被時代捨棄。所以，在四十年代解放區的文化語境裏，愛情故事與革命主題已經不再相容，而在這種文學範式影響下產生的十七年文學自然會將這種不相容保留下來。

其二，愛情故事講述的是一個男人和一個女人之間的情感交流，這必然涉及到對性、身體、欲望這一人類自然屬性的表達，但是對人物身體欲望的表達並不符合主流意識形態對文學的要求。在十七年具體的社會文化語境中，文學依然是團結自己，打擊敵人的武器，因而敘事首先必須確立的是：誰是我們，誰是敵人。參照毛澤東階級分析理論，革命敘事如同毛澤東理論的注解一樣，把所有的人物按照其社會經濟地位分置在無產階級和資產階級兩大敵對的陣營中。歸屬於無產階級陣營中的有工農兵、黨的各級負責人、入黨積極分子；歸屬於資產階級陣營的有地、富、反、壞、右。在這樣的創作理念中，男人女人完全被組織進階級的話語中，至於性別的區分就僅僅是一個符號，而不需要帶有更多的性別本質的特徵。《紅岩》中的江姐和丈夫在各自的革命崗位元上工作，文本中的兩個人從來沒有相聚過，甚至連聯繫都沒有，江姐見到丈夫已經是丈夫的人頭懸在城牆上，而此時的江姐想到的不是夫妻的生死別離而是自己的黨員身份和黨員任務，甚至在此後，敍事人也沒有費筆墨去描述江姐的感情世界。妻子對丈夫或者說女人對男人的感情完全被隱在文本之外；鄧秀梅與丈夫之間稀疏的通信談的都是各自的工作情況和互助組裏的人和事，字裏行間看不到新婚夫婦之間的牽腸掛肚。在十七年的經典文本中，革命者、“我們”是自覺地壓抑著身體欲望的男人和女人志同道合地在中國革命的道路上奮勇而無私地前進著。

　　當然，並不是十七年文學中所有的人物都被擯棄了身體欲望。由於對人物身體欲望的表達不符合主流意識形態的審美要求，對其的強調便帶有價值評判的色彩，又由於文學的任務是歌頌“我們”、暴露敵人，所以只有正面人物才有資格祛除欲望，而反面人物的身體欲望卻被放大並受到道德上的譴責。比如：《苦菜花》裏的漢奸王東芝冷落妻子，貪戀城裏女人淑花的美色；《創業史》中的富農姚世傑誘姦貧農的妻子素芳等。正如李揚分析的那樣，“在敍事階段，敍事的目的就是將社會中的每個人組織到現代國家中去，使這些男女忘掉自己的自然特徵而獲得抽象的本質”[3]。那些成功忘掉自然特徵的人獲得了抽象的本質，成為正面人物；反之則成為反面人物。因而，以男女性別自然特徵作為基本表達的愛情故事在革命敍事中是不被宣導的。

　　既然愛情故事或者以男人和女人為基本敍事元素構築起來

---

3 李揚：《抗爭宿命之路》，時代文藝出版社，1993年版，第201頁。

的家庭故事並不應和革命敘事的主潮，爲什麼還會出現本節所要
討論的大時代中的"小故事"呢？其中有三方面的原因：

首先，作家關注生活的自覺。藝術創作來源於作家對生活的
體驗。並不是每一個作家都有幸在硝煙彌漫的戰場上和戰士一起
攻城陷地，不是每一個作家都有幸生活在英雄的身邊，也不是每
一個作家都有苦大仇深，被剝削被壓迫的經歷。作家關注生活的
自覺讓他從身邊的日常生活中提煉素材，於是發生在每個人身邊
最平常最樸素的愛情家庭故事會不由自主地進入作家的視野。所
以，雖然早在《講話》發表的時候，作家們就已經清楚要轉移自
己的小資產階級的思想感情，把一人一己的悲歡離合轉移到廣闊
壯烈的革命鬥爭中去。但是在 1950 年，蕭也牧還是發表了發生在
普通家庭中的《我們夫婦之間》，1954 年路翎發表了表現普通戰
士情感波動的《窪地上的"戰役"》，1956 年之後又陸續有《愛
情》（李威侖）、《小巷深處》（陸文夫）等作品出現。1956 年之後
的這些文本都是從個體的情緒感受出發，講述男人和女人之間的
情感故事。雖然故事中人物和情節的設置仍然迎合的是主流意識
形態的標準，但作家對個體情感的關注顯現出他們關注生活的自
覺。

其次，文藝政策的影響。雖然《我們夫婦之間》與《窪地上
的"戰役"》發表之後受到了猛烈的批評，但 1956 年之後仍有大
批描寫個人情感的小說出現，這些文本的出現得益於"雙百方
針"給文藝工作者和科學工作者提供的自由空間。這些自由包括
"有獨立思考的自由，有辯論的自由，有創作和批評的自由，有
發表自己意見、堅持自己意見和保留自己意見的自由"[4]。這些自

---

4 陸定一：《百花齊放、百家爭鳴》的報告，《人民日報》1956 年 6 月 13 日。

由的賦予使作家敢於將視線抽離程式化的革命敘事的講述，而發揮自己的創作主動性，關注自己熟悉的社會生活。這一轉變使作家對個體生活和情感的表達成為可能。

第三，短篇小說的文體特徵。這些關於個體情感的故事都採用短篇小說的形式。黃子平在討論短篇小說的文體特徵時，曾將它與短篇故事和長篇小說作了對照，他說，"短篇故事往往有頭有尾，情節性強，講究'無巧不成書'和人物性格的鮮明突出，人物遭遇的曲折動人，有穩定明晰的時間和空間觀念，像一位根基深厚，精神矍鑠，膝下聽者成群的老奶奶，她跟比肩而長的中、長篇小說是老姐妹，和對門的戲劇、戲曲是老親家"；而"現代意義上的"短篇小說則"寫橫斷面，掐頭去尾，重視抒情，弱化情節，講究色彩、情調、意境、韻律和時空交錯、角度交換，像一位新鮮活潑、任性無常的小女孩，她愛到隔壁的抒情詩和散文那裏串門兒"[5]。李揚也概括說"長篇小說與短篇故事都是敘事的文體，而短篇小說則屬於抒情文體的範疇"[6]。因而，相對於展現中國革命進程的鴻篇巨制，短篇小說有限的篇幅和抒情的特質更適合傳達個體人物的生活經驗和情感波動。

屬於這類"小故事"的有《我們夫婦之間》、《窪地上的"戰役"》、《愛情》、《小巷深處》、《紅豆》、《讓生活變得更美好吧》（方紀）、《寒夜的別離》（阿章）、《在懸崖上》（鄧友梅）、《西苑草》（劉紹棠）、《美麗》（豐村）、《來訪者》（方紀）等。

1956 年的"雙百方針"雖然給了文藝工作者一定的創作自由，但文學的功能和任務依然沒有改變。在文學依然作為團結自

---

5 黃子平：《論中國當代短篇小說的藝術發展》，見《沉思的老樹的精靈》，浙江文藝出版社，1986 年版，第 200 頁。
6 李揚在《抗爭宿命之路》，第 195 頁。

己,打擊敵人的"有力武器"的時代背景下,關於個體情感的"小故事"是如何被講述的呢?或者說,與紅色經典相比,這些"小故事"在敘事層面有哪些獨特性呢?我們可以從情節、人物以及敘事人三個層面進行討論。

情節層面,情感發展作爲基本的敘事動力。

佈雷蒙《敘事可能之邏輯》是我們分析十七年敘事作品之情節安排所主要依據的理論,依照這一理論,關於這些感情和家庭故事也是按照惡化/改善的多種組合方式構成情節。在十七年的經典革命敘事中,事件的惡化和改善皆是由政治力量的介入來實現的,即:事件惡化的原因是由於敵方勢力的強大或是叛徒的出賣;而事件改善的原因則是由於政黨的正確領導或者人民覺悟的提高。也就是說,不同政治力量的介入是革命敘事情節演進的動力。

但是對於這些愛情和家庭故事,由於故事注重的更多的是個體情感的表達,因而事件的惡化和改善都是通過情感的波動實現的。或者說,情感發展才是這一敘事類型基本的敘事動力。以李威侖的小說《愛情》爲例,故事講述的是醫學院學生葉碧珍與周丁山之間的情感糾葛。事件的惡化是因爲女主人公葉碧珍認爲讀書時不應該戀愛,因而拒絕了周的愛情;事件的改善是因爲周上了前線,葉意識到了她的愛情;事件的再度惡化是因爲周有了新的愛人;而事件的再度改善是由於葉明白自己應該克制感情,去祝福對方有情人終成眷屬。《愛情》是一個非常純粹的情感故事,是情感的發展而不是政治力量的介入成爲整個事件的敘事動力。從屬於這一類型的文本基本上都是以情感推動情節的。而即使在五十年代早期發表的講述知識份子改造主題的《我們夫婦之間》和講述戰爭主題的《窪地上的"戰役"》中,一旦故事偏離了敘述的主題,進入個體的情感空間,情感同樣成爲情節發展的敘事動力。

人物層面，女性角色被突出。

　　從某種程度上說，十七年革命敘事一個重要的敘事目的就是塑造英雄。主流意識形態借助英雄高大完美的形象和正直忠誠的道德操守來重塑人們的審美標準和道德標準。由於傳統文化規範對男性的要求和塑造與英雄應該表現出來的氣質基本吻合，因而革命敘事中的主人公多由男性角色來承擔。女性角色基本上是輔助性的角色，她們的身份通常是英雄/敵人的母親、妻子和姐妹，她們一般沒有獨立的性格和感情，言談舉止從屬於她們所處的經濟地位和她們身邊的男人。而即使有女性形象成為被歌頌的主人公，也基本是按照統一的英雄標準製造出來的，其性別特徵並不明顯，一如《紅岩》中的江姐。

　　但是在這些愛情和家庭故事中，女性角色被突出了。這一方面是由於這些故事是由一個家庭或一對男女構成，女性形象不再是以輔助者而是以參與者的形式出現；另一方面則是由於女性柔和溫婉的性別特質與多情纏綿的愛情故事相得益彰。在不完全統計的 11 部講述愛情家庭故事的短篇小說中，以女性作為主人公的有 6 部。《愛情》、《寒夜的別離》和《美麗》講述的都是女人不情願地失去了愛情卻寬容而善良地祝福愛人有新的美滿生活的故事；《紅豆》是女人捨棄志不同道不合的愛人而投奔革命的故事；《小巷深處》講述的是受盡舊社會迫害被迫賣身為娼的女人經過新社會的改造終於獲得愛情的故事；而《讓生活變得更美好吧》則是一個漂亮的農村姑娘鼓勵男友帶頭參軍的故事。其他 5 個文本雖然是以男性角色為主人公展開，女性角色卻是整個故事中必不可少的參與者，例如《來訪者》中那個始終沒有開口說過一句話，一直處於被敘述者的位置的女人 —— 唱大鼓的二姑娘、《在懸崖上》"我"的妻子"她"和讓"我"走上懸崖的加西亞，等等。與革命敘事相比，在這些愛情家庭故事中，女性角色的功能和作用都被突出了。

敘事人層面，第一人稱敘事人出現。

在十七年的革命敘事中，敘事人的全知敘述模式幾乎是唯一的選擇。全知敘述因為"沒有固定的觀察位置，'上帝'般的全知全能敘述者可以從任何角度，任何時空來敘事；既可高高在上地鳥瞰概貌，也可看到在其他地方同時發生的一切；對人物的過去、現在和未來均瞭若指掌，也可任意透視人物的內心"[7]，因而能夠有效地承擔主流意識形態的宣傳職能，而這也正是政黨賦予文學的社會責任。為了更好地服務於政治，十七年經典文本中的全知敘事人體現的並非是作家個人的思想意識，而是主流意識形態代言人的思想意識。在這樣的思想意識的支配下，文本中的人物完全失去了主體性，人物表現出來的情感不是個人的情感而是階級的情感。於是在數量眾多的講述中國革命進程的長篇小說中，儘管作者是有不同身世和經歷的個體，但講述的卻基本是相同的故事。

然而，在為數不多的愛情家庭故事中，卻出現了第一人稱限知敘事。與全知敘事相比，第一人稱限知敘事相對容易貼近敘事人的個人品位，雖然這種品位並不排斥代言人的立場。而敘事人主體性的增強也容易使人物傳遞出屬於個體情感經驗的喜悅、甜蜜、憂傷和痛苦等感受。例如，《在懸崖上》以第一人稱限知敘事講述"我"在遇到新同事加西亞後生活與感情方面出現的問題，"我"不愛妻子，甚至開始嫌棄妻子，"我"貪慕加西亞的美麗

---

7 申丹：《敘述學與小說文體學研究》，北京大學出版社，1998年版，第229頁。

活潑，想和她生活在一起。於是第一人稱敘事人將"我"所有情
感波動展現在讀者面前，"我"面對妻子時煩悶、厭倦、內疚、
羞愧；"我"面對加西亞時興奮、自得、失意、悔恨。相比較而
言，同樣是講述愛情的故事，以全知敘事人展開敘述的《愛情》
等文本則很難達到這樣的心理深度，它們更多的是地通過人物的
語言和行動間接傳遞人物的情感波動。

綜上所述，我們從情節、人物和敘事人三個層面分析了這些
愛情家庭故事與十七年主流敘事不同的處理方法，但值得注意的
是，這些故事雖然涉及的是主人公愛情和家庭生活，但依然是紅
色的、革命的愛情；它們雖然講述的是關於個體情感的小故事，
但響應的依然是大時代的精神號召。戀情的"紅色"特質，小故
事的時代印記也同樣清晰地從上述三個敘事層面表現出來。

情節層面仍然反映出兩種思想的鬥爭。

十七年的革命敘事在情節層面的設計和安排上都離不開鬥
爭，或者是兩個階級、兩個陣營的鬥爭，或者是同一陣營中兩種
思想的鬥爭。這種設置在這些愛情家庭故事中也在以不同的形式
複製著。《我們夫婦之間》本身反映的就是一個知識份子改造的主
題。我和愛人分別是知識份子和工農幹部形象的政策化圖解。文
本通過我和愛人之間的矛盾，愛人對我的教育幫助，我思想上的
變化，完成了知識份子的改造過程。當這樣的故事涉及到三個人
的時候，這種矛盾鬥爭將一個人對愛人的選擇轉變成了對某種立
場的選擇。於是，《在懸崖上》愛人代表樸實、寬容而正派的作風，
情人則代表追求華麗、自在卻缺乏責任感的風格。"我"在經歷
了痛苦掙紮後終於受到了教育，選擇了愛人，同時也意味著選擇
了正確的立場和工作作風。《西苑草》裏伊洛倫是教條而不注重感
情的，黃家萍卻剛好相反，在三個人的愛情故事裏，伊洛倫的主

動退出預示著教條主義的失利。至於《紅豆》中江玫放棄齊虹，和蕭素一起投身革命更是再明確不過的兩個階級的鬥爭結果。由此，我們看到，十七年涉及愛情題材的故事並不是單純地描畫情感糾葛或者生活感受，同樣也是借助這些生活化的故事來宣傳主流意識形態，迎合其對文學的要求。

人物層面仍然以對感情和欲望的克制作為美德。

在十七年的革命敘事中，對個人情感欲望的克制幾乎是所有成熟的共產黨員的必要條件，就像江姐那樣，面對高懸在城門上的丈夫的頭顱，馬上抑制住自己悲傷，提醒自己是一名共產黨員，並且還有任務在身。像林道靜那樣把追求愛情與追求革命等同起來的青年學生只是渾身浸透著小資產階級思想感情的革命的同盟者，所以她必須經歷嚴酷的改造（下放、入獄）才能被政黨接受。有意味的是，在這些以愛情故事為主要情節線索的文本中，對個人感情欲望的克制仍然是被宣導的。《愛情》、《寒夜的別離》和《美麗》三部小說講述的幾乎是同一個故事：一個失去了愛情的女人在過去的情人重新降臨的時候毅然選擇放棄，因為她不能傷害另一個女人，而自己已經孤獨慣了。從敘事態度上，可以明顯地感覺到敘事人對她們這種做法的認同，並且在故事的結尾給了她們未來幸福的承諾，"誰能相信，像你這樣的姑娘，會不幸福呢？"[8]、"你看著，玉潔會幸福的。她怎麼會不幸福呢？"[9]《我們夫婦之間》完成的是知識份子的改造，而這種改造是以克制"我"的物質欲望為代價的；《在懸崖上》讓"我"在婚外情面前懸崖勒馬，本身也是對"我"非分的欲望和感情的制止；《紅豆》中江玫投身革命更是對個人感情的放棄。在這類愛情故事中，幾乎每個

---

8 李威侖：《愛情》，見《人民文學》，1956 年第 9 期。
9 豐村：《美麗》，見《人民文學》，1957 年第 7 期。

故事都有這樣一個自我克制的內核。從這一層面來看，這類故事仍然沒有偏離十七年主流敘述的軌道。

敘事人層面仍然是代言人的立場。

十七年的革命敘事基本上運用全知敘事人，因爲全知敘事最容易反映代言人的態度和立場。愛情家庭故事中雖然出現了第一人稱敘事，但這些第一人稱敘事體現的仍然是代言人立場。代言人身份的確立取決於敘事人對群體意識的認同，敘事人看待、評判故事和人物的態度和標準取決於群體意識早已規定的標準。所以，以代言人立場講故事的敘事人無論是全知角度還是第一人稱或第三人稱限知角度，其故事的走向、人物的最後歸宿總能在當時的主流意識形態中找到準確的印證。《在懸崖上》"我"最終回到了妻子身邊，這並不是婚外情給"我"太大的社會壓力，讓我面臨道德危機，而是情人加西亞浮華的生活作風不符合時代的審美品位，我要被主流社會認同就必須選擇符合其要求的樸實無華的風格而放棄加西亞式的浪漫浮華；《來訪者》"我"最終被妻子和女兒放棄，並不是"我"不能盡丈夫和父親的責任義務，而是"我"對藝人的態度不端正，不能理解她的工作和愛好，而當時的時代背景是鼓勵舊藝人學習改造，成爲爲新中國歌唱的藝術家。顯然，這幾部以第一人稱限知敘事講述的愛情故事也並非是沉溺在個人感情世界中的小故事，而是處處體現時代精神的時代故事中的一脈。

從以上三個層面地分析可以看出，愛情家庭故事雖然涉及的是擁有了性別本質特徵的男人和女人而不是紅色經典中失去性別特徵的英雄；事件雖然發生在男人和女人的二人世界而不是轟轟烈烈的中國革命熱潮中；敘事人雖然滲透了對個人情感的描述而不是用統一的階級情感去處理人物間的關係，但這類故事仍然有一個符合主流意識形態要求的內核。正因爲這個固定的，永遠正確的內核使得作家們在大時代與小故事，宏大主題與個人情感之間找到了必要的平衡。這類故事的存在，一方面彰顯了十七年敘事的豐富性，另一方面也由於其能將個體情感的抒發與對主流意識形態的迎合有機結合而成爲平衡十七年敘事張力的典範文本。

但是，需要說明的是，這類愛情家庭故事和干預生活的小說一樣在刊出後不久就被打成"毒草"從此不見天日，直到文革結束後，才被收錄在短篇小說集《重放的鮮花》中與讀者見面。當時，其被批判的原因恰恰是"公開宣揚資產階級戀愛觀點" [10]。這至少說明，當時的批評家不僅不會針對不同的創作風格調整其批評標準，而且也沒有耐心去發掘作品中的"主旋律"。

第二節　藍色·詠懷

在幾乎所有的十七年主流敘事中，敘事都指向"我們"，黨、勞動人民。主人公是這些抽象的群體的代表，他們的性格、行爲印證了主流意識形態對"我們"的要求，同時，這些抽象的群體也因爲主人公的具體形象獲得了具體的角色特徵。在這樣一種代表和印證的過程中，主人公個體的感受、人物個人的經驗被放逐在整整一個時代的敘事之外。這當然是時代對文學的要求而並非作家不約而同的個人性選擇。但是在十七年卷帙浩繁的歌頌"我們"，打擊敵人的主流敘事之外，仍然存在著非常個別的表現個人情懷的作品。與愛情家庭故事雖然表現出個人的情感，但

---

10 李希凡：《從〈本報內部消息〉開始的一股創作上的逆流》，《中國青年報》
　　1957 年 9 月 17 日。

文本中無論是情節安排、人物設計還是敘事人的敘述角度都有迎
合主流意識形態的成分不同，這些作品在敘事層面表現出鮮明的
個人性特徵。它們是陳翔鶴的兩個短篇歷史小說：《陶淵明寫〈挽
歌〉》和《廣陵散》。

　　分別發表於 1961 年和 1962 年的這兩個短篇被文學史家看作
是 "得風氣之先" 的作品，說它們 "引發了歷史小說創作的一個
小高潮" [11]。關於歷史小說出現的社會文化語境及其在題材處理
方面擁有的相對自由的創作空間，我們在前文已有論述。正如一
段相對安全的時空距離爲歷史小說提供了比干預生活的小說更深
刻有力地批判現實的可能性，這段距離也爲知識份子偏離時代號
角的個人詠懷提供了某種可能性。

　　本節之所以將這兩個短篇概括爲 "詠懷"，是因爲這兩部作
品都與阮籍和他的《詠懷詩》八十二首相關。這種關聯表現在兩
個方面：其一，這兩個短篇講述的雖然不是阮籍的故事，但在敘
述的內容和情節方面對阮籍和他的《詠懷詩》都有涉及。《陶淵明
寫〈挽歌〉》中的陶淵明時常誦讀阮詩，"阮嗣宗的《詠懷詩》可
真正寫得不錯，……，像這樣的好詩，恐怕只有他一人才能寫得
出來啦。我的詩似乎可以不必再寫了，只消讀讀他的《詠懷詩》
也蠻夠味的"。在陳翔鶴的另一篇小說《廣陵散》中，嵇康也稱
讚阮籍的詩，"你說阮嗣宗這詩寫得有多妙！我每讀一次，就未
嘗不體諒著他的苦心，而要爲之流淚的"。在稱讚阮詩的同時，
文本中的主人公也很讚賞阮籍的人品。陶淵明就把對阮詩的推崇
與對顏（延之）詩的批評對照起來，藉以說明自己對阮籍詩風和
人格的讚賞。"顏延之是個好人，就是名利心重，官癮大了

---

11 陳思和：《當代中國文學史教程》，復旦大學出版社，1998 年版，第 117 頁。

點。……，他把自己詩寫得不好，歸罪於公務太忙，沒有時間去推敲。其實哪裏是這樣。他一天到晚都在同甚麼廬陵王、豫章公這些人搞在一起，侍宴啦，陪乘啦，應召賦詩啦，俗務縈心，患得患失，哪裏還有什麼詩情畫意？沒有詩情，又哪裏來的好詩！"[12]在主人公陶淵明看來，一個功利心強，始終與統治集團集結在一起的知識份子必然將失去為文的真性情。換句話說，阮籍的詩之所以寫得好，是因為他保有自己獨立的品格，不趨炎附勢。嵇康也同意向秀對阮籍的評價，"阮嗣宗是個好人，詩如其人，亦足以與之千古的"[13]。文本中對阮籍詩歌和人格的讚美表達出敘事人對其的喜好和認同。

其二，這兩個短篇的敘事基調與《詠懷詩》相仿。阮籍的《詠懷詩》充滿了苦悶孤獨，同時又固執獨立的情緒。這種情緒在這兩個文本中都有體現。比如陶淵明本想上廬山小住，和自己引為知友的慧遠和尚一起參禪悟道，但他見到慧遠和尚講經誦法時"近於傲慢，淡漠而裝腔作勢的態度"非常失望，進而憤然離去。慧遠有很多信徒，也有很多參禪悟道的朋友，相對來說是一個精神聚合的中心，與慧遠的疏離顯示了陶淵明的固執和精神獨立卻加深了他的孤獨；陶淵明的《挽歌》中說，"親戚或餘悲，他人亦已歌，死去何所道，托體同山阿"，參悟生死的豁達背後卻是深重的無奈。嵇康也一樣，文本中表現了他對權力中心洛陽的自覺回避，對司馬氏專權的憤怒，但回避和憤怒都無濟於事，他的結局便是面對死亡時彈奏"肅殺哀怨，悲痛慘切"的"廣陵散"。顯然，不論是陶淵明《挽歌》中的淒涼無奈還是嵇康《廣陵散》中的哀怨慘切都與十七年革命敘事中反映出的那種苦大仇

---

12 陳翔鶴：《陶淵明寫〈挽歌〉》，《人民文學》，1961 年，第 11 期。
13 陳翔鶴：《廣陵散》，《人民文學》，1962 年，第 10 期。

深、英勇反抗，之後熱情似火，高聲頌揚的紅色主旋律完全不同，它們表現出一種近於憂鬱、純淨、孤獨基調，我們暫且將這兩個文本概括爲藍色詠懷。

相對於革命敘事在情節設置，人物安排，敘事眼光的設定等方面的唯一性和固定性對創作的限制，藍色詠懷錶現出了更多個人性的體驗。相對於借古諷今的歷史小說把知識份子的感時憂懷投向社會、人民，藍色詠懷更多地將這種悲憫之情投向個人的內心。

藍色詠懷這種對個人感受的表達也可以從人物、情節以及敘事眼光三個敘事層面體現出來。

一、主人公選擇的個性化

陶淵明和嵇康都是中國歷史上非常有個性並且自覺與統治集團保持相當距離的知識份子，選擇這兩個人物作爲主人公，本身就顯示出作家的個性。正如陳思和版文學史所述："像這樣的人物（陶淵明和嵇康），不論其階級出身還是其特立獨行的性格而言，都不可能成爲六十年代國家意志占主導地位的時代共名所欣賞的時代英雄，而只可能成爲爭議性的人物，對其人格與生活態度的欣賞，也只可能是個人性的。何況陳翔鶴在小說中並沒有刻意去迎合時代，將他們塑造成'反抗的英雄'，而是著重表現對一個顛倒混亂的時代持不合作立場的知識份子的無力之感。這樣的'無力'的知識份子形象，當然不符合時代的需要，但卻毫無疑問具有一種從個體心靈出發的真實性"[14]。與迎合中國革命主潮的歷史小說選擇李自成；藉以讚頌當代領導者的歷史劇選擇曹

---

14 陳思和：《當代中國文學史教程》。

操；借古諷今干預現實生活的歷史小說選擇杜甫、海瑞相比，陶淵明、嵇康這樣孤傲的知識份子被選作主人公顯然表達出創作者偏離主流意識形態的個人性。

二、情節處理的個性化

藍色詠懷的情節高潮都是在講述主人公面對死亡時的態度和心情。在紅色主流敘事中，死亡也是一個常見的情節點。因爲死亡常常與獻身聯繫在一起，因此主人公面對死亡時總有一種爲了未竟事業而獻身的豪邁，亦如夏明翰的遺作："砍頭不要緊，只要主義真。殺了夏明翰，還有後來人。"但是，在這兩部作品裏，主人公面對死亡時卻都表現出一種豁達以及豁達背後對現實的無奈。敘事人在敘述陶淵明寫《挽歌》時的心情時這樣表述："'死去何所道，托體同山阿'。不錯，死又算得了甚麼！人死了，還不是與山阿草木同歸於朽。"與山川草木同朽似乎是一種超然的處世態度，但敘事人話鋒一轉，談到了當時的政局，"不想那個賭棍劉裕竟會當了皇帝，而能征慣戰的劉牢之反而被背叛朝廷的桓玄破棺戮屍"，因爲世事不平，作爲一個清高自潔的知識份子，陶淵明得出了這樣的觀點，"活在這種爾虞我詐，你砍我殺的社會裏，眼前的事情實在是無聊之極！一旦死去，歸之自然，真是沒有什麼值得留戀的！……"。原來，生命不值得留戀是因爲吏治腐敗而並非"人生一世，草木一秋"的豁達。這樣的感受在陶淵明的《自祭文》中同樣表現了出來，"人生實難，死之如何？嗚呼哀哉"。正因爲人生艱難，陶淵明才覺得生死不值得去執著探求。

面對死亡，"鬚眉疏朗，目光炯炯，神色凜然……"的嵇康似乎比陶淵明多了一份慷慨。但慷慨背後那種對世事和生死的無

奈卻是相同的，甚至產生無奈也是基於相同的原因。《廣陵散》中
嵇康在臨行前對妻子說的"最後一句話"就是"凡事都不要'悔
吝'，對於生死大事也同是一樣"。嵇康爲何要發出這樣的感慨？
因爲"'司馬昭之心，路人皆見'，他爲了奪得政柄，是不惜殺
掉所有忠於朝廷的人的！而其實呢，我早就是個遺落世事，崇尙
老莊，任性自然的人。決不想忠於誰家。……，哎，生當這種'季
世'。真正是沒有什麼可多說的"。正是由於社會動盪混亂，生
死這樣的大事才變得不需要"悔吝"。而對於後人無緣再聽的
"廣陵散"，敘事人也通過自己的想像和揣測賦予它"蕭殺哀
怨，悲痛慘切的情調"。於是，十七年主流敘事中表達忠誠，張
揚生命的死亡/犧牲在這兩部作品中成爲個性獨立的知識份子保
有自己獨立人格時的無力和無奈。把一個能夠輕易處理成迎合主
流意識形態的情節點變成知識份子身處"季世"的無奈感，顯然
在當時的文學潮流中是獨特而具個性色彩的。

三、敘事眼光的個性化

　　十七年革命敘事無一例外地使用意識形態敘事眼光講故
事。這一方面使文學作爲政策的注解，使文學更好地爲政治服務；
另一方面讀故事的人可以清晰地通過敘事眼光對人物和事件的臧
否修正自己的世界觀，使自己按照主流意識形態的要求來規範行
爲，從而達到文學的教化作用。以借古諷今爲敘事目的的"歷史
小說"雖然沒有按照主流意識形態的要求來敘述人物、歌頌英
雄，而是體現出知識份子哀憐民生，針砭時弊的歷史使命感和社
會責任感。但這種敘事眼光是知識份子精英式的，而不是個人性
的。

　　藍色詠懷的敘事眼光與以上兩種有著明顯的不同。它沒有體

現出讚揚什麼，打擊什麼的政治寓寄，也沒有表達出爲民請命的知識份子懷抱，文本傳遞的只是疏離於政治中心，疏離於主流群體的人物的非常個人的情緒。這種情緒表現出來的孤獨、無力、無奈和渴望精神自由的因素是時代主旋律中最不和諧的音符。黃秋耘在追念陳翔鶴的文章中也爲這種個人情緒作了注解，他回憶說，"（在黃表達了對嵇康的同情之後）翔鶴同志的神情變得嚴峻、淩厲起來，激動地說，'不瞞你說，我也是同情嵇康的。嵇康說得好：欲寡其過，謗議沸騰，性不傷物，頻致怨憎。這不正是許多人的悲劇嗎？你本來不想捲入政治漩渦，不想干預什麼國家大事，只想一輩子與人無患，與世無爭，找一門學問或者在文藝上下一點功夫。但這是不可能的，結果還是謗議沸騰，頻致怨憎'"[15]。也許，當時對於人生如此的無奈並非是陳翔鶴一個人的感受，但是將這種感觸以小說的方式表達出來卻無疑偏離了當時的敘事成規，彰顯了其敘事的個人性的一面。

《陶淵明寫〈挽歌〉》和《廣陵散》問世後，引發了歷史題材創作的小高潮，但這兩個短篇存在的價值絕不僅僅限於題材範圍上的創新。文本在人物、情節、敘事眼光的選擇上對主流意識形態的自覺疏離，在敘事基調上表現出來的源於知識份子個體心靈的孤獨、無奈和渴望精神自由的情緒都使這兩部作品在十七年的文本序列中呈現出別樣的姿態，進而凸現出其獨特的存在價值。

首先，藍色詠懷的存在提示了文學獨立性的存在。

在中國的文學傳統中，文學的作用或者說文學的功利性目的是始終被強調的。先秦時期說"詩言志"、宋明時代講"文以載道"、毛澤東時代更把"文藝爲政治服務"定爲基本的文藝政

---

15 黃秋耘：《十年生死兩茫茫》，見《黃秋耘自選集》第 164 頁，花城出版時，1986 年版。

策，這些都是強調文學功用的表現。十七年文學創作和批評的基本標準便是 1942 年毛澤東《在延安文藝座談會上的講話》，雖然《講話》也要求文學作品＂政治和藝術的統一，內容和形式的統一；革命的政治內容和盡可能完美的藝術形式的統一＂，但是＂更成問題的，我以爲還是在政治方面＂[16]。因此，不論作家的階級立場還是作品的主題思想、人物形象甚至基本的情節走向都必須接受一個既定的政治標準的裁量。但是，一部文學作品如果從作者的主觀創作到作品的內容形式都在努力地適應既定的政治標準，就必然使作品喪失其獨立的藝術品格，而文學之所以成爲文學而不是政治一個根本的原因在於文學有其藝術獨立性。在十七年敘事普遍回應政策甚至圖解政策而失去其獨立性時，藍色詠懷對政治和精神權力中心的自覺疏離，對知識份子個人精神情緒的深切展露無疑提示了文學獨立性的存在。

其次，藍色詠懷的存在提示了十七年敘事豐富性的存在。

毋庸置疑，十七年敘事的主潮是那些描寫宏大的階級鬥爭或社會主義改造過程，歌頌偉大的黨偉大的人民，塑造可歌可泣的英雄，說明＂我們＂必定勝利＂敵人＂註定失敗的客觀道理的作品。這些作品無論作家的階級立場還是作品的主題思想無不體現主流意識形態的要求，是文學全心全意爲政治服務的典範。而即使那些不被主流認可的干預生活的小說和以借古諷今爲主要敘事目的的＂歷史小說＂也是從另一個向度履行文藝爲政治服務的責任。前者揭露社會陰暗面，批評社會中生活中不合理的人和事，其目的是爲了讓＂光明＂的政權更＂光明＂；後者借古人的爲民請命也是爲了讓政府更關注新政權下人民的生活。因而鑒於作家

16 毛澤東：《在延安文藝座談會上的講話》，《毛澤東選集》（第三卷），人民出版社，1991 年版，第 870 頁。

自覺地承擔起文藝為政治服務的責任，十七年的敘事呈現出相對單一的情狀。藍色詠懷雖然也涉及到對“季世”的不滿，但文本更多地體現出的是知識份子個體心靈裏那種渴望精神自由卻孤獨、無助也無奈的情緒。這種主題顯然與“文學為政治服務”無關。藍色詠懷似乎是十七年文本序列中唯一與政治責任無關的文本，這類文本雖然數量稀少，但它的存在為十七年敘事注入了異質性，從而提示了十七年敘事豐富性的存在。

不過，有意思的是，在隨後到來的政治運動中，這兩部作品受到了嚴厲的批判。其受批判的原因不是因為作品沒有為政治服務，成為社會主義進行曲中的不和諧音，而恰恰是因為作品影射了政治。黃秋耘回憶說，“《陶淵明寫〈挽歌〉》的要害是影射廬山會議，為彭德懷翻案，他寫的什麼‘大和尚’是屬於‘惡毒攻擊’的現行反革命”[17]。顯然，在一個以政治為綱的時代中，文學不反映政治似乎是不可能的，而批評對文本進行非政治化的解讀似乎也是不可能的。這便是批評家對陳翔鶴的誤讀，也是時代對文學的誤讀。

小　結

紅色戀情的故事同樣也是十七年小說敘事中將敘事張力平衡得較好的一組文本。故事是個人情感的故事，人物是社會上平凡普通的男人女人，這類缺乏階級情感和英雄人物的敘事看似與革命敘事距離遙遠，但在情節、人物和敘事眼光等敘事層面都有

---

17 黃秋耘：《十年生死兩茫茫》。

迎合革命敘事的元素。藍色詠懷雖然講述的也是個人情感的故事，但對人物、情節和敘事眼光的選擇卻都指向個人而非群體，表達出明確的個人情懷。紅色戀情與藍色詠懷在敘事目的以及各敘事元素的安排設置上有著明顯的不同，這種不同提示了變異的革命敘事這一敘事類型中存在的張力，而藍色詠懷的存在提示了文學獨立性和十七年敘事豐富性的存在。

結　論

　　十七年小說遵循"社會主義現實主義"的創作原則。文本的主題思想、具體內容以及人物、情節、敘事眼光等各種敘事因素的構成都在努力體現其"社會主義"性質。但是，依據自 1942年以來確立的"政治標準第一"的批評原則進行文本闡釋的批評家卻沒能把這種努力闡釋出來。他們高度讚揚的是貫穿革命敘事始終的"社會主義"性質，卻簡單地批評准革命敘事的思想內容不深刻，英雄人物的形象不具有現實意義，也粗暴而輕率地譴責變異的革命敘事"惡毒攻擊社會主義制度"的"本質"，而對後兩種敘事類型在敘事層面對既定敘事成規的迎合視而不見。顯然，在一個泛政治的左傾的年代，只要把握住政治的風向標，對文本的思想主題進行大致的衡量就已經完成了批評的職責，至於耐心地進入文本的敘事層面、關注文本的敘事張力、解讀文本的敘事裂縫及其在平衡敘事張力方面所作的努力是不可能，也是不必要的。這是批評對十七年小說敘事的誤讀，也是時代對其的誤讀。

　　十七年小說遵循"社會主義現實主義"的創作原則。爲了充分賦予小說以社會主義性質，文本將現實主義這一藝術形態發揮到了極致。不僅著力將普通的工農兵中的一員塑造成時代的英雄，也著力將工農兵普遍的生存狀態昇華成革命的誘因、亟待改善的環境，在成就"典型環境中的典型人物"的同時也強調細節的真實以強化現實主義的審美感受。此外，還將"要得到的改善"

演繹出多種情節的構成方式。十七年小說對現實主義這一藝術形態的推動和發展有一個始料不及的結果，那便是曾經活躍在十七年文壇上的青年作家，比如王蒙、宗璞、茹志鵑在新時期重新踏上文壇之後不得不尋找新的表達方式，他們開始借鑒西方現代主義的表現方式並將其付諸文本實踐，從而引發了新時期一股新的文學潮流。

十七年小說遵循"社會主義現實主義"的創作原則，但不同的敘事類型之間、類型之中以及文本內部都存在著敘事張力。張力的一端是政治要求，另一端是藝術自覺，張力的作用形成了文本敘事層面的裂縫。所以，單純對文本進行政治解讀不符合當時創作的客觀事實，也不符合今天的重讀體驗。對十七年文學的解讀不應該忽視其追求藝術個性的一面。以小說文本作為研究對象，我們清楚地看到這些文本在滿足既定敘事成規的同時，作為文學自身的藝術追求和審美自覺也在生長著。十七年小說為我們提供了十分生動的文學現象，幫助我們分析那個時代在表層運作的政治權力話語和深層的運作的審美自覺。這是那個時代複雜的多層面的文學表現。十七年文學的寶貴價值在於這些敘事裂縫保留了其他任何社會歷史文獻中都不會出現的張力元素。

十七年文學的敘事張力表面上看是由於嚴格的敘事成規的限定與藝術自覺的追求之間的矛盾所致。但其背後的深層原因卻與中國自身蘊涵豐富矛盾與張力的現代民族國家理論相關。文學因為始終參與著中國的現代化進程，參與著關於現代民族國家的宏大敘事的建構，因而理論自身的矛盾也透過文學文本表現出來。在自身的理論建構中，中國既功利性地吸收了西方/現代的理論，又功利性地將其與本土/傳統資源相結合，於是，在中國的現代化進程中，往往是要達到一個現代的目標卻使用傳統的手段。這個明顯的目標與方法上的南轅北轍卻被成功地組織進中國現代民族國家的宏大敍事中。知識份子與農民在革命地位上的轉換便是這一矛盾在中國革命進程中的具體反應，而十七年小說在文本之間以及文本內部敍事張力的呈現則是這一矛盾在文學上的反應，從而揭示出中國文學現代性的諸多複雜特質。

參考文獻

（按作者姓氏音序排列）

1. 艾曉明《中國左翼文學思潮探源》，長沙：湖南文藝出版社，1990。

2. 陳平原《中國小說敍事模式的轉變》，北京：北京大學出版社，1987。

3. 陳思和《中國當代文學史教程》，上海：復旦大學出版社，1999。

4. 陳思和《中國當代文學關鍵字十講》，上海：復旦大學出版社，2002。

5. 陳建華《"革命"的現代性 —— 中國革命話語考論》，上海：上海古籍出版社，2000。

6. 陳順馨《中國當代文學的敍事與性別》，北京：北京大學出版社，1995。

7. 陳順馨《社會主義現實主義理論在中國的接受與轉換》，合肥：安徽教育出版社，2000。

8. 陳徒手《人有病 天知否 —— 1949 年後中國文壇紀實》，北京：人民文學出版社，2000。

9. 程文超《意義的誘惑》，長春：時代文藝出版社，1993。

10. 程文超《1903：前夜的湧動》，濟南：山東教育出版社，1998。

11. 丁帆、王世城《十七年文學："人"與"自我"的失落》，開封：河南大學出版社，1999。

12. 董之林《追憶燃情歲月：五十年代小說藝術類型論》鄭州：河

南人民出版社，2001。

13.胡風《胡風選集》（文藝理論和評論卷），成都：四川人民出版社，1995。

14.洪子誠《中國當代文學史》，北京：北京大學出版社，1998。

15.洪子誠《1956：百花時代》，濟南：山東教育出版社，1998。

16.黃修己《中國新文學史編纂史》，北京：北京大學出版社，1995。

17.黃修己主編《20世紀中國文學史》，廣州：中山大學出版社，1998。

18.黃子平《"灰闌"中的敘述》，上海：上海文藝出版社，2001。

19.黃樹民《林村的故事 —— 1949年後的中國農村變革》，北京：三聯書店，2002。

20.孔慶東《1921：誰主沉浮》，濟南：山東教育出版社，1998。

21.曠新年《1928：革命文學》，濟南：山東教育出版社，1998。

22.李歐梵《現代性的追求》，北京：三聯書店，2000。

23.李揚《抗爭宿命之路 —— "社會主義現實主義"（1942-1976）研究》，長春：時代文藝出版社，1993。

24.劉小楓《沉重的肉身》，上海，上海人民出版社，1999。

25.林崗《邊緣解讀》，香港：天地圖書有限公司，1998。

26.李書磊《1942：走向民間》，濟南：山東教育出版社，1998。

27.毛澤東《毛澤東選集》（一至四卷）北京：人民出版社，1991。

28.錢理群、溫儒敏、吳福輝《中國現代文學三十年》，北京：北京大學出版社1998。

29.錢理群《1948：天地玄黃》，濟南：山東教育出版社，1998。

30.申丹《敘述學與小說文體學研究》，北京：北京大學出版社，1998。

31.唐小兵《英雄與凡人的時代 —— 解讀20世紀》，上海：上海文藝出版社，2001。

32. 唐小兵編《再解讀：大眾文藝與意識形態》，香港：牛津大學出版社，1993。

33. 王德威《想像中國的方法》，北京：三聯書店，1998。

34. 王利芬《變化中的恒定 —— 中國當代文學的結構主義透視》，廣州：廣東人民出版社，1999。

35. 王泰來等編譯《敘事美學》，重慶：重慶出版社，1987。

36. 王治河《撲朔迷離的遊戲 —— 後現代哲學思潮研究》，北京：社會科學文獻出版社，1998。

37. 謝冕《1898：百年憂患》，濟南：山東教育出版社，1998。

38. 許子東《為了忘卻的集體記憶 —— 解讀 50 篇文革小說》，北京：三聯書店，2000。

39. 張京媛編《新歷史主義與文學批評》，北京：北京大學出版社，1993。

40. 張寅德編選《敘述學研究》，北京：中國社會科學出版社 1989。

41. 張新穎《20 世紀上半期中國文學的現代意識》，北京：三聯書店，2001。

42.（德）馬克思·韋伯《新教倫理與資本主義精神》，彭強、黃曉京譯，西安：陝西師範大學出版社，2002。

43. 霍克海默、阿多爾諾《啓蒙辯證法》，洪佩鬱等譯，重慶：重慶出版社，1990。

44.（法）托多洛夫《批評的批評 —— 教育小說》，王東亮、王晨陽譯，北京：三聯書店，2002。

45.（法）福柯《瘋癲與文明》，劉北成、楊遠嬰譯，北京：三聯書店，1999。

46.（法）福柯《知識考古學》，謝強、馬月譯，北京：三聯書店，

1998。

47.（法）克利斯蒂瓦《恐怖的權利 —— 論卑賤》，張新木譯，北京：三聯書店，2001。

48.（法）莫里斯‧哈布瓦赫《論集體記憶》，畢然、郭金華譯，上海：上海人民出版社，2002。

49.（荷蘭）佛克馬、蟻布思《二十世紀文學理論》，林書武、陳聖生、施燕、王筱芸譯，北京：三聯書店，1988。

50.（荷蘭）米克‧巴爾《敘述學：敘事理論導論》，譚君強譯，北京：中國社會科學出版社，1995。

51.（美）傑姆遜講稿《後現代主義與文化理論》，唐小兵譯，北京：北京大學出版社，1997。

52.（美）薩義德《知識份子論》，單德興譯，北京：三聯書店，2002。

53.（美）華萊士‧馬丁《當代敘事學》，伍曉明譯，北京：北京大學出版社，1990。

54.（美）羅伯特‧休斯《文學結構主義》，劉豫譯，北京：三聯書店，1988。

55.（美）布魯斯‧羅賓斯《知識份子：美學、政治與學術》，王文斌等譯，南京：江蘇人民出版社，2002。

56.（美）大衛‧格裏芬編《後現代精神》，王成兵譯，北京：中央編譯出版社，1998。

57.（美）詹姆斯‧費倫《作為修辭的敘事 —— 技巧、讀者、倫理、意識形態》，陳永國譯，北京：北京大學出版社，2002。

58.（美）蘇珊‧蘭瑟《虛構的權威 —— 女性作家與敘述聲音》，黃必康譯，北京：北京大學出版社，2002。

59.（美）戴衛‧赫爾曼《新敘事學》，馬海良譯，北京：北京大學出版社，2002。

60.（美）希利斯・米勒《解讀敘事》，申丹譯，北京：北京大學
出版社，2002。；

61.（英）特裏・伊格爾頓《當代西方文學理論》，王逢振譯，北
京，中國社會科學出版社，1988。

62.（以色列）裏蒙・肯南《敘事虛構作品》，北京：三聯書店，
1988。

附錄一：

1949～1966年

出版的主要中長篇小說以及短篇小說集

（以初版時間爲序，未注明的出版地皆爲北京）

1.陳登科：《活人塘》，人民文學出版社，1951年初版；

2.草明：《火車頭》，工人出版社，1951年初版；

3.柳青：《銅牆鐵壁》，人民文學出版社，1951年初版；

4.周立波：《暴風驟雨》，人民文學出版社，1952年初版；

5.丁玲：《太陽照在桑乾河上》，人民文學出版社，1952年初版；

6.馬烽、西戎：《呂梁英雄傳》，人民文學出版社，1952年初版；

7.草明：《原動力》，人民文學出版社，1952年初版；

8.劉白羽：《火光在前》，人民文學出版社，1952年初版；

9.劉真：《好大娘》，青年出版社，1952年初版；

10.雷加：《我們的節日》，人民文學出版社，1952年初版；

11.劉溪：《大地回春》，上海：新文藝出版社，1952年初版；

12.姚錦、李克異：《戰鬥》，上海：新文藝出版社，1953年初版；

13.孫犁：《風雲初記》，人民文學出版社，1953年初版；

14.陸柱國：《上甘嶺》，人民文學出版社，1953年初版；

15.李准：《不能走那條路》（小說集），開封：河南人民出版社，1953年初版；

16.楊朔：《三千里江山》，人民文學出版社，1953年初版；

17.劉紹棠:《青枝綠葉》,上海:新文藝出版社,1953 年初版;

18.杜鵬程:《保衛延安》,人民文學出版社,1954 年初版;

19.陳登科:《淮河邊上的兒女》,作家出版社,1954 年初版;

20.華山:《雞毛信》,中國青年出版社,1954 年初版;

21.陳學昭:《工作著是美麗的》,作家出版社,1954 年初版;

22.葉一峰:《戰鬥在大清河北》,中國青年出版社,1954 年初版;

23.雷加:《春天來到了鴨綠江》,作家出版社,1954 年初版;

24.周立波:《鐵水奔流》,作家出版社,1954 年初版;

25.知俠:《鐵道遊擊隊》,上海:新文藝出版社,1954 年初版;

26.周而複:《燕宿崖》,作家出版社,1955 年初版;

27.劉澍德:《橋》,昆明:雲南人民出版社,1955 年初版;

28.周而複:《山谷裏的春天》,人民文學出版社,1955 年初版;

29.高玉寶:《高玉寶》,中國青年出版社,1955 年初版;

30.峻青:《黎明的河邊》(小說集)上海:新文藝出版社,1955 年初版;

31.孔厥、袁靜:《新兒女英雄傳》,人民文學出版社,1956 年初版;

32.高雲覽:《小城春秋》,作家出版社,1956 年初版;

33.李喬:《歡笑的金沙江》,作家出版社,1956 年初版;

34.王願堅:《黨費》(小說集),工人出版社,1956 年初版;

35.李六如:《六十年的變遷》,作家出版社,1957 年初版;

36.吳強:《紅日》,中國青年出版社,1957 年初版;

37.曲波:《林海雪原》,人民文學出版社,1957 年初版;

38.徐懷中:《我們播種愛情》,中國青年出版社,1957 年初版;

39.瑪拉沁夫:《在茫茫的草原上》(上),作家出版社,1957 年初版;

40.孫犁：《鐵木前傳》，天津：天津人民出版社，1957 年初版；

41.馮德英：《苦菜花》，解放軍文藝出版社，1958 年初版；

42.梁斌：《紅旗譜》，中國青年出版社，1958 年初版；

43.楊沫：《青春之歌》，人民文學出版社，1958 年初版；

44.趙樹理：《三裏灣》，人民文學出版社，1958 年初版；

45.周而復：《上海的早晨》（一），作家出版社，1958 年初版；

46.周立波：《山鄉巨變》（上），作家出版社，1958 年初版；《山
　　鄉巨變》（下），初版於 1960；

47.劉流：《烈火金鋼》，中國青年出版社，1958 年初版；

48.馮志：《敵後武工隊》，解放軍文藝出版社，1958 年初版；

49.艾蕪：《百煉成鋼》，作家出版社，1958 年初版；

50.杜鵬程：《在和平的日子裏》，人民文學出版社，1958 年初版；

51.吳強、阮章競：《青春的光輝》，中國青年出版社，1958 年初
　　版；

52.雪克：《戰鬥的青春》，上海：新文藝出版社，1958 年初版；

53.烏蘭巴干：《草原烽火》，中國青年出版社，1958 年初版；

54.王汝石：《風雪之夜》（小說集），中國青年出版社，1958 年初
　　版；

55.馬烽：《三年早知道》（小說集），太原：山西人民出版社，1958
　　年初版；

56.茹志鵑：《百合花》，人民文學出版社，1958 年初版；

57.歐陽山：《三家巷》，廣州：廣東人民出版社，1959 年初版；

58.草明：《乘風破浪》，人民文學出版社，1959 年初版；

59.李英儒：《戰鬥在滹沱河上》，人民文學出版社，1959 年初版；

60.柳青：《狠透鐵》，作家出版社，1959 年初版；

61.羅丹：《風雨的黎明》，中國青年出版社，1959 年初版；

62. 碧野：《陽光燦爛照天山》，中國青年出版社，1959 年初版；

63. 李曉明、韓安慶：《平原槍聲》，作家出版社，1959 年初版；

64. 柳青：《創業史》，1960 年北京初版；

65. 歐陽山：《高幹大》，北京：人民文學出版社，1960 年初版；

66. 呂錚：《戰鬥在敵人的心臟裏》，上海：上海文藝出版社，1960 年初版；

67. 李六如：《六十年的變遷》（第二卷），作家出版社，1961 年初版；

68. 羅廣斌、楊益言：《紅岩》，中國青年出版社，1961 年初版；

69. 馮德英：《迎春花》，解放軍文藝出版社，1961 年初版;

70. 李准：《李雙雙小傳》，作家出版社，1961 年初版；

71. 李英儒：《野火春風鬥古城》，人民文學出版社，1962 年初版；

72. 歐陽山：《苦鬥》，廣東人民出版社，1962 年初版；

73. 周而復：《上海的早晨》（二），作家出版社，1962 年初版；

74. 李劼人：《大波》（一，二，三），作家出版社，1962 年初版；（四）作家出版社，1963 初版；

75. 羽山、徐昌霖：《東風化雨》，上海：上海文藝出版社，1962 年初版；

76. 吳有恆：《山鄉風雲錄》，廣州：廣東人民出版社，1962 年初版；

77. 王汶石：《黑鳳》，中國青年出版社，1963 年初版；

78. 梁斌：《播火記》，天津：百花文藝出版社，1963 年初版；

79. 陳殘雲：《香飄四季》，作家出版社，1963 年初版；

80. 羅丹：《戰鬥風雲錄》，瀋陽：春風文藝出版社，1963 年初版；

81. 姚雪垠：《李自成》（一），中國青年出版社，1963 年初版；

82. 陳登科：《風雷》（第一部），中國青年出版社，1964 年初版；

83.浩然：《豔陽天》（一），人民文學出版社，1864 年初版；

84.李喬：《早來的春天》，作家出版社，1965 年初版；

85.金敬邁：《歐陽海之歌》，解放軍文藝出版社，1965 年初版；

86.馬識途：《清江壯歌》，人民文學出版社，1966 年初版；

87.程樹臻：《大學時代》，1980 年 9 月北京初版；初稿作於 1957 年。

88.短篇小說集《讓生活變得更美好些》，中國當代文學研究會編，北京，1983 年 5 月。內部交流教材，供稿單位爲北京師院中文系中國當代文學研究會資料室。內收集發表在《人民文學》，《說說唱唱》等刊物上的短篇小說 26 篇。

89.短篇小說集：《重放的鮮花》，上海文藝出版社，1979 年 5 月初版，1979 年 11 月第 2 次印刷。內收集了被打成“毒草”的短篇小說 20 篇。

附錄二

1980 年以來出版的主要的中國當代文學史專著

（未注明皆爲編著，只列第一編者，以時間爲序）

1. 郭志剛：《中國當代文學史初稿》，北京：人民文學出版社，1980年；

2. 山東大學等二十二院校編寫組：《中國當代文學史》，福州：福建人民出版社，1980年；

3. 張炯：《中國當代文學講稿》北京：中央廣播電視大學出版社，1983年；

4. 華中師範學院：《中國當代文學》，上海：上海文藝出版社，1983年；

5. 吉林五院校：《中國當代文學史》，長春：吉林人民出版社，1984年；

6. 蔡宗雋：《中國當代文學史》，長春：吉林人民出版社，1984年；

7. 王華藻：《中國當代文學簡史》，長沙：湖南人民出版社，1985年；

8. 華南四學院：《中國當代文學史簡編》，廣州：廣東高教出版社，1986年；

9. 邱嵐：《中國當代文學》，瀋陽：遼寧教育出版社，1986年；

10. 張鐘：《當代中國文學概觀》，北京：北京大學出版社，1986年；

11. 謙怡：《中國當代文學史簡明教程》，長春：吉林大學出版社，

1986 年；

12.吳三元：《中國當代文學》，天津：天津教育出版社，1987 年；

13.鄭觀平：《中國當代文學教程》，杭州：浙江大學出版社，1989 年；

14.李有益：《中國當代文學教程》，武漢：長江文藝出版社，1989 年；

15.李達三：《中國當代文學史略》，杭州：浙江大學出版社，1989 年；

16.夏康達：《中國當代文學題解》，北京：語文出版社，1989 年；

17.張廣益：《中國當代文學史簡編》，長春：吉林教育出版社，1989 年；

18.江西師大中文系：《中國當代文學史》，南昌：百花洲出版社，1990 年；

19.李泆：《當代文學導讀》，北京：海洋出版社，1990 年；

20.戴克強：《中國當代文學》，西安：陝西教育出版社，1990 年

21.李旦初：《中國當代文學》，北京：北京師範大學出版社，1992 年；

22.金漢：《新編中國當代文學發展史》，杭州：杭州大學出版社，1992 年；

23.陳其光：《中國當代文學史》，廣州：廣東高教出版，1992 年；

24.王萬森：《中國當代文學史論》，青島：青島海洋大學出版社，1994 年；

25.黃樹紅：《中國當代文學專題研究》，廣州：華南理工大學出版社，1994 年；

26.趙俊賢：《中國當代文學發展綜史》，北京：文化藝術出版社，1994 年；

27.閻奇男：《中國當代文學》，北京：中國文學出版社，1995 年；

28.周成平：《中國當代文學實用教程》，成都：成都電子科技大學出版社，1996 年；

29.劉錫慶：《新中國文學史略》，北京：北京師範大學出版社，1996年；

30.封孝倫：《中國當代文學》，桂林：廣西師範大學出版社，1997年；

31.於可訓：《中國當代文學概論》，武漢：武漢大學出版社，1998年；

32.陳其光：《中國當代文學史》，廣州：暨南大學出版社，1998年；

33.王蕾：《中國當代文學》，北京：中國人事出版社，1998 年；

34.胡俊海：《中國當代文學》，天津：天津教育出版社，1998 年；

35.田中陽：《中國當代文學史》，長沙：湖南師範大學出版社，1998年

36.國家教委高教司：《中國當代文學史教學大綱》，北京：高等教育出版社，1998 年；

37.張炯：《新中國文學五十年》，濟南：山東教育出版社，1999年；

38.張炯：《新中國文學》，福州：海峽文藝出版社，1999 年；

39.特·賽音巴雅爾：《中國當代文學史》，北京：民族出版社，1999年；

40.洪子誠著：《中國當代文學史》，北京：北京大學出版社，1999年；

41.陳思和：《中國當代文學史教程》，上海：復旦大學出版社，1999年；

42. 楊匡漢：《驚鴻一瞥：文學中國》（1949-1999），西安：陝西人民教育出版社，1999 年；

43. 楊匡漢：《共和國文學 50 年》，北京：中國社會科學出版社，1999 年；

44. 姚代亮：《中國當代文學》，桂林：廣西師範大學出版社，1999 年

45. 洪子誠著：《當代文學概說》，南寧：廣西教育出版社，2000 年；

46. 金漢：《中國當代分體文學史叢書》，杭州：浙江大學出版社，2000 年；

47. 王萬森：《中國當代文學 50 年》，青島：青島海洋大學出版社，2001 年；

48. 吳秀明：《中國當代文學史寫真》，杭州：浙江大學出版社，2002 年；

49. 張鐘：《中國當代文學概觀》，北京：北京大學出版社，2002 年；

50. 金漢：《中國當代文學發展史》，上海：上海文藝出版社，2002 年；

後　　記

　　1992 年的夏天我乘火車從烏魯木齊到北京，火車沿途留給我的混雜印象被到北京大學求學的興奮壓抑住了。現在想來由那時開始的種種經歷，並不純粹成為記憶，有些仍然像鐵軌一樣長往前延伸。

　　當我第一次未名湖的水面看見自己的身影時，我還沒有意識到我此後的生涯會始終與文字和學術聯繫在一起。在我們那一代人所受的教育中，考取北京大學在某種意義上似乎既是人生目標的起點也是終點，在北京大學的學生名冊上寫上自己的名字是我高考前唯一的想法。我至今也無法說清楚北京大學對我產生了怎樣的影響，但可以肯定的是這所大學塑造了我。中文系少長鹹集，談笑有鴻儒往來無白丁，許多在書本上看到的名字，突然活生生地在課堂裏傳道授業解惑。----這樣的情景至今令我慨歎。歷史和學術傳統幾乎無所不在，對我這樣一個年輕的女生來說，你即使想回避也無法躲閃。當我在這座校園裏尋找與自身契合的純粹、自由和散淡的素質時，我又耳濡目染了北京大學中文系老師敬畏學術的精神。在大學畢業的前夕，我選擇保送研究生一途，而後來在學術上又無太大長進，便是這種雙重影響的結果。

　　進入校門是匆忙的，走出校門也是匆忙的。那時，我們已經有了多種選擇的可能，而我們即將面隊的社會也有了多種的誘惑，但我最終還是到了廣州的中山大學師從程文超教授。南方的廣州對我來說是陌生的，即便在今天我也沒有完全消除當初的那種陌生感，我一直想用一種文字來描述我對這座城市的感受，可總是找不到進入的角度。我後來認識的一個朋友，他在郵件中把廣州稱爲南方之南，顯見南方之中也是有差異的。我在中山大學的感覺仿佛是沒有離開北京大學，因爲程老師也出自北京大學，而且我的一些愉快和不愉快的回憶都好像與北大的人事有關。人的一生似乎難以掙脫一些圈子，在我這樣的年齡我已經有這樣的宿命感。讀完碩士，搖身一變，我留校做了老師。很快又考了程老師的博士研究生，徹底地成爲他的學生。

當我重新整理自己的博士論文時，我覺得自己是走在去程老師家的路上。讀博士的那幾年，程老師已經在生死之間掙紮。我不忍回憶那些令人辛酸的細節，當我答辯結束後的幾個月，程老師已經告別人世。我最後一次到醫院看他時，他完全不人我這個學生了。我想，程老師在他還清醒的時候，心中最無法放下的也許就是他鍾愛的學術。他對學術的信仰和敬畏是他留給我們這些生的最大遺產。程老師的去世，合上了一本沒有讀完或者沒有寫完的書。

以“十七年”的小說作爲自己博士論文研究的內容，既是對我成長背景的清理，也是對小說敍事學本土化的嘗試。關於這篇論文的種種構想，我在論文的緒論中有諸多說明，在此就不饒舌了。我無法說清自己在多大程度上實現了自己的預設目標，也無法說清自己在多大程度上追尋了自己的學術理想。我對自己的鼓勵是，我從一個途徑走向了那段歷史。當這篇論文付梓之際，我在表達對程老師的懷念之情時，我還要感謝博士論文答辯委員會的諸位老師。

我所說的“成長背景”是與我的家族相關的歷史。在由烏魯木齊到北京大學讀書之前，關於故鄉和籍貫通常是在爺爺的講述和各種表格之中。當我大學畢業後再負笈南方在中山大學讀完碩士博士的過程中，我在又一個陌生的空間和語言環境中，重新思量起在我的內心早已萌芽的關於故鄉和母語的困惑。這一困惑不僅涉及到我自己和城與人的種種關係，而且它連接了與我的博士論文相關的種種文化和精神的背景。我所研究的對象無非是當代作家關於現代民族國家的敘事，而我們稱爲的敘事的文本，在我爺爺那一代人的人生道路中則是一個與想像無關的革命過程。文字總是過濾了許多看似無用其實十分重要的東西。我一直在自己的論文中追問文字背後的那一部分內容，這個追問是我今年暑假經延安到米脂，回到爺爺出生地的精神原因之一。當年我爺爺就是從在我是故鄉的那個叫黑疙瘩的地方走出來的，走到建立現代民族國家的隊伍之中。我在故鄉短暫的時間裏，對周遭的一切是那樣的隔膜和好奇，如同我們這一代人讀十七年文學一樣。但是，當我在爺爺的墳前跪下下時，我看到了爺爺的目光，在一瞬間我覺得膝下的黃土便是自己的衣胞之地。我記住了堅固的原，記住了原上頑強的綠，也記住了我背後的風景。

承蒙友人熱心將論文推薦給政治大學的張堂錡教授和臺灣文史哲出版社的彭社長。我要特別感謝張老師和彭先生，因爲他們的提攜，這本論文有了面世的機會。

郭冰茹

2006 年 11 月於廣州中山大學

國家圖書館出版品預行編目資料

「革命敘事」與現代性－中國大陸「十七年
文學」研究（1949-1966）/ 宋炳輝著. --
初版.--臺北市：文史哲, 民96
　頁：　公分. -- (現代文學研究叢刊; 26)
參考書目
ISBN 978-957-549-714-9 (平裝)

1.中國文學 － 現代（1949－　 ）－ 歷史
2.中國文學 －現代（1949－　 ）評論

820.908　　　　　　　　　　　96007258

現代文學研究叢刊　　26

「革命敘事」與現代性
—— 中國大陸「十七年文學」研究
（1949－1966）

著　　　者：郭　　冰　　茹
出 版 者：文 史 哲 出 版 社
http://www.lapen.com.tw
登記證字號：行政院新聞局版臺業字五三三七號
發 行 人：彭　　正　　雄
發 行 所：文 史 哲 出 版 社
印 刷 者：文 史 哲 出 版 社
臺北市羅斯福路一段七十二巷四號
郵政劃撥帳號：一六一八〇一七五
電話886-2-23511028・傳真886-2-23965656

實價新臺幣三二〇元

中華民國九十六年（2007）四月初版